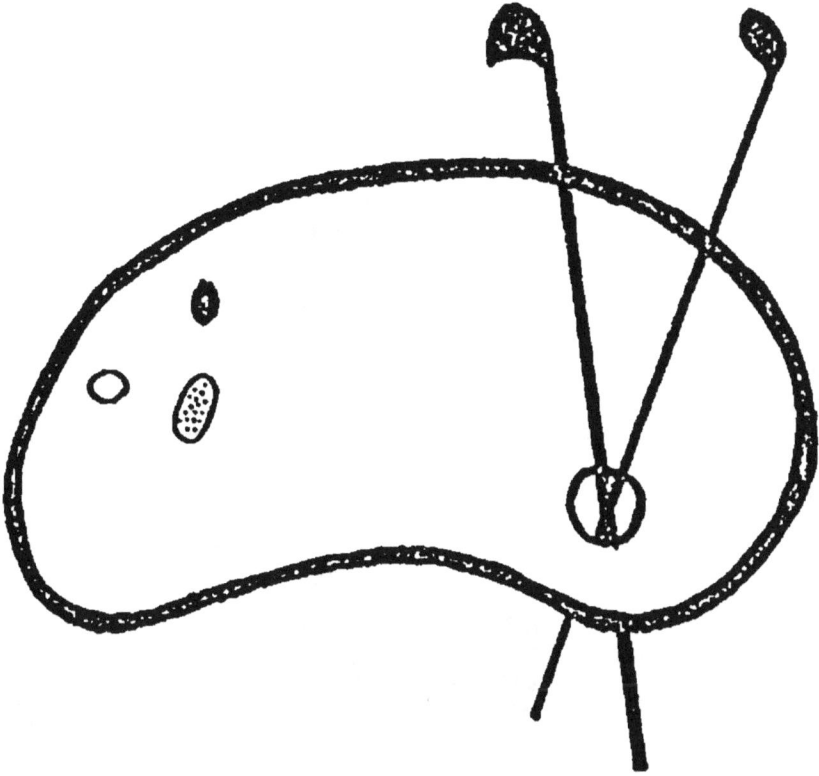

COUVERTURE SUPERIEURE ET INFERIEURE
EN COULEUR

EXTRAITS
DES OEUVRES MORALES
DE PLUTARQUE

AVEC NOTES GRAMMATICALES, HISTORIQUES,
PHILOLOGIQUES ET CRITIQUES

Par F. LÉCLUSE
PROFESSEUR DE LA FACULTÉ DES LETTRES DE TOULOUSE.

SEPTIÈME ÉDITION.

Ouvrage approuvé pour les écoles publiques.

PARIS
IMPRIMERIE ET LIBRAIRIE CLASSIQUES
MAISON JULES DELALAIN ET FILS
DELALAIN FRÈRES, Successeurs
56, RUE DES ÉCOLES.

NOUVELLE COLLECTION DES CLASSIQUES GRECS.

EXTRAITS

DES OEUVRES MORALES

DE PLUTARQUE.

NOUVELLES ÉDITIONS DES CLASSIQUES GRECS

Avec Notes et Sommaires en français,

FORMAT IN-12.

EXTRAITS

DES ŒUVRES MORALES

DE PLUTARQUE

AVEC NOTES GRAMMATICALES, HISTORIQUES,
PHILOLOGIQUES ET CRITIQUES

Par F. LÉCLUSE

PROFESSEUR DE LA FACULTÉ DES LETTRES DE TOULOUSE.

SEPTIÈME ÉDITION.

———

Ouvrage approuvé pour les écoles publiques.

———

PARIS

IMPRIMERIE ET LIBRAIRIE CLASSIQUES

Maison Jules DELALAIN et Fils

DELALAIN FRÈRES, Successeurs

56, RUE DES ÉCOLES.

PRÉFACE

DE LA PREMIÈRE ÉDITION [1].

« Dans le petit nombre de livres que je lis encore, dit J. J. Rousseau [2], Plutarque est celui qui m'attache et me profite le plus. Ce fut la première lecture de mon enfance, ce sera la dernière de ma vieillesse : c'est presque le seul auteur que je n'ai jamais lu sans en tirer quelque fruit. » Montaigne fait aussi un très-bel éloge de cet historien philosophe : « Il y a dans Plutarque beaucoup de discours étendus, très-dignes d'être sus ; car, à mon gré, c'est le maître ouvrier de telle besogne, etc. [3]. » Et, au rapport de Cl. Lancelot de Port-Royal, Gaza de Thessalonique, célèbre philologue du quinzième siècle, disait que : « Si, de tous les livres, il était obligé de n'en réserver qu'un, il choisirait les ouvrages de Plutarque. »

Natif de Chéronée en Béotie, Plutarque a été

---

1. Dans les éditions subséquentes, nous avons confronté le texte de celle qui vient de sortir des presses de Didot (2 vol. grand in-8°), et nous avons profité des variantes qui nous ont semblé offrir un meilleur sens.

2. *Rêveries du Promeneur Solitaire.* — 4ᵉ Promenade.

3. Liv. 1ᵉʳ, chap. 25.

chéri de trois empereurs, entre lesquels Trajan, qui vivait au commencement du second siècle, l'éleva aux honneurs de la dignité consulaire.

Considéré comme *historien*, il comprend une bonne partie de ce qu'il y a de plus remarquable et de plus utile dans l'histoire Grecque et Romaine; — comme *philosophe*, il nous a laissé quatre-vingts traités, compris sous le titre général d'*OEuvres Morales*. Les ouvrages qui composent cette collection nombreuse, peuvent se réduire à trois classes : 1° les traités purement moraux; 2° ceux qui exposent ou discutent les opinions des Grecs sur les différentes branches de la philosophie; 3° les écrits relatifs à des objets d'antiquité et de mythologie, ou à des usages peu connus de la vie privée des anciens.

Jacques Amyot est le premier qui ait fait connaître aux Français les œuvres complètes de Plutarque. Né à Melun en 1514, nommé en 1560 grand-aumônier de Charles IX. dont il avait été le précepteur, il mourut évêque d'Auxerre en 1593, quelques mois après Montaigne. Il s'était d'abord exercé à traduire, du grec de Longus, les *Amours pastorales de Daphnis et Chloé*, et du grec d'Héliodore, évêque de Trica, les *Histoires Éthiopiques de Théagène et Chariclée*. Sa traduction de Plutarque, aussi naïve que fidèle, sortie des presses du célèbre Vascosan, jouit encore de nos jours d'une réputation bien méritée.

Dans ce même seizième siècle, le beau siècle de la philologie, parut la belle et correcte édition de Plutarque, dont le texte grec forme 6 vol. *in-8°* (trois d'*OEuvres Morales*, et trois de *Vies Parallèles*), publiée par l'incomparable Henri Étienne [1] en 1572, l'année même où il fit paraître, la première édition [2] de son *Thesaurus Græcæ Linguæ*, 4 vol. *in-fol.* En tête du premier vol. des *OEuvres*

1. J'ai lu avec attention d'un bout à l'autre, dit le Dr Harwood, cette édition des OEuvres de Plutarque, et je la tiens pour une des plus correctes qu'aucun savant ait jamais publiées.

2. Un plagiaire nommé L'Épaule, ou *Scapula*, vint offrir à H. Étienne, fort peu de temps après cette première édition, l'essai d'un abrégé qu'il se proposait d'en faire; et en 1579, il fit paraître à Bâle le fruit de son plagiat. Pour toute réponse, H. Étienne se contenta de donner une seconde édition de son Trésor, qui dut paraître, d'après l'estimation fort juste de Maittaire (*Stephanorum Historia, Londini,* 1709, page 359) vers l'an 1580. Nous avons été à même de comparer page à page les deux éditions, que nous possédons ainsi que l'édition originale du plagiaire, et nous en avons rendu compte (*page x*) dans la préface de notre édition du *Schrevelius,* Paris, 1819. Nous avons fait part, dans le temps, de nos observations à notre savant collègue M. Boissonade; et depuis, nous avons mis à même M. Letronne, inspecteur général des études, de comparer en notre présence nos deux exemplaires. Il est donc bien étonnant que, malgré tous ces renseignements aussi clairs que le jour, les éditeurs actuels de ce Trésor, qui se réimprime chez Didot, intitulent leur nouvelle édition *post Anglicanam tertia;* il faut absolument lire *quarta.* S'ils refusent de se rendre à nos observations, il sera facile d'évoquer les mânes de H. Étienne; peut-être se rendront-ils à la force de l'évidence, quand l'auteur leur déclarera lui-même formellement, qu'il a publié une seconde édition de son Trésor.

morales, H. Étienne a mis un sixain grec de sa composition, qui roule sur une ingénieuse étymologie du nom de *Plutarque*, qui, composé des deux mots πλοῦτος et ἀρχή, signifie *source de richesses*. Nous pensons que cet hexastique, placé en tête de la page suivante, sera lu avec plaisir par ceux qui ont déjà pris goût à la lecture de Plutarque.

« *Hic libet inserere* (dit Maittaire), *quæ H. Stephanus, in sua de Lipsii latinitate palæstra 1ª (pag. 51-220), de Græco Thesauro Scapulaque scripserit :* »

Opus redegit qui illud in compendium,
Impendium *in eo temporis quam maximum*
Fecisse dicit ; vellet id pensare *nos*
Suæ crumenæ maximo compendio.
Lectorum at ille maximo dispendio
Contraxit opus id, imposuit et omnibus.
Pœna irrogetur huic ut non gravis tamen,
Tantum esse dignum dixerim suspendio.

Ὅρκια πιστὰ ταμὼν γλώσσης πάντεσσιν ἐρασταῖς
    Ἑλλαδικῆς, ταύτην ἐξεπόνησα βίβλον.
Ἀλλὰ πόνους τις ἐμοὺς ἐπιτέμνει, πᾶσιν ἐρασταῖς
    Ἑλλαδικῆς γλώσσης ὅρκι' ἄπιστα ταμών.

Non potuisse me a Musa mea impetrare, ut de tanta epitomographi injuria tam longo tempore sileret, testata est publice POSTERIOR *illius operis, quod Thesaurus Græcæ linguæ inscriptum est,* EDITIO.

Quidam ἐπιτέμνων *me, capulo tenus abdidit ensem :*
    Æger eram a scapulis, sanus at huc redeo.

Alludo ad vocem Scapula, *quæ nomen est illius epitomographi, duobus modis; in vocabulo* scapulis, *et in voce* capulo.

---

* Cet opuscule, imprimé à Francfort, 1595, in-8°, est devenu assez rare : nous en possédons cependant un exemplaire

ΕΡΡΙΚΟΥ ΤΟΥ ΣΤΕΦΑΝΟΥ ΕΞΑΣΤΙΧΟΝ
ΕΙΣ ΠΛΟΥΤΑΡΧΟΝ.

Οὔτι μάτην Πλούτου σε γονῆες ἐείπασιν Ἀρχόν,
    Ἀλλά γε κῆρ ἔσχον σοῦ πέρι μαντόσυνον.
Καὶ γὰρ ἐ παιδείης Πλοῦτος προφερέστερος ἄλλων,
    Τῷ δὲ σοφῶν πάντων σὺ προφερέστερος εἶ.
Καὶ σοῦ πάντα λόγον Πλούταρχον ἂν ὀρθὰ καλοῖμεν,
    Ἀρχουσαν Πλούτου πᾶς γὰρ ἔχει σοφίην.

Depuis plusieurs années, l'Université a désigné les *OEuvres de Plutarque* pour la classe de troisième; mais, comme il est impossible de faire connaître aux jeunes élèves qui se livrent à l'étude de la langue grecque, les quatre-vingts traités dont se composent ces *OEuvres Morales*, sans parler des vingt-cinq *Vies Parallèles*, on se borne ordinairement à quatre ou cinq traités moraux, et à quelques vies parallèles. Notre but a été d'embrasser l'ensemble des ouvrages du savant et vertueux polygraphe, et d'en former une double Chrestomathie, *morale* et *historique*. Nous commmençons¹ par la première, sous le titre de Πλουτάρχου ἠθικαὶ ἐκλογαί·

2. La seconde partie a paru peu de temps après, et, sous le titre *ἱστορικαὶ ἐκλογαί*, contient des extraits de Vies de Plutarque, avec les parallèles des hommes illustres de la Grèce et de Rome.

et nous avons extrait de chacun des différents traités les morceaux qui nous ont paru les plus remarquables, que nous avons accompagnés de notes critiques et littéraires. Puisse ce recueil inspirer aux jeunes gens le goût de l'instruction et de la vertu ! — et notre travail sera suffisamment récompensé.

Paris, xxxı Mars м. ᴅᴄᴄᴄ xxxɪɪɪ.

Fʟ. LÉCLUSE.

ΠΛΟΥΤΑΡΧΟΥ

ΗΘΙΚΑΙ ΕΚΛΟΓΑΙ.

———◆◆◆———

EXTRAITS

DES TRAITÉS DE MORALE.

———◆◆◆———

1. *Trois choses concourent à rendre la vertu parfaite :
la nature, l'instruction et l'habitude.*

Εἰς τὴν παντελῆ δικαιοπραγίαν τρία δεῖ συν-
δραμεῖν, φύσιν, καὶ λόγον, καὶ ἔθος. Καλῶ δὲ λό-
γον μέν, τὴν μάθησιν · ἔθος δέ, τὴν ἄσκησιν. Εἰσὶ
δὲ αἱ μὲν ἀρχαί [1], τῆς μαθήσεως · αἱ δὲ χρήσεις,
τῆς μελέτης · αἱ δ᾽ ἀκρότητες, πάντων. Καθ᾽ ὃ δ᾽
ἂν λειφθῇ τούτων, κατὰ τοῦτ᾽ ἀνάγκη χωλὴν γίνε-
σθαι τὴν ἀρετήν. Ἡ μὲν γὰρ φύσις ἄνευ μαθήσεως
τυφλόν · ἡ δὲ μάθησις δίχα φύσεως ἐλλιπές · ἡ δὲ
ἄσκησις χωρὶς ἀμφοῖν ἀτελές. Ὥσπερ δὲ ἐπὶ τῆς
γεωργίας πρῶτον μὲν ἀγαθὴν ὑπάρξαι δεῖ τὴν γῆν,
εἶτα δὲ φυτουργὸν ἐπιστήμονα, εἶτα τὰ σπέρματα
σπουδαῖα · τὸν αὐτὸν τρόπον γῇ μὲν ἔοικεν ἡ φύσις,
γεωργῷ δὲ ὁ παιδεύων, σπέρματι δὲ αἱ τῶν λόγων
ὑποθῆκαι, καὶ τὰ παραγγέλματα. Ταῦτα πάντα
διατεινάμενος εἴποιμι ὅτι συνῆλθε καὶ συνέπνευσεν

---

1. En reprenant les trois causes qui concourent à former
une vertu parfaite, Plutarque ne parle point de la nature. Il
faudrait peut-être lire, avec Ricard : Εἰσὶ δὲ αἱ μὲν ἀρχαί,
τῆς φύσεως · αἱ δὲ προκοπαί, τῆς μαθήσεως, κ. τ. λ.

εἰς τὰς τῶν παρ' ἅπασιν ἀδομένων ψυχάς, Πυθαγό-
ρου καὶ Σωκράτους καὶ Πλάτωνος, καὶ τῶν ὅσοι
δόξης ἀειμνήστου τετυχήκασιν. Εὐδαίμων μὲν οὖν
καὶ θεοφιλής, εἴ τῳ ταῦτα πάντα θεῶν τις ἀπ-
έδωκεν. Εἰ δέ τις οἴεται, τοὺς οὐκ εὖ πεφυκότας,
μαθήσεως καὶ μελέτης τυχόντας ὀρθῆς πρὸς ἀρετήν,
οὐκ ἂν τὴν τῆς φύσεως ἐλάττωσιν εἰς τοὐνδεχόμε-
νον ἀναδραμεῖν, ἴστω πολλοῦ, μᾶλλον δὲ τοῦ παν-
τὸς διαμαρτάνων. Φύσεως μὲν γὰρ ἀρετὴν διαφθεί-
ρει ῥᾳθυμία, φαυλότητα δὲ ἐπανορθοῖ διδαχή · καὶ
τὰ μὲν ῥᾴδια τοὺς ἀμελοῦντας φεύγει, τὰ δὲ χα-
λεπὰ ταῖς ἐπιμελείαις ἁλίσκεται.

(Education des enfants.)

2. Bel éloge de la philosophie; ses avantages; fruits de cette étude.

Δεῖ τῆς ἄλλης παιδείας ὥσπερ κεφάλαιον ποιεῖν
τὴν φιλοσοφίαν. Περὶ μὲν γὰρ τὴν τοῦ σώματος ἐπι-
μέλειαν διττὰς εὗρον ἐπιστήμας οἱ ἄνθρωποι, τὴν
ἰατρικήν, καὶ γυμναστικήν · ὧν ἡ μὲν τὴν ὑγείαν,
ἡ δὲ τὴν εὐεξίαν ἐντίθησι. Τῶν δὲ τῆς ψυχῆς ἀρρω-
στημάτων καὶ παθῶν ἡ φιλοσοφία μόνη φάρμακόν
ἐστι. Διὰ γὰρ ταύτην ἔστι καὶ μετὰ ταύτης γνῶ-
ναι, τί τὸ καλόν, τί τὸ αἰσχρόν · τί τὸ δίκαιον, τί
τὸ ἄδικον · τί τὸ συλλήβδην αἱρετόν, τί φευκτόν ·
πῶς θεοῖς, πῶς γονεῦσι, πῶς πρεσβυτέροις, πῶς
νόμοις, πῶς ἀλλοτρίοις, πῶς ἄρχουσι, πῶς φίλοις,
πῶς γυναιξί, πῶς τέκνοις, πῶς οἰκέταις χρηστέον
ἐστί · ὅτι δεῖ θεοὺς μὲν σέβεσθαι, γονέας δὲ τιμᾷν,
πρεσβυτέρους αἰδεῖσθαι, νόμοις πειθαρχεῖν, ἄρχου-
σιν ὑπείκειν, φίλους ἀγαπᾷν, πρὸς γυναῖκας σωφρο-
νεῖν, τέκνων στερκτικοὺς εἶναι, δούλους μὴ περι-

ὑβρίζειν · τὸ δὲ μέγιστον, μήτε ἐν ταῖς εὐπραγίαις περιχαρεῖς, μήτε ἐν ταῖς συμφοραῖς περιλύπους ὑπάρχειν, μήτε ἐν ταῖς ἡδοναῖς ἐκλύτους εἶναι, μήτε ἐν ταῖς ὀργαῖς ἐκπαθεῖς καὶ θηριώδεις. Ἅπερ ἐγὼ πάντων τῶν ἐκ φιλοσοφίας περιγινομένων ἀγαθῶν πρεσβύτατα κρίνω. Τὸ μὲν γὰρ εὐγενῶς εὐτυχεῖν [1], ἀνδρός· τὸ δ' ἀνεπιφθόνως, εὐηνίου ἀνθρώπου· τὸ δὲ τοῖς λογισμοῖς περιεῖναι τῶν ἡδονῶν, σοφῶν · τὸ δὲ ὀργῆς κατακρατεῖν, ἀνδρὸς οὐ τοῦ τυχόντος ἐστί. (Education des enfants.)

3. *Il faut maîtriser la colère. Traits de modération.*

Τό γε μὴν ἀόργητον, ἀνδρός ἐστι σοφοῦ. Σωκράτης μὲν γάρ, λακτίσαντος αὐτὸν νεανίσκου θρασέος μάλα καὶ βδελυροῦ, τοὺς ἀμφ' αὐτὸν ὁρῶν ἀγανακτοῦντας καὶ σφαδάζοντας, ὡς καὶ διώκειν αὐτὸν ἐθέλειν · « Ἆρα, ἔφησε, καὶ εἴ με ὄνος ἐλάκτισεν, ἀντιλακτίσαι τοῦτον ἠξιώσατε ἄν; » Οὐ μὴν ἐκεῖνός γε παντελῶς κατεπροΐξατο [2] · πάντων δὲ αὐτὸν ὀνειδιζόντων καὶ λακτιστὴν ἀποκαλούντων, ἀπήγξατο. Ἀριστοφάνους δέ, ὅτε τὰς Νεφέλας ἐξέφερε, παντοίως πᾶσαν ὕβριν αὐτοῦ κατασκεδαννύντος, καὶ τινος τῶν παρόντων (τὰ τοιαῦτα ἀνακωμῳδοῦντος)· « Οὐκ ἀγανακτεῖς, εἰπόντος, ὦ Σώκρατες; — Μὰ

---

1. Ricard traduit comme si le texte portait : Τὸ μὲν γὰρ εὐγενῶς ἀτυχεῖν, ἀνδρός· τὸ δ' ἀνεπιφθόνως εὐτυχεῖν, εὐηνίου ἀνθρώπου, κ. τ. λ.

2. Οὐ μὲν ἐκεῖνός γε παντελῶς κατεπροΐξατο, offre le même sens que ce vers de Virgile :

Haud impune quidem, nec talia passus Ulysses.

Προῖκα, pris adverbialement, signifie *gratis , sine mercede.*

Δί, οὐκ ἔγωγε, ἔφησεν· ὡς γὰρ ἐν συμποσίῳ με-
γάλῳ, τῷ θεάτρῳ σκώπτομαι. » Ἀδελφὰ τούτοι
καὶ σύζυγα φανήσονται πεποιηκότες Ἀρχύτας ὁ Τα-
ραντῖνος καὶ Πλάτων. Ὁ μὲν γὰρ ἐπανελθὼν ἀπὸ
τοῦ πολέμου (στρατηγῶν δὲ ἐτύγχανε) γῆν κατα-
λαβὼν κεχερσωμένην, τὸν ἐπίτροπον καλέσας αὐτῆς·
« Ὤμωξας ἄν, ἔφησεν, εἰ μὴ λίαν ὠργιζόμην. »
Πλάτων δὲ δούλῳ λίχνῳ καὶ βδελυρῷ θυμωθείς,
τὸν τῆς ἀδελφῆς υἱὸν Σπεύσιππον καλέσας· « Τοῦ-
τον, ἔφησεν, ἀπελθὼν κόλασον· ἐγὼ γὰρ πάνυ θυ-
μοῦμαι. » Χαλεπὰ δὲ ταῦτα καὶ δυσμίμητα, φαίη
τις ἄν. Οἶδα κἀγώ. Πειρατέον οὖν εἰς ὅσον οἷόν τέ
ἐστι, τούτοις παραδείγμασι χρωμένους, τὸ πολὺ τῆς
ἀκρατοῦς καὶ μαινομένης ὑφαιρεῖν ὀργῆς.

(Education des enfants.)

4. La poésie est un art d'imitation.

Ἅμα τῷ προςάγειν τὸν νέον τοῖς ποιήμασιν,
ὑπογράφωμεν τὴν ποιητικήν, ὅτι μιμητικὴ τέχνη
καὶ δύναμίς ἐστιν ἀντίστροφος τῇ ζωγραφίᾳ. Καὶ
μὴ μόνον ἐκεῖνο τὸ θρυλλούμενον ἀκηκοὼς ἔστω,
ζωγραφίαν μὲν εἶναι φθεγγομένην τὴν ποίησιν,
ποίησιν δὲ σιγῶσαν τὴν ζωγραφίαν· ἀλλὰ πρὸς
τούτῳ διδάσκωμεν αὐτόν, ὅτι γεγραμμένην σαύραν
ἢ πίθηκον, ἢ Θερσίτου πρόσωπον ἰδόντες ἡδόμεθα
καὶ θαυμάζομεν, οὐχ ὡς καλόν [1], ἀλλ' ὡς ὅμοιον
Οὐσίᾳ μὲν γὰρ οὐ δύναται καλὸν γενέσθαι τὸ αἰ-
σχρόν· ἡ δὲ μίμησις, ἄν τε περὶ φαῦλον, ἄν τε περὶ

1. Comparez Aristote, *Art poétique*, chap. V de l'édition bipontine; et Boileau, *Art poétique*, chant III :

Il n'est point de serpent, etc.

χρηστὸν ἐφίκηται τῆς ὁμοιότητος, ἐπαινεῖται. Καὶ τοὐναντίον, ἂν αἰσχροῦ σώματος εἰκόνα καλὴν παράσχῃ, τὸ πρέπον καὶ τὸ εἰκὸς οὐκ ἀπέδωκεν. Γράφουσι δὲ καὶ πράξεις ἀτόπους ἔνιοι, καθάπερ Τιμόμαχος τὴν Μηδείας τεκνοκτονίαν, καὶ Θέων τὴν Ὀρέστου μητροκτονίαν, καὶ Παρράσιος τὴν Ὀδυσσέως προσποίητον μανίαν. Ἐν οἷς μάλιστα δεῖ τὸν νέον ἐθίζεσθαι διδασκόμενον, ὅτι τὴν πρᾶξιν οὐκ ἐπαινοῦμεν, ἧς γέγονεν ἡ μίμησις, ἀλλὰ τὴν τέχνην, εἰ μεμίμηται προσηκόντως τὸ ὑποκείμενον. Ἐπεὶ τοίνυν καὶ ποιητικὴ πολλάκις ἔργα φαῦλα καὶ πάθη μοχθηρά, καὶ ἤθη μιμητικῶς ἀπαγγέλλει, δεῖ τὸ θαυμαζόμενον ἐν τούτοις, καὶ κατορθούμενον μήτε ἀποδέχεσθαι τὸν νέον, ὡς ἀληθές, μήτε δοκιμάζειν ὡς καλόν, ἀλλ᾽ ἐπαινεῖν μόνον ὡς ἐναρμόττον τῷ ὑποκειμένῳ προσώπῳ καὶ οἰκεῖον.

(Lecture des poëtes.)

5. *Il ne faut jamais interrompre celui qui parle.*

Πανταχοῦ μὲν οὖν τῷ νέῳ κόσμος ἀσφαλής ἐστιν ἡ σιωπή [1], μάλιστα δ᾽, ὅταν ἀκούων ἑτέρου μὴ συνταράττηται, μηδ᾽ ἐξυλακτῇ πρὸς ἕκαστον, ἀλλά, κἂν ὁ λόγος ᾖ μὴ λίαν ἀρεστός, ἀνέχηται καὶ περιμένῃ παύσασθαι τὸν διαλεγόμενον · καὶ παυσαμένου, μὴ εὐθέως ἐπιβάλλῃ τὴν ἀντίρρησιν, ἀλλ᾽, ὡς Αἰσχίνης φησί, διαλείπῃ χρόνον, εἴτε προςθεῖναί τι βού-

1. Dans Sophocle, Ajax dit à Tecmesse :

Γύναι ! γυναιξὶ κόσμον ἡ σιγὴ φέρει.

Un Allemand, étant allé voir madame Dacier comme une personne extraordinaire, la pria, selon l'usage des étrangers, de lui donner une sentence et son nom. Elle écrivit sur les tablettes de l'Allemand cette sentence de Sophocle.

λοιτο τοῖς λελεγμένοις ὁ εἰρηκὼς, εἴτε μεταθέσθαι
καὶ ἀφελεῖν. Οἱ δὲ εὐθὺς ἀντικόπτοντες, οὔτε ἀκού-
οντες, οὔτε ἀκουόμενοι, λέγοντες δὲ πρὸς λέγον-
τας, ἀσχημονοῦσιν. Ὁ δ' ἐγκρατῶς καὶ μετ' αἰδοῦς
ἀκούειν ἐθισθείς, τὸν μὲν ὠφέλιμον λόγον ἐδέξατο
καὶ κατέσχε, τὸν δὲ ἄχρηστον ἢ ψευδῆ μᾶλλον
διεῖδε καὶ κατεφώρασε, φιλαλήθης φανείς, οὐ φιλό-
νεικος, οὐδὲ προπετὴς καὶ δύςερις. Ὅθεν οὐ κακῶς
ἔνιοι λέγουσιν, ὅτι δεῖ τῶν νέων μᾶλλον ἐκπνευμα-
τοῦν τὸ οἴημα καὶ τὸν τῦφον, ἢ τῶν ἀσκῶν τὸν ἀέρα,
τοὺς ἐγχέαι τι βουλομένους χρήσιμον· εἰ δὲ μή,
γέμοντες ὄγκου καὶ φυσήματος οὐ προςδέχονται.

(Manière d'écouter.)

6. *Difficulté de distinguer un flatteur d'un ami.*

Χαλεπόν ἐστι διακρῖναι τὸν κόλακα καὶ τὸν φίλον,
εἰ μήτε ἡδονῇ μήτε ἐπαίνῳ διαφέρουσι· καὶ γὰρ ἐν
ὑπουργίαις καὶ διακονίαις πολλάκις ἰδεῖν ἔστι τὴν
φιλίαν ὑπὸ τῆς κολακείας παρατρεχομένην. Τί δὲ
οὐ μέλλει; φήσομεν· ἂν τὸν ἀληθινὸν κόλακα καὶ
μετὰ δεινότητος καὶ τέχνης ἁπτόμενον τοῦ πράγμα-
τος διώκωμεν, ἀλλὰ μή, καθάπερ οἱ πολλοί, τοὺς
αὐτοληκύθους τούτους λεγομένους καὶ τραπεζέας, καὶ
μετὰ τὸ κατὰ χεῖρας ὕδωρ ἀκουομένους, ὥς τις εἶπε,
κόλακας νομίζωμεν, ὧν ἐν μιᾷ λοπάδι καὶ κύλικι
μετὰ βωμολοχίας καὶ βδελυρίας ἡ ἀνελευθερία γίνε-
ται κατάδηλος. Οὐ γὰρ δήπου Μελάνθιον ἔδει τὸν
Ἀλεξάνδρου τοῦ Φεραίου παράσιτον ἐξελέγχειν, ὃς
τοῖς ἐρωτῶσι, πῶς Ἀλέξανδρος ἐσφάγη· « Διὰ τῆς
πλευρᾶς, ἔλεγεν, εἰς τὴν γαστέρα τὴν ἐμήν· » οὐδὲ
τοὺς ἀμφὶ πλουσίαν τράπεζαν ἐγκυκλουμένους, οὓς

οὔτε πῦρ, οὐ σίδηρος, οὐδὲ χαλκὸς εἴργει, μὴ φοι
τᾶν ἐπὶ δεῖπνον. Οὐδὲ γὰρ τὰς ἐν Κύπρῳ κολακί
δας, ἐπειδὴ διέβησαν εἰς Συρίαν, κλιμακίδας [1]
προςαγορευθείσας, ὅτι ταῖς γυναιξὶ τῶν βασι
λέων ἀναβαίνειν ἐπὶ τὰς ἁμάξας δι᾽ αὐτῶν ὑπο
κατακλινόμεναι παρεῖχον.

(Le flatteur et l'ami.)

7. *Flatteur le plus dangereux. Trait de courage de Gobrias.*

Τίνα δεῖ κόλακα φυλάττεσθαι; Τὸν μὴ δοκοῦντα
μηδ᾽ ὁμολογοῦντα κολακεύειν· ὃν οὐκ ἔστι λαβεῖν
περὶ τοὐπτανεῖον, οὐδὲ ἁλίσκεται σκιὰν καταμε
τρῶν ἐπὶ δεῖπνον, οὐδ᾽ ἔῤῥιπται μεθυσθείς, ὅπως
ἔτυχεν [2], ἀλλὰ νήφει τὰ πολλά, καὶ πολυπραγμο
νεῖ, καὶ πράξεων μετέχειν οἴεται δεῖν, καὶ λόγων
ἀποῤῥήτων βούλεται κοινωνὸς εἶναι, καὶ ὅλως τρα
γικός ἐστιν, οὐ σατυρικὸς φιλίας ὑποκριτής, οὐδὲ
κωμικός. Ὡς γὰρ ὁ Πλάτων φησίν, ἐσχάτης ἀδι
κίας εἶναι, δοκεῖν δίκαιον, μὴ ὄντα· καὶ κολα
κείαν ἡγητέον χαλεπὴν τὴν λανθάνουσαν, οὐ τὴν
ὁμολογοῦσαν, οὐδὲ τὴν παίζουσαν, ἀλλὰ τὴν σπου
δάζουσαν. Αὕτη γὰρ ἀναπίμπλησι καὶ τὴν ἀληθι
νὴν φιλίαν ἀπιστίας, συνεμπίπτουσαν αὐτῇ πολ
λάκις, ἂν μὴ προσέχωμεν. Ὁ μὲν οὖν Γωβρύης εἰς
σκοτεινὸν οἴκημα τῷ Μάγῳ φεύγοντι συνειςπεσών,

---

1. *Κλιμακίδες* et *κολακίδες* forment un jeu de mots qui ne
peut se rendre en français. Aussi Amyot conserve-t-il les expressions grecques *climakides* et *colakides*, qu'il explique
en langage du temps par *flatteresses* et *échelières*.

2. Οὐδ᾽ ἔῤῥιπται μεθυσθείς, ὅπως ἔτυχεν. Littéralement,
qu'on ne voit pas, plein de vin, tomber au premier endroit où il se trouve.

καὶ γενόμενος ἐν διαπάλαις, ἐπιστάντα καὶ δια-
ποροῦντα τὸν Δαρεῖον, ἐκέλευσεν ὠθεῖν καὶ δι' ἀμ-
φοτέρων. Ἡμεῖς δέ, εἰ μηδαμῆ μηδαμῶς ἐπαινοῦ-
μεν τό· « Ἐρρέτω φίλος σὺν ἐχθρῷ, » διὰ πολλῶν
ὁμοιοτήτων τὸν κόλακα τῷ φίλῳ συμπεπλεγμένον
ἀποσπάσαι ζητοῦντες, ὀφείλομεν εὖ μάλα φοβεῖ-
σθαι, μή πως ἢ τῷ κακῷ τὸ χρήσιμον συνεκβάλω-
μεν, ἢ φειδόμενοι τοῦ οἰκείου, τῷ βλάπτοντι περι-
πέσωμεν. Ὥσπερ γάρ, οἶμαι, τῶν ἀγρίων σπερμάτων
ὅσα καὶ σχῆμα καὶ μέγεθος παραπλήσιον ἔχοντα τῷ
πυρῷ συμμέμικται, χαλεπὴν ἔχει τὴν ἀποκάθαρσιν·
ἢ γὰρ οὐ διεκπίπτει τῶν στενωτέρων πόρων, ἢ συν-
εκπίπτει διὰ τῶν ἀραιῶν· οὕτως ἡ κολακεία, τῆς
φιλίας εἰς πᾶν πάθος καὶ πᾶν κίνημα καὶ χρείαν καὶ
συνήθειαν ἑαυτὴν καταμιγνύουσα, δυσχώριστός ἐστιν.

(Le flatteur et l'ami.)

8. Le flatteur donne souvent au vice le nom de vertu.

Ὅσοι μὲν οὖν ἢ πρᾶξιν, ἢ λόγον, ἢ σπουδάσαν-
τος ὁτιοῦν, ἢ σκώψαντος, εὐχερῶς ἐπαινοῦσι καὶ
συνεπικροτοῦσιν, εἰς τὸ παρόν εἰσιν οὗτοι καὶ τὰ
ὑπὸ χεῖρα βλαβεροὶ μόνον. Ὅσοι δὲ πρὸς τὸ ἦθος
ἐξικνοῦνται τοῖς ἐπαίνοις, καὶ νὴ Δία τοῦ τρόπου τῇ
κολακείᾳ θιγγάνουσι, ταὐτὸ ποιοῦσι τῶν οἰκετῶν
τοῖς μὴ ἀπὸ τοῦ σωροῦ κλέπτουσιν, ἀλλ' ἀπὸ τοῦ
σπέρματος. Σπέρμα γὰρ τῶν πράξεων οὖσαν τὴν
διάθεσιν, καὶ τὸ ἦθος ἀρχὴν καὶ πηγὴν τοῦ βίου,
διαστρέφουσι, τὰ τῆς ἀρετῆς ὀνόματα τῇ κακίᾳ
περιθέντες. « Ἐν μὲν γὰρ ταῖς στάσεσι καὶ τοῖς πο-
λέμοις ὁ Θουκυδίδης φησίν, ὅτι τὴν εἰωθυῖαν ἀξίω-
σιν τῶν ὀνομάτων ἐς τὰ ἔργα ἀντήλλαξαν τῇ δι-

καιώσει. Τόλμα μὲν γὰρ ἀλόγιστος, ἀνδρεία φιλέταιρος ἐνομίσθη· μέλλησις δὲ προμηθής, δειλία εὐπρεπής· τὸ δὲ σῶφρον, τοῦ ἀνάνδρου πρόσχημα· καὶ τὸ πρὸς ἅπαν συνετόν, ἐπίπαν ἀργόν. » Ἐν δὲ ταῖς κολακείαις ὁρᾶν χρὴ καὶ παραφυλάττειν ἀσωτίαν μέν, ἐλευθεριότητα καλουμένην· καὶ δειλίαν, ἀσφάλειαν· ἐμπληξίαν δέ, ὀξύτητα· μικρολογίαν δέ, σωφροσύνην· τὸν δ᾽ ἐρωτικόν, φιλοσυνήθη καὶ φιλόστοργον· ἀνδρεῖον δέ, τὸν ὀργίλον καὶ ὑπερήφανον· φιλάνθρωπον δέ, τὸν εὐτελῆ καὶ ταπεινόν. Ὅς που καὶ Πλάτων φησὶ « Τὸν ἐραστὴν κόλακα τῶν ἐρωμένων ὄντα, τὸν μὲν σιμόν, καλεῖν ἐπίχαριν· τὸν δὲ γρυπόν, βασιλικόν· μέλανας δέ, ἀνδρικούς· λευκοὺς δέ, θεῶν παῖδας· τὸ δὲ μελίχρουν [1], ὅλως ἐραστοῦ προσποίημα εἶναι, ὑποκοριζομένου καὶ εὐκόλως φέροντος τὴν ὠχρότητα. » Καί τοι καλὸς μὲν εἶναι πεισθεὶς ὁ αἰσχρός, ἢ μέγας ὁ μικρός, οὔτε χρόνον πολὺν τῇ ἀπάτῃ σύνεστι, καὶ βλάπτεται βλάβην ἐλαφράν, καὶ οὐκ ἀνήκεστον. Ὁ δὲ ταῖς κακίαις ἐθίζων ἔπαινος ὡς ἀρεταῖς, ὡς μὴ ἀχθόμενον, ἀλλὰ χαίροντα χρῆσθαι, καὶ τὸ αἰδεῖσθαι τῶν ἁμαρτανομένων ἀφαιρῶν, οὗτος ἐπέτριψε Σικελιώτας, τὴν Διονυσίου καὶ Φαλάριδος ὠμότητα, μισοπονηρίαν καὶ δικαιοσύνην προσαγορεύων· οὗτος Αἴγυπτον ἀπώλεσε, τὴν Πτολεμαίου θηλύτητα,

---

1. Comparez Lucrèce, liv. IV, vers 1154–1163 :

Nigra, μελίχρος est ——— labiosa, φίλημα.

Et la traduction de ces vers par Molière, *Misanthrope*, acte II, scène V :

La pâle est aux jasmins en blancheur comparable ;
La noire à faire peur, une brune adorable ; etc.

καὶ θεοληψίαν, καὶ ὀλολυγμούς, καὶ κρίνων καὶ
τυμπάνων ἐγχαράξεις. εὐσέβειαν ὀνομάζων καὶ
θεῶν λατρείαν· οὗτος τὰ Ῥωμαίων ἤδη τηλικαῦτα
παρ᾽ οὐδὲν ἦλθεν ἀνατρέψαι καὶ ἀνελεῖν, τὰς Ἀν-
τωνίου τρυφὰς καὶ ἀκολασίας καὶ πανηγυρισμούς,
ἱλαρὰ πράγματα καὶ φιλάνθρωπα, χρωμένης ἀφθό-
νως αὐτῷ δυνάμεως καὶ τύχης, ὑποκοριζόμενος.
Πτολεμαίῳ δὲ τί περιῆψεν ἄλλο φορβειὰν καὶ αὐ-
λούς; τί δὲ Νέρωνι τραγικὴν ἐπήξατο σκηνήν, καὶ
προσωπεῖα καὶ κοθόρνους περιέθηκεν; οὐχ ὁ τῶν κο-
λακευόντων ἔπαινος; Οἱ δὲ πολλοὶ τῶν βασιλέων,
οὐκ Ἀπόλλωνες μέν, ἂν μινυρίσωσι, Διόνυσοι δέ,
ἂν μεθυσθῶσιν, Ἡρακλεῖς δέ, ἐὰν παλαίσωσι, προς-
αγορευόμενοι, καὶ χαίροντες, εἰς ἅπασαν αἰσχύ-
νην ὑπὸ τῆς κολακείας ἐξάγονται;

(Le flatteur et l'ami.)

9. *S'attacher, dans les ouvrages des philosophes, à
ce qu'ils ont de solide, et de propre à former les
mœurs.*

Ὅρα δὴ μὴ μόνον, φιλοσόφων συγγράμματα δι-
ιξιὼν καὶ λόγους ἀκούων, εἰ μὴ πλέον τοῖς ὀνόμασι
μόνον προσέχεις ἢ τοῖς πράγμασι, μηδὲ μᾶλλον ἐπι-
πηδᾷς τοῖς τὸ δύσκολον ἔχουσι καὶ περιττόν, ἢ τοῖς
τὸ χρήσιμον καὶ σάρκινον καὶ ὠφέλιμον· ἀλλὰ καὶ
ποιήμασιν ὁμιλῶν καὶ ἱστορίᾳ, παραφύλαττε σεαυ-
τόν, εἰ μηδέν σε διαφεύγει τῶν πρὸς ἐπανόρθωσιν
ἤθους ἢ πάθους κουφισμὸν ἐμμελῶς λεγομένων. Ὥσ-
περ γὰρ ἄνθεσιν ὁμιλεῖν ὁ Σιμωνίδης φησὶ τὴν μέ-
λιτταν ξανθὸν μέλι μηδομέναν, οἱ δ᾽ ἄλλοι χρόαν
αὐτῶν καὶ ὀσμήν, ἕτερον δὲ οὐδὲν ἀγαπῶσιν, οὐδὲ
λαμβάνουσιν· οὕτω τῶν ἄλλων ἐν ποιήμασιν ἡδο-

νῆς ἕνεκα καὶ παιδιᾶς ἀναστρεφομένων, αὐτὸς εὑ-
ρίσκων τι καὶ συνάγων σπουδῆς ἄξιον, ἔοικεν ἤδη
γνωριστικὸς ὑπὸ συνηθείας καὶ φιλίας τοῦ καλοῦ καὶ
οἰκείου γεγονέναι. Τοὺς μὲν γὰρ Πλάτωνι καὶ Ξενο-
φῶντι χρωμένους διὰ τὴν λέξιν, ἕτερον δὲ μηδὲν
ἀλλ' ἢ τὸ καθαρόν τε καὶ ἀττικόν, ὥςπερ δρόσον καὶ
χνοῦν, ἀποδρεπομένους, τί ἂν ἄλλο φαίης ἢ φαρμά-
κων τὸ εὐῶδες καὶ τὸ ἀνθηρὸν ἀγαπᾶν, τὸ δὲ ἀνώ-
δυνον καὶ καθαρτικὸν μὴ προςίεσθαι μηδὲ γινώσκειν;
Ἀλλ' οἵγε μᾶλλον ἔτι προκόπτοντες οὐκ ἀπὸ λόγων
μόνον, ἀλλὰ καὶ θεαμάτων καὶ πραγμάτων πάντων
ὠφελεῖσθαι δύνανται, καὶ συνάγειν τὸ οἰκεῖον καὶ
χρήσιμον· οἷα καὶ περὶ Αἰσχύλου λέγουσι καὶ περὶ
ἄλλων ὁμοίων. Αἰσχύλος μὲν γὰρ Ἰσθμοῖ θεώμενος
ἀγῶνα πυκτῶν, ἐπεί, πληγέντος ἑτέρου, τὸ θέατρον
ἐξέκραγε, νύξας Ἴωνα τὸν Χῖον· « Ὁρᾷς, ἔφη, οἷον
ἡ ἄσκησίς ἐστιν; ὁ πεπληγὼς σιωπᾷ, οἱ δὲ θεώμε-
νοι βοῶσι. » Βρασίδας δὲ μῦν τινα συλλαβὼν ἐν
ἰσχάσι, καὶ δηχθείς, ἀφῆκεν· εἶτα πρὸς ἑαυτόν· «Ὦ
Ἡράκλεις, ἔφη, ὡς οὐδέν ἐστι μικρὸν οὐδ' ἀσθενές,
ὃ μὴ ζήσεται, τολμῶν [1] ἀμύνασθαι. » Διογένης δὲ
τὸν πίνοντα ταῖς χερσὶ θεασάμενος, ἐξέβαλε τῆς
πήρας τὸ ποτήριον. Οὕτω τὸ προςέχειν καὶ τετάσθαι
τὴν ἄσκησιν αἰσθητικοὺς καὶ δεκτικοὺς ποιεῖ τῶν
πρὸς ἀρετὴν φερόντων πανταχόθεν.

(Progrès dans la vertu.)

10. *Puisqu'il est impossible de ne pas avoir d'enne
mis, il faut savoir en tirer parti.*

Ἐξήρκει τοῖς παλαιοῖς ὑπὸ τῶν ἀλλοφύλων καὶ
ἀγρίων ζώων μὴ ἀδικεῖσθαι, καὶ τοῦτο τῶν πρὸ

---

1. Οὐκ ἔστι τόλμης ἐφόδιον μεῖζον βίου.   (MÉNANDRE.)

τὰ θηρία τέλος ἦν ἀγώνων ἐκείνοις· οἱ δὲ ὕστερον
ἤδη χρῆσθαι μαθόντες αὐτοῖς, καὶ ὠφελοῦνται σαρξὶ
τρεφόμενοι, καὶ θριξὶν ἀμφιεννύμενοι, καὶ χολαῖς
καὶ πυτίαις ἰατρευόμενοι, καὶ δέρμασιν ὁπλίζοντες
αὑτούς· ὥςτε ἄξιον εἶναι δεδιέναι, μή, τῶν θηρίων
ἐπιλιπόντων τῷ ἀνθρώπῳ, θηριώδης ὁ βίος αὐτοῦ
γένηται, καὶ ἄπορος καὶ ἀνήμερος. Ἐπεὶ τοίνυν τοῖς
μὲν ἄλλοις ἱκανόν ἐστι τὸ μὴ πάσχειν ὑπὸ τῶν
ἐχθρῶν κακῶς, τοὺς δὲ νοῦν ἔχοντας ὁ Ξενοφῶν καὶ
ἀπὸ τῶν διαφερομένων ὠφελεῖσθαί φησιν, ἀπιστεῖν
μὲν οὐ χρή, ζητεῖν δὲ μέθοδον καὶ τέχνην, δι' ἧς
τοῦτο περιέσται τὸ καλὸν, οἷς χωρὶς ἐχθροῦ ζῆν
ἀδύνατόν ἐστιν. Οὐ δύναται πᾶν ἐξημερῶσαι δένδρον
ὁ γεωργός, οὐδὲ πᾶν τιθασσεῦσαι θηρίον ὁ κυνηγός·
ἐζήτησαν οὖν καὶ καθ' ἑτέρας χρείας, ὁ μὲν ἐκ τῶν
ἀκάρπων, ὁ δὲ ἀπὸ τῶν ἀγρίων ὠφελεῖσθαι. Τῆς
θαλάττης τὸ ὕδωρ ἄποτόν ἐστι καὶ πονηρόν, ἀλλ'
ἰχθῦς τρέφει, καὶ πόμπιμόν ἐστι πάντη καὶ πορεύ-
σιμον ὄχημα τοῖς κομιζομένοις. Τοῦ δὲ σατύρου τὸ
πῦρ, ὡς πρῶτον ὤφθη, βουλομένου φιλῆσαι καὶ περι-
βαλεῖν [1], ὁ Προμηθεύς·

Τράγος γένειον ἄρα πενθήσεις σύ γε·
Καίει τὸν ἁψάμενον· —

ἀλλὰ φῶς παρέχει καὶ θερμότητα, καὶ τέχνης ἁπά-
σης ὄργανόν ἐστι τοῖς χρῆσθαι μαθοῦσι. Σκόπει δὴ
καὶ τὸν ἐχθρόν, εἰ βλαβερὸς ὢν τἄλλα καὶ δυςμετα-

1. Ce trait du satyre est conforme à ce qu'on rapporte des
sauvages de l'Amérique, lorsque les Européens apportèrent,
pour la première fois, le feu dans leurs contrées. Charmés de
son éclat, ils s'approchèrent pour le toucher; et, en ayant
été brûlés, ils le prirent pour un animal qui mordait.

χείριστος, ἀμωςγέπως ἀφὴν ἐνδίδωσιν αὐτοῦ καὶ
χρῆσιν οἰκείαν, καὶ ὠφέλιμός ἐστι.

(Utilité des ennemis.)

11. *Les amis célèbres dans l'histoire, ne s'y rencon-
trent que deux à deux.*

Τὸν μακρὸν καὶ παλαιὸν αἰῶνα μάρτυρα ἅμα τοῦ
λόγου καὶ σύμβουλον λάβωμεν, ἐν ᾧ κατὰ ζεῦγος
φιλίας λέγονται Θησεὺς καὶ Πειρίθους, Ἀχιλλεὺς
καὶ Πάτροκλος, Ὀρέστης καὶ Πυλάδης, Φιντίας καὶ
Δάμων, Ἐπαμινώνδας καὶ Πελοπίδας. Σύννομον
γὰρ ἡ φιλία ζῶον, οὐκ ἀγελαῖόν ἐστιν, οὐδὲ κολοιῶ-
δες· καὶ τὸ ἄλλον αὑτὸν ἡγεῖσθαι τὸν φίλον, καὶ
προσαγορεύειν ἑταῖρον, ὡς ἕτερον, οὐδέν ἐστιν ἄλλο,
πλὴν μέτρῳ φιλίας τῇ δυάδι χρωμένων. Οὔτε γὰρ
δούλους, οὔτε φίλους ἐστὶ κτήσασθαι πολλοὺς ἀπ᾽
ὀλίγου νομίσματος. Τί οὖν νόμισμα φιλίας; εὔνοια [1]
καὶ χάρις μετ᾽ ἀρετῆς, ὧν οὐδὲν ἔχει σπανιώτερον
ἡ φύσις. Ὅθεν τὸ σφόδρα φιλεῖν καὶ φιλεῖσθαι πρὸς
πολλοὺς οὐκ ἔστιν· ἀλλ᾽ ὥσπερ οἱ ποταμοὶ πολλὰς
σχίσεις καὶ κατατομὰς λαμβάνοντες, ἀσθενεῖς καὶ
λεπτοὶ ῥέουσιν, οὕτω τὸ φιλεῖν σφοδρὸν ἐν ψυχῇ
πεφυκός, εἰς πολλοὺς μεριζόμενον ἐξαμαυροῦται. Διὸ
καὶ τῶν ζώων τὸ φιλότεκνον τοῖς μονοτόκοις ἰσχυ-
ρότερον ἐμφύεται· καὶ Ὅμηρος ἀγαπητὸν υἱὸν ὀνο-
μάζει « μοῦνον, τηλύγετον· » τουτέστι, μὴ ἔχουσιν
ἕτερον γονεῦσι, μήτε ἕξουσι γεγενημένον. Τὸν δὲ
φίλον ἡμεῖς μόνον μὲν οὐκ ἀξιοῦμεν εἶναι· μετ᾽
ἄλλων δὲ τηλύγετός τις καὶ ὀψίγονος ἔστω· τὸν

---

1. *Amicos neque armis cogere neque auro parare queas:
officio et fide pariuntur.* (SALLUSTE.)

θρυλλούμενον ἐκεῖνον χρόνῳ τῶν ἁλῶν συγκατεδη-
δοκὼς μέδιμνον· οὐχ ὥςπερ νῦν πολλοὶ φίλοι λεγό-
μενοι συμπιόντες ἅπαξ, ἢ συσφαιρίσαντες, ἢ συγκυ-
βεύσαντες, ἢ συγκαταλύσαντες ἐκ πανδοκείου καὶ
παλαίστρας καὶ ἀγορᾶς, φιλίαν συλλέγουσιν. Ἐν δὲ
ταῖς τῶν πλουσίων καὶ ἡγεμονικῶν οἰκίαις, πολὺν
ὄχλον καὶ θόρυβον ἀσπαζομένων καὶ δεξιουμένων
καὶ δορυφορούντων ὁρῶντες, εὐδαιμονίζουσι τοὺς
πολυφίλους· καίτοι πλείονάς γε μυίας ἐν τοῖς ὀπτα-
νείοις αὐτῶν ὁρῶσιν, ἀλλ' οὔτε αὗται τῆς λιχνείας,
οὔτ' ἐκεῖνοι τῆς χρείας ἐπιλειπούσης, παραμένουσιν.

(Multitude d'amis.)

12. *Heureux effet produit par le hasard.*

Ἕνα φασίν, ἵππον ζωγραφοῦντα, τοῖς μὲν ἄλλοις
κατορθοῦν εἴδεσι καὶ χρώμασι, τοῦ δὲ ἀφροῦ τὴν
παρὰ τῷ χαλινῷ κοπτομένην χαυνότητα, καὶ συν-
εκπίπτουσαν τῷ ἄσθματι, μὴ ἀρεστὴν ἐπ' αὐτῷ
γράφοντα πολλάκις γοῦν ἐξαλείφειν, τέλος δ' ὑπ'
ὀργῆς προςβαλεῖν τῷ πίνακι τὸν σπόγγον, ὥςπερ
εἶχε, τῶν φαρμάκων ἀνάπλεων· τὸν δὲ προςπεσόντα
θαυμαστῶς ἐναπομάξαι καὶ ποιῆσαι τὸ δέον. Τοῦτο
ἔντεχνον τύχης μόνον [1] ἔργον ἱστορεῖται. Κανόσι καὶ

1. Les plus belles découvertes sont dues à la cause inconn-
ue que nous nommons en langage vulgaire *hasard* ou cas
fortuit. Ce fut la chute d'une feuille qui révéla au grand New-
ton la force de cet agent ignoré qu'il appela *attraction*. Un
philosophe de nos jours, persuadé que la matière, si nous la
déclarons inerte, ne pouvait jouir de la faculté attractive, a
essayé d'expliquer ce phénomène par l'impulsion stellaire,
résultat du mouvement que le moteur suprême de l'univers a
imprimé à la lumière. Je dirai avec Virgile, à ces deux phi-
losophes : *Non nostrum inter vos tantas componere lites ;*

σταθμαῖς καὶ μέτροις καὶ ἀριθμοῖς πανταχοῦ χρῶν-
ται, ἵνα μηδαμοῦ τὸ εἰκῆ καὶ ὡς ἔτυχε τοῖς ἔργοις
ἐγγένηται. Καὶ μὴν αἱ τέχναι μικραί τινες εἶναι
λέγονται φρονήσεις, μᾶλλον δὲ ἀπόῤῥοιαι φρονήσεως
καὶ προςτρίμματα ἐνδιεσπαρμένα ταῖς χρείαις περὶ
τὸν βίον· ὥςπερ αἰνίττεται τὸ πῦρ ὑπὸ τοῦ Προμη-
θέως μερισθὲν ἄλλο ἄλλη διασπαρῆναι. Καὶ γὰρ τῆς
φρονήσεως μόρια καὶ σπάσματα μικρά, θραυομένης
καὶ κατακερματιζομένης, εἰς τάξεις κεχώρηκε.

(De la fortune.)

13. *Il n'y a point de vrai plaisir pour l'homme vi-
cieux; la vertu seule procure le bonheur.*

Ἄθροιζε χρυσίον, σύναγε ἀργύριον, οἰκοδόμει πε-
ριπάτους, ἔμπλησον ἀνδραπόδων τὴν οἰκίαν, καὶ
χρεωστῶν τὴν πόλιν, ἂν μὴ τὰ πάθη τῆς ψυχῆς
καταστορέσῃς, καὶ τὴν ἀπληστίαν παύσῃς, καὶ φό-
βων [1] καὶ φροντίδων ἀπαλλάξῃς σαυτόν, οἶνον δι-
ηθεῖς πυρέττοντι, καὶ χολικῷ μέλι προςφέρεις, καὶ
σιτία καὶ ὄψα κοιλιακοῖς ἑτοιμάζεις καὶ δυσεντερι-
κοῖς, μὴ στέγουσι μηδὲ ῥωννυμένοις, ἀλλὰ προςδια-
φθειρομένοις ὑπ' αὐτῶν. Οὐχ ὁρᾷς τοὺς νοσοῦντας,

mais si l'on me demandait pourquoi les *premier* et *dernier*
vers de l'*Iliade* ont le même nombre de syllabes que les *pre-
mier* et *dernier* vers de l'*Odyssée*, je me servirais de la
réponse que fit Homère lui-même à Lucien (comme celui-ci
le rapporte au second livre de son *Histoire véritable*), lors-
qu'il lui demandait pourquoi il avait commencé son *Iliade*
par le mot Μῆνιν, plutôt que par tout autre : Οὕτως ἐπελθεῖν
αὐτῷ, μηδὲν ἐπιτηδεύσαντι · *sic illi, nihil data opera
agenti, in mentem venisse.*

1. *Si metuis, si prava cupis, si duceris ira,*
    Servitii patiere jugum. — (CLAUDIEN.)

ὅτι τῶν βρωμάτων τὰ καθαριώτατα καὶ πολυτε-
λέστερα δυσχεραίνουσι καὶ διαπτύουσι καὶ παραι-
τοῦνται, προςφερόντων καὶ βιαζομένων· εἶτα τῆς
κράσεως μεταβαλούσης, καὶ πνεύματος χρηστοῦ καὶ
γλυκέος αἵματος ἐγγενομένου, καὶ θερμότητος οἰ-
κείας, ἀναστάντες ἄρτον λιτὸν ἐπὶ τυρῷ καὶ καρ-
δάμῳ χαίρουσι καὶ ἀσμενίζουσιν ἔσθοντες; Τοιαύτην
ὁ λόγος ἐμποιεῖ τῇ ψυχῇ διάθεσιν· καὶ αὐτάρκης
ἔσῃ, ἐὰν μάθῃς, τί τὸ καλὸν καὶ ἀγαθόν ἐστι· τρυ-
φήσεις ἐν πενίᾳ καὶ βασιλεύσεις, καὶ τὸν ἀπράγμονα
βίον ἰδιώτην οὐδὲν ἧττον ἀγαπήσεις, ἢ τὸν ἐπὶ
στρατηγίαις καὶ ἡγεμονίαις· οὐ βιώσῃ φιλοσοφήσας
ἀηδῶς, ἀλλὰ πανταχοῦ ζῆν ἡδέως μαθήσῃ καὶ ἀπὸ
πάντων· εὐφρανεῖ σε πλοῦτος, πολλοὺς εὐεργετοῦν-
τα· καὶ πενία, πολλὰ μὴ μεριμνῶντα· καὶ δόξα,
τιμώμενον· καὶ ἀδοξία, μὴ φθονούμενον.

(Vertu et vice.)

14. *La mort est un tribut que l'on doit à la nature.*

Τί γὰρ τὸ χαλεπόν ἐστι καὶ τὸ δυςανιῶν, ἐν τῷ
τεθνάναι; Τὰ γὰρ τοῦ θανάτου μήποτε, καὶ λίαν
ὄντα ἡμῖν συνήθη καὶ συμφυῆ, πάλιν οὐκ οἶδ᾽ ὅπως
δυςαλγῆ δοκεῖ εἶναι. Τί γὰρ θαυμαστόν, εἰ τὸ τμη-
τὸν τέτμηται, εἰ τὸ τηκτὸν τέτηκται, εἰ τὸ καυστὸν
κέκαυται, εἰ τὸ φθαρτὸν ἔφθαρται; Πότε γὰρ ἐν
ἡμῖν αὐτοῖς οὐκ ἔστιν ὁ θάνατος; Καὶ, ἥ φησιν
Ἡράκλειτος, ταὐτό τ᾽ ἔνι ζῶν καὶ τεθνηκός [1], καὶ τὸ
ἐγρηγορὸς καὶ τὸ καθεῦδον, καὶ νέον καὶ γηραιόν·
τάδε γὰρ μεταπεσόντα, ἐκεῖνά ἐστι, κἀκεῖνα πάλιν

1. Pindare a dit de même :

Τί δέ τις; τί δ᾽ οὔτις; — Σκιᾶς ὄναρ ἄνθρωπος.

μεταπεσόντα, ταῦτα. Ὡς γὰρ ἐκ τοῦ αὐτοῦ πηλοῦ δύναταί τις πλάττων ζῶα συγχεῖν, καὶ πάλιν πλάττειν καὶ συγχεῖν, καὶ τοῦτο ἓν παρ' ἓν ποιεῖν ἀδιαλείπτως · οὕτω καὶ ἡ φύσις ἐκ τῆς αὐτῆς ὕλης πάλαι μὲν τοὺς προγόνους ἡμῶν ἀνέσχεν, εἶτα συνεχεῖς αὐτοῖς ἐγέννησε τοὺς πατέρας, εἶτα ἡμᾶς, εἶτ' ἄλλους ἐπ' ἄλλοις ἀνακυκλήσει. Καὶ ὁ τῆς γενέσεως ποταμὸς οὗτος ἐνδελεχῶς ῥέων οὔ ποτε στήσεται, καὶ πάλιν ἐξ ἐναντίας αὐτῷ ὁ τῆς φθορᾶς, εἴτε Ἀχέρων, εἴτε Κωκυτὸς καλούμενος ὑπὸ τῶν ποιητῶν. Ἡ πρώτη οὖν αἰτία ἡ δείξασα ἡμῖν τὸ τοῦ ἡλίου φῶς, ἡ αὐτὴ καὶ τὸν ζοφερὸν ᾅδην ἄγει. Καὶ μήποτε τοῦδε εἰκὼν ᾖ ὁ περὶ ἡμᾶς ἀήρ, ἓν παρ' ἓν ἡμέραν καὶ νύκτα ποιῶν, ἐπαγωγὰς ζωῆς τε καὶ θανάτου, καὶ ὕπνου καὶ ἐγρηγόρσεως. Διὸ καὶ μοιρίδιον χρέος εἶναι λέγεται τὸ ζῆν, ὡς ἀποδοθησόμενον, ὃ ἐδανείσαντο ἡμῶν οἱ προπάτορες · ὃ δὴ καὶ εὐκόλως καταβλητέον καὶ ἀστενάκτως, ὅταν ὁ δανείσας ἀπαιτῇ · εὐγνωμονέστατοι γὰρ ἂν οὕτω φανείημεν.

(Consolation à Apollonius.)

15. *Les gens de lettres doivent ménager avec soin leur santé.*

Ὅσα μὲν γὰρ μικρολογίας καὶ ἀνελευθερίας προςκρούματα λαμβάνουσιν οἱ πολλοὶ περί τε συγκομιδὰς καρπῶν, καὶ τηρήσεις ἐπιπόνους, ἀγρυπνίαις καὶ περιδρομαῖς ἐξελέγχοντες τὰ σαθρὰ καὶ ὕπουλα τοῦ σώματος, οὐκ ἄξιόν ἐστι δεδιέναι, μὴ πάθωσιν ἄνδρες φιλόλογοι καὶ πολιτικοί, πρὸς οὓς ἐνέστηκεν ἡμῖν ὁ λόγος · ἀλλ' ἑτέραν τινὰ φυλακτέον ἐστὶ τούτοις δριμυτέραν ἐν γράμμασι καὶ μαθήσεσι μικρολογίαν, ὑφ' ἧς ἀφειδεῖν καὶ ἀμελεῖν τοῦ σώματος

ἀναγκάζονται, πολλάκις ἀπαγορεύοντος οὐκ ἐνδιδόντες, ἀλλὰ προςβιαζόμενοι θνητὸν ἀθανάτῳ καὶ γηγενὲς ὀλυμπίῳ συνεξαμιλλᾶσθαι καὶ συνεξανύτειν. Εἶτα, ὡς ὁ βοῦς πρὸς τὴν ὁμόδουλον ἔλεγε κάμηλον, ἐπικουφίσαι τοῦ φορτίου μὴ βουλομένην· « Ἀλλὰ κἀμὲ [1] καὶ ταῦτα πάντα μετὰ μικρὸν οἴσεις·» ὃ καὶ συνέβη, τελευτήσαντος αὐτοῦ· οὕτω συμβαίνει τῇ ψυχῇ, μικρὰ χαλάσαι καὶ παρεῖναι μὴ βουλομένη πονοῦντι καὶ δεομένῳ. Μετ' ὀλίγον πυρετοῦ τινος ἢ σκοτώματος ἐμπεσόντος, ἀφεῖσα τὰ βιβλία καὶ τοὺς λόγους καὶ τὰς διατριβάς, ἀναγκάζεται συννοσεῖν ἐκείνῳ καὶ συγκάμνειν. Ὀρθῶς οὖν ὁ Πλάτων παρήνεσε, μήτε σῶμα κινεῖν ἄνευ ψυχῆς, μήτε ψυχὴν ἄνευ σώματος, ἀλλ' οἷόν τινα συνωρίδος ἰσορροπίαν διαφυλάττειν, ὅτε μάλιστα τῇ ψυχῇ συνεργεῖ τὸ σῶμα καὶ συγκάμνει, πλείστην ἐπιμέλειαν αὐτῷ καὶ θεραπείαν ἀποδιδόντας, καὶ τὴν καλὴν καὶ ἐράσμιον ὑγίειαν ἀπολαβόντας· ὧν δίδωσιν ἀγαθῶν, κάλλιστον ἡγουμένους διδόναι, τὸ πρὸς κτῆσιν ἀρετῆς καὶ χρῆσιν ἔν τε λόγοις καὶ πράξεσιν ἀκώλυτον αὐτῶν.

(Préceptes d'hygiène.)

16. La société conjugale doit bannir ces mots : le tien et le mien.

Ὁ Πλάτων φησὶν, εὐδαίμονα καὶ μακαρίαν εἶναι πόλιν, ἐν ᾗ τὸ ἐμὸν καὶ οὐκ ἐμὸν [2] ἥκιστα

1. La Fontaine a mis en vers cette fable, sous le titre du *Cheval* et l'*Ane* :

Il reconnut qu'il avait tort ;
Du baudet, en cette aventure,
On lui fit porter la voiture,
Et la peau par-dessus encor.

(*Liv. VI, fable* 16.)

2. « Le premier qui, ayant enclos un terrain, s'avisa de

φθεγγομένων ἀκούουσι, διὰ τὸ κοινοῖς, ὡς ἔνι μά-
λιστα, χρῆσθαι τοῖς ἀξίοις σπουδῆς· τοὺς πολίτας.
Πολὺ δὲ μᾶλλον ἐκ γάμου δεῖ τὴν τοιαύτην φωνὴν
ἀνηρῆσθαι. Πλὴν ὥσπερ οἱ ἰατροὶ λέγουσι, τὰς τῶν
εὐωνύμων πληγὰς τὴν αἴσθησιν ἐν τοῖς δεξιοῖς ἀνα-
φέρειν, οὕτω τὴν γυναῖκα τοῖς τοῦ ἀνδρὸς συμπαθεῖν,
μᾶλλον δὲ καὶ τὸν ἄνδρα τοῖς τῆς γυναικός· ἵνα,
ὥσπερ οἱ δεσμοὶ κατὰ τὴν ἐπάλλαξιν ἰσχὺν δι' ἀλ-
λήλων λαμβάνουσιν, οὕτως ἑκατέρου τὴν εὔνοιαν
ἀντίστροφον ἀποδιδόντος, ἡ κοινωνία σώζηται δι'
ἀμφοῖν. Αὕτη τοίνυν καὶ χρημάτων κοινωνία προς-
ήκει μάλιστα τοῖς γαμοῦσιν, εἰς μίαν οὐσίαν πάντα
καταχεαμένοις καὶ ἀναμίξασι, μὴ τὸ μέρος ἴδιον,
καὶ τὸ μέρος ἀλλότριον, ἀλλὰ πᾶν ἴδιον ἡγεῖσθαι,
καὶ μηδὲν ἀλλότριον. Ὥσπερ δὲ τὸ κρᾶμα, καίτοι
ὕδατος μετέχον πλείονος, οἶνον καλοῦμεν, οὕτω
τὴν οὐσίαν δεῖ καὶ τὸν οἶκον τοῦ ἀνδρὸς λέγεσθαι,
κἂν ἡ γυνὴ πλείονα συμβάληται.

(Préceptes de mariage.)

17. *Il faut se préparer, avant d'aller à un festin.*

Συβαρῖται μέν, ὡς ἔοικε, πρὸ ἐνιαυτοῦ τὰς
κλήσεις ποιοῦνται τῶν γυναικῶν, ὅπως ἐκγένοιτο
κατὰ σχολὴν παρεσκευασμέναις ἐσθῆτι καὶ χρυσῷ

dire *ceci est à moi*, et trouva des gens assez simples pour le
croire, etc. »

(J. J. ROUSSEAU, *Disc. sur l'Inég.*)
Voir aussi La Fontaine, liv. VI, fable 20. — La Discorde
ayant été bannie des cieux, avec Que-si-que-non, son frère,
et Tien-et-mien, son père, vint se réfugier sur la terre,

Où l'auberge de l'hyménée
Lui fut pour maison assignée.

φοιτᾶν ἐπὶ τὸ δεῖπνον· ἐγὼ δὲ πλέονος οἶμαι χρόνου
δεῖσθαι τὴν ἀληθινὴν τοῦ δειπνήσοντος ὀρθῶς παρα-
σκευήν· ὅτι χαλεπώτερόν ἐστιν ἤθει τὸν πρέποντα
κόσμον ἢ σώματι τὸν περιττὸν ἐξευρεῖν καὶ ἄχρη-
στον. Οὐ γὰρ ὡς ἀγγεῖον ἥκει κομίζων ἑαυτὸν ἐμ-
πλῆσαι πρὸς τὸ δεῖπνον ὁ νοῦν ἔχων, ἀλλὰ καὶ σπου-
δάσαι τι καὶ παῖξαι, καὶ ἀκοῦσαι καὶ εἰπεῖν, ὃ ὁ
καιρὸς παρακαλεῖ τοὺς συνόντας, εἰ μέλλουσι μετ'
ἀλλήλων ἡδέως ἔσεσθαι. Καὶ γὰρ ὄψον πονηρόν ἐστι
παρώσασθαι, κἂν οἶνος ᾖ φαῦλος, ἐπὶ τὰς νύμφας [1]
καταφυγεῖν· σύνδειπνος δὲ κεφαλαλγὴς καὶ βαρὺς
καὶ ἀνάγωγος, παντὸς μὲν οἴνου καὶ ὄψου, πᾶσαν δὲ
μουσουργοῦ χάριν ἀπόλλυσι καὶ λυμαίνεται· καὶ
οὐδὲ ἀποπέμψαι τὴν τοιαύτην ἀηδίαν ἕτοιμόν ἐστιν,
ἀλλ' ἐνίοις εἰς ἅπαντα τὸν βίον ἐμμένει τὸ πρὸς
ἀλλήλους δυσάρεστον, ὥσπερ ἑωλοκρασία τις ὕβρεως
ἢ ὀργῆς ἐν οἴνῳ γενομένης. Ὅθεν ἄριστα Χίλων, κα-
λούμενος ἐχθές, οὐ πρότερον ὡμολόγησεν, ἢ πυθέσθαι
τῶν κεκλημένων ἕκαστον. Ἔφη γάρ, ὅτι « Σύμπλουν
ἀγνώμονα δεῖ φέρειν καὶ σύσκηνον, οἷς συμπλεῖν
ἀνάγκη καὶ συστρατεύεσθαι· τὸ δὲ συμπόταις ἑαυ-
τόν, ὡς ἔτυχε, καταμιγνύειν, οὐ νοῦν ἔχοντος ἀν-
δρός ἐστιν. » Ὁ δὲ Αἰγύπτιος σκελετός, ὃν ἐπιεικῶς
εἰσφέροντες εἰς τὰ συμπόσια προτίθενται, καὶ παρα-
καλοῦσι μεμνῆσθαι τάχα δὴ τοιούτους ἐσομένους,
καίπερ ἄχαρις καὶ ἄωρος ἐπίκωμος ἥκων, ὅμως ἔχει
τινὰ καιρόν· εἰ μὴ πρὸς τὸ πίνειν καὶ ἡδυπαθεῖν, ἀλλὰ
πρὸς φιλίαν καὶ ἀγάπησιν ἀλλήλων προτρέπεται,
καὶ παρακαλεῖ τὸν βίον μή, τῷ χρόνῳ βραχὺν ὄντα,
πράγμασι κακοῖς μακρὸν ποιεῖν.

(Banquet des Sept Sages.)

1. *Recourir aux nymphes*, c'est-à-dire, *boire de l'eau.*

18. *Comparaison de l'athée et du superstitieux dans des situations semblables.*

Φέρε δὴ πρῶτον ἐν τοῖς ἀβουλήτοις σκόπει τὸν ἄθεον, καὶ καταμάνθανε τὴν διάθεσιν, ἐὰν ᾖ τἆλλα μέτριος, χρωμένου σιωπῇ τοῖς παροῦσι, καὶ πορίζοντος αὑτῷ βοηθείας καὶ παρηγορίας· ἂν δὲ δυσφορῇ καὶ βαρυπαθῇ, πάντας ἐπὶ τὴν τύχην καὶ τὸ αὐτόματον ἀπερειδομένου τοὺς ὀδυρμούς, καὶ βοῶντος, ὡς οὐδὲν κατὰ δίκην, οὐδ' ἐκ προνοίας, ἀλλὰ πάντα συγκεχυμένως καὶ ἀκρίτως φέρεται, καὶ σπαθᾶται τὰ τῶν ἀνθρώπων. Τοῦ δὲ δεισιδαίμονος οὐχ οὗτος ὁ τρόπος· ἀλλ' εἰ καὶ μικρότατον αὐτῷ κακὸν τὸ συμπεπτωκός ἐστιν, ἀλλὰ κάθηται πάθη χαλεπὰ καὶ μεγάλα καὶ δυσαπάλλακτα τῇ λύπῃ προσοικοδομῶν, καὶ προςεμφορῶν αὑτῷ δείματα καὶ φόβους, καὶ ὑποψίας καὶ ταραχάς, παντὶ θρήνῳ καὶ παντὶ στεναγμῷ καθαπτόμενος· οὔτε γὰρ ἄνθρωπον, οὔτε τύχην, οὔτε καιρόν, οὔθ' αὑτόν, ἀλλὰ πάντων τὸν θεὸν αἰτιᾶται, κἀκεῖθεν ἐπ' αὐτὸν ἥκειν καὶ φέρεσθαι ῥεῦμα δαιμόνιον ἄτης φησί, καί, ὡς οὐ δυστυχὴς ὤν, ἀλλὰ θεομισής τις ἄνθρωπος, ὑπὸ τῶν θεῶν κολάζεσθαι, καὶ δίκην διδόναι, καὶ πάντα πάσχειν προςηκόντως δι' αὑτὸν οἴεται.

Νοσῶν μὲν ὁ ἄθεος ἐκλογίζεται καὶ ἀναμιμνήσκεται πλησμονὰς αὑτοῦ καὶ οἰνώσεις, καὶ ἀταξίας περὶ δίαιταν, ἢ κόπους ὑπερβάλλοντας, ἢ μεταβολὰς ἀέρων ἀήθεις καὶ ἀτόπους. Ἔπειτα προςκρούσας ἐν πολιτείαις, καὶ περιπεσὼν ἀδοξίαις πρὸς ὄχλον, ἢ διαβολαῖς πρὸς ἡγεμόνα, τὴν αἰτίαν ἐξ αὑτοῦ καὶ τῶν περὶ αὑτὸν ἀνασκοπεῖ·

Πῆ παρέβην; τί δ' ἔρεξα; τί μοι δέον οὐκ ἐτελέσθη;

Τῷ δὲ δεισιδαίμονι καὶ σώματος ἀῤῥωστία πᾶσα, καὶ χρημάτων ἀποβολὴ, καὶ τέκνων θάνατοι, καὶ περὶ πολιτικὰς πράξεις δυςημερίαι καὶ ἀποτεύξεις, πληγαὶ θεοῦ καὶ προςβολαὶ δαίμονος λέγονται· ὅθεν οὐδὲ τολμᾷ βοηθεῖν, οὐδὲ διαλύειν τὸ συμβεβηκός, οὐδὲ θεραπεύειν, οὐδὲ ἀντιτάττεσθαι, μὴ δόξῃ θεομαχεῖν καὶ ἀντιτείνειν κολαζόμενος· ἀλλ᾽ ὠθεῖται μὲν ἔξω νοσοῦντος ὁ ἰατρός, ἀποκλείεται δὲ πενθοῦντος ὁ νουθετῶν καὶ παραμυθούμενος φιλόσοφος. « Ἔα με, φησίν, ἄνθρωπε, διδόναι δίκην, τὸν ἀσεβῆ, τὸν ἐπάρατον, τὸν θεοῖς καὶ δαίμοσι μεμισημένον. » Ἔστι μὲν ἀνθρώπου μὴ πεπεισμένου θεὸν εἶναι, λυπουμένου δ᾽ ἄλλως καὶ περιπαθοῦντος, ἀπομάξαι δάκρυον, ἀποκεῖραι κόμην, ἀφελέσθαι τὸ ἱμάτιον· τὸν δὲ δεισιδαίμονα πῶς ἂν προςείποις; ἢ πῆ βοηθήσαις; Ἔξω κάθηται σακκίον ἔχων, ἢ περιεζωσμένος ῥάκεσι ῥυπαροῖς· πολλάκις δὲ γυμνὸς ἐν πηλῷ καλινδούμενος, ἐξαγορεύει τινὰς ἁμαρτίας αὐτοῦ καὶ πλημμελείας, ὡς τόδε φαγόντος, ἢ πιόντος, ἢ βαδίσαντος ὁδόν, ἣν οὐκ εἴα τὸ δαιμόνιον· ἂν δὲ ἄριστα πράττῃ, καὶ συνῇ πρᾴῳ δεισιδαιμονίᾳ, περιθυόμενος οἴκοι κάθηται, καὶ περιματτόμενος· αἱ δὲ γρᾶες, καθάπερ παττάλῳ, φησὶν ὁ Βίων, ὅ τι ἂν τύχωσιν, αὐτῷ περιάπτουσι φέρουσαι καὶ περιαρτῶσι [1].

(De la superstition.)

1. Périclès, au fort de la maladie, ayant reçu la visite d'un de ses amis, lui montra un amulette que des femmes avaient attaché a son cou ; voulant par là lui faire connaître combien il était mal, puisqu'il endurait une telle folie.

19. *Apophthegmes* [1] *d'Épaminondas.*

Ἐπαμινώνδου τοῦ Θηβαίου στρατηγοῦντος, οὐ-
δέποτε πανικὸς θόρυβος ἐνέπεσεν εἰς τὸ στρατόπε-
δον. Ἔλεγε δέ, τὸν ἐν πολέμῳ θάνατον εἶναι κάλλι-
στον. Τῶν δὲ ὁπλιτῶν δεῖν ἀπέφαινεν εἶναι τὸ σῶμα
γεγυμνασμένον οὐκ ἀθλητικῶς μόνον, ἀλλὰ καὶ
στρατιωτικῶς· διὸ καὶ τοῖς πολυσάρκοις ἐπολέμει,
καί τινα τοιοῦτον ἀπήλασε τῆς στρατιᾶς, εἰπών·
ὅτι μόλις αὐτοῦ σκέπουσι τὴν γαστέρα ἀσπίδες τρεῖς
ἢ τέσσαρες. Οὕτω δὲ ἦν εὐτελὴς περὶ τὴν δίαιταν,
ὥστε κληθεὶς ἐπὶ δεῖπνον ὑπὸ γείτονος, εὑρὼν πεμ-
μάτων καὶ ὄψων καὶ μύρων παρασκευήν, ἀπῆλθεν
εὐθύς, εἰπών· « Ἐγώ σε θύειν ᾤμην, οὐχ ὑβρίζειν. »
Τοῦ δὲ μαγείρου τοῖς συνάρχουσιν ἡμερῶν τινων
δαπάνην ἀπολογιζομένου, πρὸς μόνον ἠγανάκτησε·
τὸ πλῆθος τοῦ ἐλαίου· θαυμασάντων δὲ τῶν συναρ-

1. Un apophthegme, ἀπόφθεγμα, est un discours précis,
sentencieux et vif, qui dit beaucoup en peu de mots, et tire
ordinairement son prix, plutôt de l'occasion et des circon-
stances dans lesquelles il a été dit, que du fond même des
choses. On comprend sous cette dénomination les maximes
qui renferment un grand sens, les railleries, les traits pi-
quants, etc. — H. Etienne a donné, en 1568, une édition
séparée (en grec et en latin) des *Apophthegmes des célèbres
capitaines,* recueillis par Plutarque, et il y a mis en tête les
huit vers suivants :

Grata equidem arguti cunctis est gratia dicti,
Lingua sonat nobis hoc aliena licet.
Grata bis arguti censetur gratia dicti
Lingua quod auctoris, non aliena, sonat.
Grata ter atque quater dicti quod lingua locuta est
Qua nulla ex gratis gratior esse potest.
Ingrato at si cui lingua hæc non empta labore,
Grata minus dicta hæc, grata futura tamen.

γόντων, οὐ τὸ τῆς δαπάνης ἔφη λυπεῖν αὐτόν, ἀλλ'
εἰ τοσοῦτον ἔλαιον ἐντὸς ¹ παραδέδεκται τοῦ σώμα-
τος. Ἑορτὴν δὲ τῆς πόλεως ἀγούσης, καὶ πάντων
ἐν πότοις καὶ συνουσίαις ὄντων, ἀπήντησέ τινι τῶν
συνήθων αὐχμηρὸς καὶ σύννους βαδίζων· θαυμάζον-
τος δέ, καὶ πυνθανομένου τί δὴ μόνος οὕτως ἔχων
περίεισιν· «Ὅπως, εἶπεν, ἐξῇ πᾶσιν ὑμῖν μεθύειν
καὶ ῥᾳθυμεῖν.» Ἄνθρωπον δὲ φαῦλον, ἐξημαρτη-
κότα τι τῶν μετρίων, τοῦ μὲν Πελοπίδου παρακα-
λοῦντος, οὐκ ἀφῆκε· τῆς δ' ἐρωμένης δεηθείσης,
ἀφῆκεν, εἰπών, «ὅτι τοιαῦτα πρέπει λαμβάνειν
ἑταιριδίοις, ἀλλὰ μὴ στρατηγοῖς.» Ἐπεὶ δέ, Λακε-
δαιμονίων ἐπιστρατευομένων ἀνεφέροντο χρησμοὶ
τοῖς Θηβαίοις, οἱ μὲν ἧτταν, οἱ δὲ νίκην φράζοντες,
ἐκέλευε τοὺς μὲν ἐπὶ δεξιᾷ τοῦ βήματος θεῖναι,
τοὺς δὲ ἐπ' ἀριστερᾷ. Τεθέντων δὲ πάντων, ἀναστὰς
εἶπεν· «Ἐὰν μὲν ἐθελήσητε τοῖς ἄρχουσι πείθεσθαι,
καὶ τοῖς πολεμίοις ὁμόσε χωρεῖν, οὗτοι ὑμῖν εἰσιν οἱ
χρησμοί (δείξας τοὺς βελτίονας)· ἐὰν δὲ ἀποδειλιά-
σητε πρὸς τὸν κίνδυνον, ἐκεῖνοι,» πρὸς τοὺς χείρο-
νας ἰδών. Πάλιν δὲ προσάγων τοῖς πολεμίοις, βρον-
τῆς γενομένης, καὶ τῶν περὶ αὐτὸν πυνθανομένων τί
σημαίνειν οἴεται τὸν θεόν· «Ἐμβεβροντῆσθαι τοὺς
πολεμίους, εἶπεν, ὅτι, τοιούτων χωρίων ἐγγὺς ὄν-
των, ἐν τοιούτοις στρατοπεδεύουσιν.» Ἥδιστον δὲ
πάντων αὐτῷ τῶν γεγονότων καλῶν καὶ ἀγαθῶν εἶναι
ἔλεγε, τὸ (τῶν γειναμένων αὐτὸν τοῦ πατρὸς ζῶντος
ἔτι καὶ τῆς μητρός) ἐν Λεύκτροις νικῆσαι Λακεδαι-
μονίους. Εἰωθὼς δὲ φαίνεσθαι τὸν ἄλλον χρόνον ἀλη-

1. Il aurait sans doute mieux aimé qu'on l'eût employée à
frotter les corps, pour leur donner plus de souplesse et de
vigueur.

λιμμένος τὸ σῶμα, καὶ φαιδρὸς τῷ προςώπῳ, μετὰ
τὴν μάχην ἐκείνην τῇ ὑστεραίᾳ προῆλθεν αὐχμηρὸς
καὶ ταπεινός· τῶν δὲ φίλων ἐρωτώντων, μή τι λυ-
πηρὸν αὐτῷ συμπέπτωκεν, « Οὐδέν, εἶπεν· ἀλλ' ἐ-
χθὲς ᾐσθόμην ἐμαυτοῦ, μεῖζον ἢ καλῶς ἔχει, φρονή-
σαντος· διὸ σήμερον κολάζω τὴν ἀμετρίαν τῆς χα-
ρᾶς. » Εἰδὼς δὲ τοὺς Σπαρτιάτας ἐπικρυπτομένους
τὰ τοιαῦτα συμπτώματα, καὶ βουλόμενος ἐξελέγξαι
τὸ μέγεθος τῆς συμφορᾶς αὐτῶν, οὐχ ὁμοῦ πᾶσι νε-
κρῶν ἀναίρεσιν, ἀλλ' ἑκάστοις κατὰ πόλιν ἔδωκεν·
ὥστε πλείονας ἢ χιλίους ὄντας ὀφθῆναι τοὺς Λακε-
δαιμονίων. Ἰάσονος δέ, τοῦ Θεσσαλῶν μονάρχου,
συμμάχου μὲν εἰς Θήβας παραγενομένου, διςχιλίους
δὲ χρυσοῦς τῷ Ἐπαμινώνδᾳ πέμψαντος, ἰσχυρῶς
πενομένῳ, τὸ μὲν χρυσίον οὐκ ἔλαβε, τὸν δὲ Ἰάσονα
Θεασάμενος, « Ἀδίκων, ἔφη, χειρῶν ἄρχεις·» αὐτὸς
δὲ πεντήκοντα δραχμὰς δανεισάμενος παρά τινος
τῶν πολιτῶν, ἐφόδιον τῆς στρατιᾶς, ἐνέλαβεν εἰς
Πελοπόννησον. Αὖθις δὲ τοῦ Περσῶν βασιλέως τρις-
μυρίους δαρεικοὺς ἀποστείλαντος αὐτῷ, καθήψατο
πικρῶς Διομέδοντος, εἰ τοσοῦτον πλοῦν πέπλευκε
διαφθερῶν Ἐπαμινώνδαν. Πρὸς δὲ τὸν βασιλέα λέ-
γειν ἐκέλευσεν, ὅτι « τὰ συμφέροντα Θηβαίοις φρο-
νῶν, ἕξει προῖκα φίλον Ἐπαμινώνδαν· τὰ δὲ μὴ
συμφέροντα, πολέμιον. » Ἐπεὶ δὲ Ἀργεῖοι μὲν ἐγέ-
νοντο σύμμαχοι Θηβαίων, Ἀθηναίων δὲ πρέσβεις εἰς
Ἀρκαδίαν παραγενόμενοι κατηγόρουν ἀμφοτέρων,
καὶ Καλλίστρατος ὁ ῥήτωρ ὠνείδισε τὸν Ὀρέστην
καὶ τὸν Οἰδίποδα ταῖς πόλεσιν, ἐπαναστὰς ὁ Ἐπα-
μινώνδας, « Ὁμολογοῦμεν, ἔφη, καὶ παρ' ἡμῖν πα-
τροκτόνον γενέσθαι, καὶ παρ' Ἀργείοις μητροκτόνον,
ἀλλὰ τοὺς ταῦτα δράσαντας ἡμεῖς μὲν ἐξεβάλομεν,

Ἀθηναῖοι δὲ ὑπεδέξαντο. » Πρὸς δὲ τοὺς Σπαρτιάτας
πολλὰ καὶ μεγάλα τῶν Θηβαίων κατηγορήσαντας·
« Οὗτοι μέντοι, εἶπεν, ὑμᾶς βραχυλογοῦντας ἔπαυ-
σαν. » Ἐπεὶ δὲ Ἀλέξανδρον, τὸν Φεραίων τύραννον,
πολέμιον ὄντα Θηβαίων, Ἀθηναῖοι φίλον ἐποιήσαντο
καὶ σύμμαχον, ὑποσχόμενον αὐτοῖς ἡμιωβολίου τὴν
μνᾶν κρεῶν ὤνιον παρέξειν· « Ἡμεῖς δέ, ἔφη ὁ Ἐπα-
μινώνδας, ξύλα προῖκα παρέξομεν Ἀθηναίοις ἐπὶ τὰ
κρέα ταῦτα· τὴν γὰρ χώραν αὐτῶν τεμοῦμεν, ἂν
πολυπραγμονῶσι. » Τοὺς δὲ Βοιωτούς, ὑπὸ σχολῆς
ἐκλυομένους, ἀεὶ βουλόμενος ἐν τοῖς ὅπλοις συνέχειν,
ὁπότε Βοιωτάρχης αἱρεθείη, παρακινῶν ἔλεγεν· «Ἔτι
βουλεύσασθε, ἄνδρες· ἐὰν γὰρ ἐγὼ στρατηγῶ, στρα-
τευτέον ἐστὶν ὑμῖν.» Καὶ τὴν χώραν, ὑπτίαν οὖσαν
καὶ ἀναπεπταμένην, πολέμου ὀρχήστραν προσηγό-
ρευεν, ὡς μὴ δυναμένους κρατεῖν αὐτῆς, ἂν μὴ τὴν
χεῖρα διὰ πόρπακος ἔχωσι. Τοῦ δὲ Χαβρίου περὶ
Κόρινθον ὀλίγους τινὰς τῶν Θηβαίων ὑπὸ τὰ τείχη
φιλομαχοῦντας καταβαλόντος, καὶ στήσαντος τρό-
παιον, ὁ Ἐπαμινώνδας καταγελῶν ἔφη· « Ἐνταῦθα
δεῖ οὐ τρόπαιον, ἀλλὰ Ἑκατήσιον ἑστάναι· » τὴν γὰρ
Ἑκάτην ἐπιεικῶς ἐν ταῖς πρὸ τῶν πυλῶν ἱδρύοντο
τριόδοις. Ἀπαγγείλαντος δέ τινος, ὡς Ἀθηναῖοι
στράτευμα καινοῖς κεκοσμημένον ὅπλοις εἰς Πελοπόν-
νησον ἀπεστάλκασι· «Τί οὖν; εἶπεν, Ἀντιγενίδας
στένει, καινοὺς Τέλληνος αὐλοὺς ἔχοντος; » Ἦν δὲ
αὐλητὴς ὁ μὲν Τέλλης κάκιστος, ὁ δὲ Ἀντιγενίδας,
κάλλιστος. Τὸν δὲ ὑπασπιστὴν αἰσθόμενος εἰληφότα
χρήματα πολλὰ παρ' ἀνδρὸς αἰχμαλώτου γεγονότος·
« Ἐμοὶ μέν, εἶπεν, ἀπόδος τὴν ἀσπίδα, σεαυτῷ δὲ
πρίω καπηλεῖον, ἐν ᾧ καταζήσεις· οὐκέτι γὰρ ἐθέ-
λεις κινδυνεύειν ὁμοίως, εἰς τῶν πλουσίων γεγονὼς

καὶ μακαρίων. » Ἐρωτηθεὶς δέ, πότερον ἑαυτὸν ἡ-
γεῖται βελτίονα στρατηγόν, ἢ Χαβρίαν ἢ Ἰφικράτην·
« Δύσκριτον, εἶπεν, ἕως ζῶμεν. » Ἐπεὶ δέ, ἐκ τῆς
Λακωνικῆς ὑποστρέψας, ἔφευγε θανάτου δίκην μετὰ
τῶν συστρατηγῶν, ὡς ἐπιβαλὼν τῇ Βοιωταρχίᾳ
παρὰ τὸν νόμον τέσσαρας μῆνας, τοὺς μὲν συνάρ-
χοντας ἐκέλευεν εἰς ἑαυτὸν ἀναφέρειν τὴν αἰτίαν, ὡς
ἐκβιασθέντας, αὐτὸς δὲ οὐκ ἔφη βελτίονας ἔχειν τῶν
ἔργων λόγους· εἰ δὲ δεῖ τι πάντως εἰπεῖν πρὸς τοὺς
δικαστάς, ἀξιοῦν, ἂν ἀποκτείνωσιν αὐτόν, ἐπιγράψαι
τῇ στήλῃ τὴν καταδίκην, ὅπως οἱ Ἕλληνες εἰδῶσιν,
« ὅτι μὴ βουλομένους Θηβαίους Ἐπαμινώνδας
ἠνάγκασε τὴν Λακωνικὴν πυρπολῆσαι, πεντακοσίοις
ἐνιαυτοῖς ἀδήωτον οὖσαν· οἰκῆσαι δὲ Μεσσήνην, δι’
ἐτῶν τριάκοντα καὶ διακοσίων· συντάξαι δὲ καὶ συν-
αγαγεῖν εἰς ταὐτὸ τοὺς Ἀρκάδας· ἀποδοῦναι δὲ τοῖς
Ἕλλησι τὴν αὐτονομίαν· » ταῦτα γὰρ ἐπράχθη κατ’
ἐκείνην τὴν στρατείαν. Ἐξῆλθον οὖν οἱ δικασταὶ σὺν
πολλῷ γέλωτι, μηδὲ τὰς ψήφους ἐπ’ αὐτὸν ἀναλα-
βόντες. Ἐν δὲ τῇ τελευταίᾳ μάχῃ τρωθεὶς καὶ κομι-
σθεὶς ἐπὶ σκηνήν, ἐκάλει Δαΐφαντον, εἶτα μετ’ ἐκεῖ-
νον Ἰολλίδαν· τεθνάναι δὲ τοὺς ἄνδρας πυθόμενος,
ἐκέλευε διαλύεσθαι πρὸς τοὺς πολεμίους, ὡς οὐκ ὄντος
αὐτοῖς στρατηγοῦ. Καὶ τῷ λόγῳ τὸ ἔργον ἐμαρτύρη-
σεν, ὡς εἰδότος ἄριστα τοὺς πολίτας.

(Recueil d'apophthegmes.)

20. *L'amour des richesses altère la constitution de
Sparte et cause sa ruine.*

Τοῖς μὲν οὖν Λυκούργου χρωμένη νόμοις ἡ Σπάρτη,
καὶ τοῖς ὅρκοις ἐμμείνασα, ἐπρώτευε τῆς Ἑλλάδος,
εὐνομίᾳ καὶ δόξῃ, χρόνον ἐτῶν πεντακοσίων· κατ’

ὀλίγον δὲ παραβαινομένων, καὶ φιλοπλουτίας καὶ
πλεονεξίας παρεισδυομένης, καὶ τὰ τῆς δυνάμεως
ἠλαττοῦτο· καὶ οἱ σύμμαχοι διὰ ταῦτα δυςμενῶς
εἶχον πρὸς αὐτούς [1]. Ἀλλ' ὅμως οὕτως ἔχοντες, μετὰ
τὴν Φιλίππου τοῦ Μακεδόνος ἐν Χαιρωνείᾳ νίκην,
πάντων αὐτὸν τῶν Ἑλλήνων ἡγεμόνα κατά τε γῆν
καὶ θάλασσαν ἀναγορευσάντων, καὶ μεταξὺ δ' Ἀλέξ-
ανδρον τὸν υἱὸν μετὰ τὴν Θηβαίων καταστροφήν·
μόνοι Λακεδαιμόνιοι, καίπερ ἀτείχιστον πόλιν ἔχον-
τες, καὶ ὀλίγοι πάνυ ὄντες, διὰ τοὺς συνεχεῖς πολέ-
μους, καὶ πολὺ ἀσθενέστεροι, καὶ εὐχείρωτοι γενό-
μενοι, πάνυ βραχέα τινὰ ζώπυρα διασώζοντες τῆς
Λυκούργου νομοθεσίας, οὔτε συνεστράτευσαν οὔτε
τούτοις, οὔτε τοῖς μεταξὺ μακεδονινοῖς βασιλεῦσιν,
οὔτ' εἰς συνέδριον κοινὸν εἰσῆλθον, οὐδὲ φόρον ἤνεγ-
καν· ἕως οὗ, παντάπασιν ὑπεριδόντες τὴν Λυκούργου
νομοθεσίαν, ὑπὸ τῶν ἰδίων πολιτῶν ἐτυραννεύθησαν,
μηδὲν ἔτι σώζοντες τῆς πατρίου ἀγωγῆς· καὶ παρα-
πλήσιοι τοῖς ἄλλοις γενόμενοι, τὴν πρόσθεν εὔκλειαν
καὶ παρρησίαν ἀπέθεντο, καὶ εἰς δουλείαν μετέστη-
σαν, καὶ νῦν ὑπὸ Ῥωμαίοις, καθάπερ οἱ ἄλλοι Ἕλλη-
νες, ἐγένοντο. (Institutions de Sparte.)

21. *Les femmes sont capables, aussi bien que les*
hommes, d'actions courageuses et vertueuses.

Περὶ ἀρετῆς, ὦ Κλέα [2], γυναικῶν, οὐ τὴν αὐτὴν
τῷ Θουκυδίδῃ γνώμην ἔχομεν. Ὁ μὲν γάρ, ἧς ἂν ἐλά-

1. Ce fut après la bataille de Leuctres, la deuxième année
de la 102e olympiade, que les Lacédémoniens perdirent leur
supériorité sur les autres peuples de la Grèce.

2. Cléa, Delphienne, cultivait la philosophie, et était très-
versée dans la lecture.

γιστος ἢ παρὰ τοῖς ἐκτὸς ψόγου πέρι ἢ ἐπαίνου λό-
γος, ἀρίστην ἀποφαίνεται· καθάπερ τὸ σῶμα καὶ
τοὔνομα τῆς ἀγαθῆς γυναικὸς οἰόμενος δεῖν κατάκλει-
στον εἶναι καὶ ἀνέξοδον. Ἡμῖν δὲ κομψότερος μὲν ὁ
Γοργίας φαίνεται, κελεύων, μὴ τὸ εἶδος, ἀλλὰ τὴν
δόξαν, εἶναι πολλοῖς γνώριμον τῆς γυναικός. Ἄριστα
δὲ ὁ Ῥωμαίων δοκεῖ νόμος ἔχειν, ὥσπερ ἀνδράσι, καὶ
γυναιξί, δημοσίᾳ μετὰ τὴν τελευτὴν τοὺς προςήκον-
τας ἀποδιδοὺς ἐπαίνους. Διὸ καὶ Λεοντίδος[1] τῆς ἀρί-
στης ἀποθανούσης, εὐθύς τε μετὰ σοῦ τότε πολὺν λό-
γον εἴχομεν, οὐκ ἀμοιροῦντα παραμυθίας φιλοσόφου·
καὶ νῦν, ὡς ἠβουλήθης, τὰ ὑπόλοιπα τῶν λεγομέ-
νων εἰς τό, μίαν εἶναι καὶ τὴν αὐτὴν ἀνδρός τε καὶ
γυναικὸς ἀρετήν, προςανέγραψά σοι, τὸ ἱστορικὸν
ἀποδεικτικὸν ἔχοντα, καὶ πρὸς ἡδονὴν μὲν ἀκοῆς οὐ
συντεταγμένα. Εἰ δὲ τῷ πείθοντι καὶ τὸ τέρπον ἔν-
εστι φύσει τοῦ παραδείγματος, οὐ φεύγει χάριν ἀπο-
δείξεως συνεργὸν ὁ λόγος, οὐδ' αἰσχύνεται ταῖς Μού-
σαις τὰς Χάριτας συγκαταμιγνὺς, καλλίστην συζυ-
γίαν, ὡς Εὐριπίδης φησίν, ἐκ τοῦ φιλοκάλου μάλι-
στα τῆς ψυχῆς ἀναδούμενος τὴν πίστιν. Φέρε γάρ,
εἰ, λέγοντες τὴν αὐτὴν εἶναι ζωγραφίαν ἀνδρῶν καὶ
γυναικῶν, παρειχόμεθα τοιαύτας γραφὰς γυναικῶν,
οἵας Ἀπελλῆς ἀπολέλοιπεν, ἢ Ζεῦξις, ἢ Νικόμαχος,
ἆρ' ἄν τις ἐπετίμησεν ἡμῖν, ὡς τοῦ χαρίζεσθαι καὶ
ψυχαγωγεῖν μᾶλλον, ἢ τοῦ πείθειν, στοχαζομένοις;
Ἐγὼ μὲν οὐκ οἶμαι. Τί δέ; ἐὰν ποιητικὴν πάλιν, ἢ
μιμητικήν, ἀποφαίνοντες οὐχ ἑτέραν μὲν ἀνδρῶν,
ἑτέραν δὲ γυναικῶν οὖσαν, ἀλλὰ τὴν αὐτήν, τὰ
Σαπφοῦς μέλη τοῖς Ἀνακρέοντος, ἢ τὰ Σιβύλλης

---

1. Léontis était mère de Cléa.

λόγια τοῖς Βάκιδος [1] ἀντιπαραβάλλοιμεν, ἕξει τις
αἰτιάσασθαι δικαίως τὴν ἀπόδειξιν, ὅτι χαίροντα
καὶ τερπόμενον ἐπάγει τῇ πίστει τὸν ἀκροατήν ; Οὐδὲ
τοῦτο ἂν εἴποις.

Καὶ μὴν οὐκ ἔστιν ἀρετῆς γυναικείας καὶ ἀνδρείας
ὁμοιότητα καὶ διαφορὰν ἄλλοθεν καταμαθεῖν μᾶλλον,
ἢ βίους βίοις, καὶ πράξεσι πράξεις, ὥσπερ ἔργα
μεγάλης τέχνης, παρατιθέντας ἅμα καὶ σκοποῦν-
τας, εἰ τὸν αὐτὸν ἔχει χαρακτῆρα καὶ τύπον ἡ Σεμι-
ράμεως μεγαλοπραγμοσύνη τῇ Σεσώστριος, ἢ ἡ Τα-
νακυλλίδος [2] σύνεσις τῇ Σερβίου τοῦ βασιλέως, ἢ τὸ
Πορκίας [3] φρόνημα τῷ Βρούτου, καὶ τὸ Τιμοκλείας
τῷ Πελοπίδου, κατὰ τὴν κυριωτάτην ὁμοιότητα
καὶ δύναμιν. Ἐπειδὴ διαφοράς γέ τινας ἑτέρας, ὥσ-
περ χροιὰς ἰδίας, αἱ ἀρεταὶ διὰ τὰς φύσεις λαμβά-
νουσι, καὶ συνεξομοιοῦνται τοῖς ὑποκειμένοις ἤθεσι
καὶ κράσεσι σωμάτων, καὶ τροφαῖς καὶ διαίταις.
Ἄλλως γὰρ ἀνδρεῖος ὁ Ἀχιλλεύς, ἄλλως ὁ Αἴας· καὶ
φρόνησις Ὀδυσσέως οὐχ ὁμοία τῇ Νέστορος· οὐδὲ
δίκαιος ὡσαύτως Κάτων καὶ Ἀγησίλαος· οὐδ' Εἰ-
ρήνη φίλανδρος, ὡς Ἄλκηστις· οὐδὲ Κορνηλία [4] με-
γαλόφρων, ὡς Ὀλυμπιάς. Ἀλλὰ μὴ παρὰ τοῦτο πολλὰς
καὶ διαφόρους ποιῶμεν ἀνδρείας καὶ φρονήσεις
καὶ δικαιοσύνας, ἂν μόνον τοῦ λόγου τοῦ οἰκείου μη-
δεμίαν αἱ καθ' ἕκαστον ἀνομοιότητες ἐκβιάζωσι.
Τὰ μὲν οὖν ἄγαν περιβόητα, καὶ ὅσων οἶμαί σε, βε-
βαίοις βιβλίοις ἐντυχοῦσαν, ἱστορίαν ἔχειν καὶ γνῶ-

1. Bacis fut un fameux devin de Béotie, qui passait pour
être inspiré par les Nymphes marines.
2. Tanaquil, femme de Tarquin l'Ancien.
3. Porcia, fille de Caton, et femme de Brutus.
4. Cornélie, mère des Gracques, ou peut-être la dernière
femme de Pompée.

σιν, ἤδη παρήσω· πλὴν εἰ μή τινα τοὺς τὰ κοινὰ
καὶ δεδημευμένα πρὸ ἡμῶν ἱστορήσαντας, ἀκοῆς
ἄξια διαπέφευγεν. Ἐπεὶ δὲ πολλὰ καὶ κοινῇ καὶ ἰδίᾳ
γυναιξὶν ἄξια λόγου πέπρακται, βραχέα τῶν κοινῶν
οὐ χεῖρόν ἐστι προϊστορῆσαι.   (Vertus des femmes.)

22. *Pourquoi les Romains commençaient-ils l'année au mois de janvier?*

Διὰ τί τὸν Ἰανουάριον μῆνα νέου ἔτους ἀρχὴν
λαμβάνουσι; Τὸ γὰρ παλαιὸν ὁ Μάρτιος ἠριθμεῖτο
πρότερος, ὡς ἄλλοις τε πολλοῖς δῆλόν ἐστι τεκμη-
ρίοις, καὶ μάλιστα τῷ τὸν πέμπτον ἀπὸ τοῦ Μαρ-
τίου, Πέμπτον [1], καὶ τὸν ἕκτον, Ἕκτον ὀνομάζεσθαι·
καὶ τοὺς ἄλλους ἐφεξῆς ἄχρι τοῦ τελευταίου, ὃν Δε-
κέμβριον καλοῦσιν, ἀπὸ τοῦ Μαρτίου δέκατον ἀρι-
θμούμενον. Ἐξ οὗ δὴ καὶ παρέστη τισὶν οἴεσθαι καὶ
λέγειν, ὡς οὐ δώδεκα μησίν, ἀλλὰ δέκα, συνεπλή-
ρουν οἱ τότε Ῥωμαῖοι τὸν ἐνιαυτόν, ἐνίοις τῶν μη-
νῶν ἡμέρας πλείονας τῶν τριάκοντα προςτιθέντες.
Ἄλλοι δὲ ἱστοροῦσι, τὸν μὲν Δεκέμβριον ἀπὸ τοῦ
Μαρτίου δέκατον εἶναι, τὸν δ' Ἰανουάριον ἑνδέκατον,
τὸν δὲ Φεβρουάριον δωδέκατον, ἐν ᾧ καθαρμοῖς τε
χρῶνται, καὶ τοῖς φθιμένοις ἐναγίζουσι, τοῦ ἐνιαυ-
τοῦ τελευτῶντος· μετατεθῆναι δὲ τούτους, καὶ γε-
νέσθαι τὸν Ἰανουάριον πρῶτον, ὅτι τῇ νουμηνίᾳ τού-
του τοῦ μηνός (ἣν ἡμέραν καλένδας [2] Ἰανουαρίας κα-

---

1. Avant que Julius César et son successeur Auguste eus-
sent donné leur nom au cinquième et au sixième mois, ces
deux mois n'étaient connus que sous les noms de *quintilis* et
sextilis.

2. Du mot καλῶ, appeler, convoquer. — Chez les Grecs le
premier jour du mois s'appelait νουμηνία, nouvelle lune.

λοῦσιν), οἱ πρῶτοι κατεστάθησαν ὕπατοι, τῶν βα-
σιλέων ἐκπεσόντων. Πιθανώτεροι δέ εἰσιν οἱ λέγον-
τες, ὅτι τὸν μὲν Μάρτιον ὁ Ῥωμύλος, πολεμικὸς καὶ
ἀρειμάνιος ὢν, καὶ δοκῶν ἐξ Ἄρεος γεγονέναι, προ-
έταξε τῶν μηνῶν, ἐπώνυμον ὄντα τοῦ Ἄρεος · Νουμᾶς
δ᾽ αὖθις, εἰρηνικὸς γενόμενος, καὶ πρὸς ἔργα τῆς
γῆς φιλοτιμούμενος τρέψαι τὴν πόλιν, ἀποστῆσαι δὲ
τῶν πολεμικῶν, τῷ Ἰανουαρίῳ τὴν ἡγεμονίαν ἔδωκε,
καὶ τὸν Ἰάνον εἰς τιμὰς προήγαγε μεγάλας, ὡς πο-
λιτικὸν καὶ γεωργικόν, μᾶλλον ἢ πολεμικόν, γενό-
μενον. Ὅρα δέ, μὴ μᾶλλον ὁ Νουμᾶς τῇ φύσει προς-
ήκουσαν ἀρχὴν ἔλαβε τοῦ ἔτους ὡς πρὸς ἡμᾶς. Καθ-
όλου μὲν γὰρ οὐδέν ἐστι φύσει τῶν ἐν κύκλῳ περι-
φερομένων οὔτ᾽ ἔσχατον, οὔτε πρῶτον, νόμῳ δ᾽ ἄλ-
λην ἄλλοι τοῦ χρόνου λαμβάνουσιν ἀρχήν· ἄριστα δὲ
οἱ τὴν μετὰ τροπὰς χειμερινὰς λαμβάνοντες, ὁπη-
νίκα, τοῦ πρόσω βαδίζειν πεπαυμένος, ὁ ἥλιος ἐπι-
στρέφει καὶ ἀνακάμπτει πάλιν πρὸς ἡμᾶς. Γίνεται
γὰρ αὐτοῖς τρόπον τινὰ καὶ φύσει, τὸν μὲν τοῦ φωτὸς
αὔξουσα χρόνον ἡμῖν, μειοῦσα δὲ τὸν τοῦ σκότους,
ἐγγυτέρω δὲ ποιοῦσα τὸν κύριον καὶ ἡγεμόνα τῆς ῥευ-
στῆς οὐσίας ἁπάσης.   (Questions romaines.)

23. *Pourquoi les femmes de Chalcédoine, lorsqu'elles
parlent à d'autres hommes qu'à leurs maris, cou-
vrent-elles une de leurs joues?*

Διὰ τί χαλκηδονίαις [1] γυναιξὶν ἔθος ἐστίν, ὅταν
ἀνδράσιν ἀλλοτρίοις ἐντύχωσι, μάλιστα δ᾽ ἄρχουσι,
τὴν ἑτέραν παρακαλύπτεσθαι παρειάν; Πόλεμος ἦν

1. Chalcédoine, ville de l'Asie Mineure, à l'extrémité du
Bosphore de Thrace, dans le voisinage de Byzance.

αὐτοῖς πρὸς Βιθυνούς, ἐκ πάσης παροξυνομένοις προ-
φάσεως· Ζειποίτου δὲ βασιλεύσαντος αὐτῶν πανστρα-
τιᾷ, καὶ Θρᾳκῶν ἐπικουρίας προσγενομένης, ἐπυρ-
πόλουν καὶ κατέτρεχον τὴν χώραν. Ἐπιθεμένου δὲ
τοῦ Ζειποίτου περὶ τὸ καλούμενον Φάλιον αὐτοῖς,
κακῶς ἀγωνισάμενοι διὰ θράσος καὶ ἀταξίαν, ὑπὲρ
ὀκτακισχιλίους ἀπέβαλον στρατιώτας· καὶ παντε-
λῶς μὲν οὐκ ἀνῃρέθησαν τότε, Ζειποίτου Βυζαντίοις
χαρισαμένου τὰς διαλύσεις. Πολλῆς δὲ τὴν πόλιν
ἐρημίας ἀνδρῶν κατεχούσης, αἱ μὲν πλεῖσται γυναῖ-
κες ὑπ᾽ ἀνάγκης ἀπελευθέροις καὶ μετοίκοις συνῴ-
κησαν· αἱ δ᾽ ἀνανδρίαν ἀντὶ τοιούτων ἑλόμεναι γά-
μων, αὗται δι᾽ αὐτῶν ἔπραττον, ὅτου δεηθεῖεν παρὰ
δικασταῖς καὶ ἄρχουσιν, ἀπάγουσαι θάτερον μέρος
τοῦ προσώπου τῆς καλύπτρας. Αἱ δὲ γεγαμημέναι,
δι᾽ αἰσχύνην ἀναμιμούμεναι ταύτας, ὡς ἑαυτῶν βελ-
τίονας, εἰς ἔθος ὅμοιον κατέστησαν.

(Questions grecques.)

24. Tégéens et Phanéens. — Romains et Albains.

Τεγεάταις μὲν καὶ Φανεάταις χρονίου πολέμου
γενομένου, ἔδοξε τριδύμους ἀδελφοὺς πέμψαι, τοὺς
μαχησομένους περὶ τῆς νίκης. Καὶ Τεγεᾶται [1] μὲν
οὖν τοὺς Ῥηξιμάχου παῖδας, Φανεᾶται δὲ τοὺς Δη-
μοστράτου προὔβαλλοντο. Συμβληθείσης δὲ τῆς μά-
χης, ἐφονεύθησαν τῶν Ῥηξιμάχου δύο· ὁ δὲ τρίτος,

---

1. Tégée et Phanée, deux villes d'Arcadie. — Si ce récit
était vrai, comment serait-il arrivé que, de tant d'auteurs
grecs dont les noms sont parvenus jusqu'à nous, aucun autre
que Démarate, très-inconnu d'ailleurs, ne nous eût transmis
un fait aussi illustre?

*2

τοὔνομα· Κριτόλαος, στρατηγήματι περιεγένετο
τῶν δύο. Προςποιητὴν γὰρ φυγὴν σκηψάμενος, κατὰ
ἕνα τῶν διωκόντων ἀνεῖλε. Καὶ ἐλθόντος, οἱ μὲν
ἄλλοι συνεχάρησαν, μόνη δ' οὐκ ἐχάρη ἡ ἀδελφὴ Δη-
μοδίκη· πεφονεύκει γὰρ αὐτῆς τὸν κατηγγυημένον
ἄνδρα, Δημόδικον. Ἀναξιοπαθήσας δὲ ὁ Κριτόλαος,
ἀνεῖλεν αὐτήν. Φόνου δ' ἀγόμενος, ὑπὸ τῆς μητρὸς
ἀπελύθη τῶν ἐγκλημάτων· — ὥς φησι Δημάρατος
ἐν δευτέρῳ Ἀρκαδικῶν.

Ῥωμαῖοι δὲ καὶ Ἀλβανοὶ πολεμοῦντες, τριδύμους
προμάχους εἵλοντο· καὶ Ἀλβανοὶ μὲν Κουριατίους,
Ῥωμαῖοι δὲ Ὡρατίους. Συμβληθείσης δὲ τῆς μάχης,
οἱ Κουριάτιοι δύο τῶν ἐναντίων ἀνεῖλον· ὁ δὲ περί-
λοιπος, φυγῇ προςποιητῇ συμμάχῳ χρώμενος, ἐφό-
νευσε καθ' ἕνα τῶν ἐπιδιωκόντων. Χαρέντων δὲ
πάντων, μόνη ἡ ἀδελφὴ οὐ συνεχάρη Ὡρατία, τὸν
κατηγγυημένον ἄνδρα Κουριάτιον ἀνῃρηκότι· ὁ δ'
ἐφόνευσε τὴν ἀδελφήν·—ὥς φησιν Ἀριστείδης ὁ Μιλή-
σιος ἐν Ἰταλικοῖς. (Hist. parall. des Grecs et des Romains.)

25. *Rivalité de la fortune et de la vertu, au sujet de l'empire romain.*

Αἱ πολλοὺς πολλάκις ἠγωνισμέναι καὶ μεγάλους
ἀγῶνας Ἀρετὴ καὶ Τύχη πρὸς ἀλλήλας, μέγιστον
ἀγωνίζονται τὸν παρόντα, περὶ τῆς Ῥωμαίων ἡγε-
μονίας διαδικαζόμεναι, ποτέρας γέγονεν ἔργον, καὶ
ποτέρα τὴν τηλικαύτην δύναμιν γεγέννηκεν. Οὐ γὰρ
μικρὸν ἔσται τῇ περιγενομένῃ τοῦτο μαρτύριον,
μᾶλλον δ' ἀπολόγημα πρὸς κατηγορίαν. Κατηγορεῖ-
ται δ' ἀρετὴ μέν, ὡς καλόν, ἀνωφελὲς δέ· τύχη
δέ, ὡς ἀβέβαιον μέν, ἀγαθὸν δέ. Καὶ τὴν μὲν ἄκαρπα

πονεῖν λέγουσι· τὴν δὲ ἄπιστα δωρεῖσθαι. Τίς οὖν
οὐχὶ λέξει, τῇ ἑτέρᾳ τῆς Ῥώμης προςτεθείσης, ἢ λυ-
σιτελέστατον ἀρετήν, εἰ τηλικαῦτα τοὺς ἀγαθοὺς
δέδρακεν ἀγαθά· ἢ βεβαιότατον εὐτυχίαν, χρόνον
ἤδη τοσοῦτον, ἃ δέδωκε, τηροῦσαν; Ἴων μὲν οὖν ὁ
ποιητής, ἐν τοῖς δίχα μέτρου καὶ καταλογάδην αὐ-
τῷ γεγραμμένοις, φησίν, ἀνομοιότατον πρᾶγμα τῇ
σοφίᾳ τὴν τύχην οὖσαν, ὁμοιοτάτων πραγμάτων γί-
νεσθαι δημιουργόν· αὔξουσιν ἀμφότεραι, προςκο-
σμοῦσιν, ἄνδρας εἰς δόξαν ἀνάγουσιν, εἰς δύναμιν,
εἰς ἡγεμονίαν. Τί δεῖ τὰ πολλὰ μηκύνειν ἐξαριθμού-
μενον; Αὐτὴν τὴν γεννῶσαν ἡμῖν καὶ φέρουσαν τὰ
πάντα φύσιν, οἱ μὲν τύχην εἶναι νομίζουσιν, οἱ δὲ
σοφίαν [1]. Διὸ καλόν τι τῇ Ῥώμῃ καὶ ζηλωτὸν ὁ ἐνε-
στὼς λόγος ἀξίωμα περιτίθησιν· εἰ διαποροῦμεν ὑπὲρ
αὐτῆς, ὡς ὑπὲρ γῆς καὶ θαλάττης καὶ οὐρανοῦ καὶ
ἄστρων, πότερον κατὰ τύχην συνέστηκεν, ἢ κατὰ
πρόνοιαν.   (Fortune des Romains.)

26. *Témoignages de César et d'Auguste en faveur de la fortune.*

Περὶ δὲ Γαΐου Καίσαρος ᾐδέσθην ἂν εἰπεῖν, ὡς
ὑπ' εὐτυχίας ἤρθη μέγιστος, εἰ μὴ τοῦτ' αὐτὸς ἐμαρ-
τύρησεν. Ἐπεὶ γὰρ ἀπὸ Βρεντεσίου Πομπήϊον διώκων
ἀνήχθη, χειμῶνος ἐν τροπαῖς ὄντος, τὸ μὲν πέλαγος
ἀσφαλῶς διεπέρασε, τῆς τύχης τὸν καιρὸν ὑπερθε-
μένης· εὑρὼν δὲ τὸν Πομπήϊον ἄθρουν, καὶ πολὺν

1. Chrysippe croyait que la nature était la même chose que
ce qu'il appelait providence, destin, raison universelle. Épi-
cure n'admettait ni providence ni intelligence suprême, et ne
laissait subsister que la matière.

μὲν ἐν γῇ, πολὺν δὲ ἐν θαλάσσῃ, μετὰ πασῶν ἅμα
τῶν δυνάμεων καθεζόμενον, αὐτὸς ὀλιγοστὸς ὢν, τῆς
μετὰ Ἀντωνίου καὶ Σαβίνου στρατιᾶς αὐτῷ βραδυ-
νούσης, ἐτόλμησεν, εἰς ἀκάτιον μικρὸν ἐμβὰς, καὶ
λαθὼν τόν τε ναύκληρον καὶ τὸν κυβερνήτην, ὥς τι-
νος θεράπων ἀναχθῆναι· σκληρᾶς δὲ πρὸς τὸ ῥεῦμα
τοῦ ποταμοῦ γενομένης ἀντιμεταβάσεως, καὶ κλύ-
δωνος ἰσχυροῦ, μεταβαλλόμενον ὁρῶν τὸν κυβερνή-
την, ἀφεῖλεν ἀπὸ τῆς κεφαλῆς τὸ ἱμάτιον, καὶ
ἀναδείξας ἑαυτόν· « Ἴθι, ἔφη, γενναῖε, τόλμα, καὶ
δέδιθι μηθέν, ἀλλὰ ἐπιδίδου τῇ τύχῃ τὰ ἱστία, καὶ
δέχου τὸ πνεῦμα, πιστεύων, ὅτι Καίσαρα φέρεις καὶ
τὴν Καίσαρος τύχην [1]. » Οὕτως ἐπέπειστο τὴν τύ-
χην αὐτῷ συμπλεῖν, συναποδημεῖν, συστρατεύεσθαι,
συστρατηγεῖν· ᾗ ἔργον ἦν γαλήνην μὲν ἐπιτάξαι θα-
λάσσῃ, θέρος δὲ χειμῶνι, τάχος δὲ τοῖς βραδυτάτοις,
ἀλκὴν δὲ τοῖς ἀθυμοτάτοις· τὸ δὲ τούτων ἀπιστό-
τερον, φυγὴν Πομπηίῳ, καὶ Πτολεμαίῳ ξενο-
κτονίαν, ἵνα καὶ Πομπήιος πέσῃ, καὶ Καῖσαρ μὴ
μιανθῇ.

Τί δέ; ὁ τούτου μὲν υἱός, πρῶτος δὲ ἀναγορευθεὶς
Σεβαστός, ἄρξας τέσσαρα καὶ πεντήκοντα ἔτη, οὐκ
αὐτὸς ἐκπέμπων τὸν θυγατριδοῦν ἐπὶ στρατείαν ηὔ-
ξατο τοῖς θεοῖς, ἀνδρείαν μὲν αὐτῷ δοῦναι τὴν Σκι-
πίωνος, εὔνοιαν δὲ τὴν Πομπηίου, τύχην δὲ τὴν
αὐτοῦ; καθάπερ ἔργῳ μεγάλῳ δημιουργὸν ἐπιγράψας
ἑαυτῷ τὴν τύχην, ἥτις αὐτὸν ἐπιθεῖσα Κικέρωνι, καὶ
Λεπίδῳ, καὶ Πάνσᾳ, καὶ Ἱρτίῳ, καὶ Μάρκῳ Ἀντω-

---

1. César se contenta de dire au pilote : « Ne crains rien,
tu portes César et sa fortune. » Ces mots, frappants par leur
simplicité, perdent toute leur énergie dans la paraphrase de
Plutarque.

νίῳ, ταῖς ἐκείνων ἀριστείαις καὶ χερσὶ καὶ νίκαις, καὶ στόλοις, καὶ πολέμοις, καὶ στρατοπέδοις γενόμενον πρῶτον, εἰς ὕψος ἄρασα, καὶ καταβαλοῦσα τούτους δι᾽ ὧν ἀνέβη, μόνον κατέλιπεν. Ἐκείνῳ γὰρ ἐπολιτεύετο Κικέρων, καὶ Λέπιδος ἐστρατήγει, καὶ Πάσσας ἐνίκα, καὶ Ἴρτιος ἔπιπτε, καὶ Ἀντώνιος ὕβριζεν. Ἐγὼ γὰρ καὶ Κλεοπάτραν τῇ τύχῃ Καίσαρος τίθημι, περὶ ἥν, ὡς ἕρμα, κατέδυ καὶ συνετρίβη τηλικοῦτος αὐτοκράτωρ, ἵνα ᾖ μόνος Καῖσαρ. Λέγεται δέ, πολλῆς οἰκειότητος αὐτοῖς καὶ συνηθείας ὑπαργούσης, πολλάκις σχολαζόντων εἰς παιδιὰν σφαίρας ἢ κύβων, ἢ νὴ Δία θρεμμάτων ἁμίλλης οἷον ὀρτύγων καὶ ἀλεκτρυόνων¹, ἀεὶ νικώμενον Ἀντώνιον ἀπαλλάττεσθαι· καί τινα τῶν περὶ αὐτὸν ἐπὶ μαντείας σεμνυνόμενον, πολλάκις παρρησιάζεσθαι, καὶ νουθετεῖν· « Ὦ ἄνθρωπε, τί σοι πρᾶγμα πρὸς τοῦτόν ἐστι τὸν νεανίσκον; φεῦγε αὐτόν· ἐνδοξότερος εἶ, πρεσβύτερος εἶ, ἄρχεις πλειόνων, ἐνήθληκας πολέμοις, ἐμπειρίᾳ διαφέρεις· ἀλλ᾽ ὁ σὸς δαίμων τὸν τούτου φοβεῖται· καὶ ἡ τύχη σου καθ᾽ ἑαυτήν ἐστι μεγάλη, κολακεύει δὲ τὴν τούτου· ἐὰν μὴ μακρὰν ᾖς, οἰχήσεται μεταβᾶσα πρὸς αὐτόν. »   (Fortune des Romains.)

1. Littéralement : *Même au combat d'animaux, tels que les cailles ou les coqs.* On faisait battre des couples de ces oiseaux, et celui dont le couple remportait la victoire, avait gagné.

27. Discours d'Alexandre à la j⸱ ⸱⸱⸱⸱. — Prosopopée.

Οἶμαι δ' ἂν αὐτὸν Ἀλέξανδρον εἰπεῖν πρὸς τὴν Τύχην τοῖς κατορθώμασιν ἑαυτὴν ἐπιγράφουσαν· « Μή μου διάβαλλε τὴν ἀρετήν, μηδὲ ἀφαιροῦ περισπῶσα τὴν δόξαν. Δαρεῖος ἦν σὸν ἔργον, ὃν ἐκ δούλου καὶ ἀστάνδου βασιλέως, κύριον Περσῶν ἐποίησας· καὶ Σαρδανάπαλος, ᾧ τὸ διάδημα τῆς βασιλείας πορφύραν ξαίνοντι περιέθηκας. Ἐγὼ δ' εἰς Σοῦσα νικῶν δι' Ἀρβήλων ἀναβέβηκα, καὶ Κιλικία μοι πλατεῖαν ἀνέῳξεν Αἴγυπτον, Κιλικίαν δὲ Γράνικος, ὃν Μιθριδάτῃ καὶ Σπιθριδάτῃ νεκροῖς ἐπιβὰς διεπέρασα. Κόσμει σεαυτὴν καὶ σεμνύνου βασιλεῦσιν ἀτρώτοις καὶ ἀναιμάκτοις· ἐκεῖνοι γὰρ εὐτυχεῖς ἦσαν, Ὦχοι καὶ Ἀρταξέρξαι· οὓς εὐθὺς ἐκ γενετῆς τῷ Κύρου θρόνῳ ἐνίδρυσας· τοὐμὸν δὲ σῶμα πολλὰ σύμβολα φέρει τύχης ἀνταγωνιζομένης, οὐ συμμαχούσης. Πρῶτον ἐν Ἰλλυριοῖς λίθῳ τὴν κεφαλήν, ὑπέρῳ δὲ τὸν τράχηλον πληγθην· ἔπειτα περὶ Γράνικον τὴν κεφαλὴν βαρβαρικῇ μαχαίρᾳ διεκόπην, ἐν δ' Ἰσσῷ ξίφει τὸν μηρόν· πρὸς δὲ Γάζῃ, τὸν μὲν σφυρὸν ἐτοξεύθην· τὸν δ' ὦμον ἐκπεσὼν ἐξ ἕδρας βαρὺς περιεδίνησα· πρὸς δὲ Μαρακανδάνοις [1] τοξεύμασι τὸ τῆς κνήμης ὀστέον διεσχίσθην. Πόσαι δὲ Ἰνδῶν πληγαὶ καὶ βίαι! Ἐν μὲν Ἀσσακηνοῖς [2] ἐτοξεύθην τὸν ὦμον· ἐν δὲ Γαυ-

---

1. *Maracanda*, dont parle Quinte-Curce, était une ville de la Sogdiane, province d'Asie, voisine de la Scythie et de la Bactriane.

2. L'*Assacène* était une province de l'Inde, dont Quinte-Curce appelle la capitale *Mazaga*.

γαρίδαις [1] τὸ σκέλος· ἐν δὲ Μάλλωσι βέλει μὲν ἀπὸ
τόξου τὸ στέρνον ἐνερεισθέντι καὶ καταδύσαντι τὸν
σίδηρον, ὑπέρου δὲ πληγῇ παρὰ τὸν τράχηλον, ὅτε
προςτεθεῖσαι ταῖς τείχεσιν αἱ κλίμακες ἐκλάσθησαν.
Ἐμὲ δὲ ἡ τύχη μόνον συνεῖρξεν, οὐδὲ λαμπροῖς ἀντ-
αγωνισταῖς, ἀλλὰ βαρβάροις ἀσήμοις χαριζομένη τη-
λικοῦτον ἔργον. Εἰ δὲ μὴ Πτολεμαῖος ὑπερέσχε τὴν
πέλτην, Λιμναῖος δὲ πρὸ ἐμοῦ μυρίοις ἀπαντήσας
βέλεσιν ἔπεσεν, ἤρειψαν δὲ Θυμῷ καὶ βίᾳ Μακεδό-
νες τὸ τεῖχος, ἔδει τάφον Ἀλεξάνδρου τὴν βάρβαρον
ἐκείνην καὶ ἀνώνυμον κώμην γενέσθαι. »

(Fortune d'Alexandre.)

28. *Les princes qui n'encouragent pas les arts étouf-
fent les talents.*

Καρπῶν μὲν εὐφορίαν εὐκρασία ποιεῖ καὶ λε-
πτότης τοῦ περιέχοντος ἀέρος· τεχνῶν δὲ καὶ φύ-
σεων ἀγαθῶν αὔξησιν εὐμένεια καὶ τιμὴ καὶ φιλαν-
θρωπία βασιλέως ἐκκαλεῖται. Καὶ τοὐναντίον ὑπὸ
φθόνου καὶ σμικρολογίας ἢ φιλονεικίας τῶν κρατούν-
των σβέννυται καὶ φθίνει πᾶν τὸ τοιοῦτο· Διονύσιος
γοῦν ὁ τύραννος, ὡς φασι, κιθαρῳδοῦ τινος εὐδοκι-
μοῦντος ἀκούων, ἐπηγγείλατο δωρεὰν αὐτῷ τάλαν-
τον [2] · τῇ δ' ὑστεραίᾳ τοῦ ἀνθρώπου τὴν ὑπόσχεσιν
ἀπαιτοῦντος· « Χθές, εἶπεν, εὐφραινόμενος ὑπὸ σοῦ
παρ' ὃν ᾖδες χρόνον, εὔφρανα κἀγώ σε ταῖς ἐλπίσιν·
ὥστε τὸν μισθὸν ὧν ἔτερπες ἀπελάμβανες εὐθύς,
ἀντιτερπόμενος. » Ἀλέξανδρος δέ, ὁ Φεραίων [3] τύραν-

1. Les *Gangarides* sont les peuples voisins du *Gange*.
2. Le talent se divisait en 60 mines, et la mine en 100
drachmes. La drachme répond au denier des Romains.
3. Ce tyran, si fameux par ses cruautés, vivait du temps
de Pélopidas, qu'il retint longtemps prisonnier.

νος (ἔδει δὲ τοῦτο μόνον αὐτὸν καλεῖσθαι, καὶ μὴ
καταισχύνειν τὴν ἐπωνυμίαν), θεώμενος τραγῳδόν,
ἐμπαθέστερον ὑφ᾽ ἡδονῆς διετέθη πρὸς τὸν οἶκτον.
Ἀναπηδήσας οὖν ἐκ τοῦ θεάτρου, θᾶττον ἢ βάδην
ἀπῄει, «δεινὸν εἶναι λέγων, εἰ τοσούτους ἀποσφάττων
πολίτας, ὀφθήσεται τοῖς Ἑκάβης καὶ Πολυξένης πά-
θεσιν ἐπιδακρύων. » Οὗτος μὲν οὖν μικροῦ καὶ δίκην
ἐπράξατο τὸν τραγῳδόν, ὅτι τὴν ψυχὴν αὐτοῦ καθ-
άπερ σίδηρον ἐμάλαξεν.   (Vertu d'Alexandre.)

29. Combat de cavalerie à Mantinée, peint par Euphranor.

Γέγραφε δὲ τὴν ἐν Μαντινείᾳ πρὸς Ἐπαμινώνδαν
ἱππομαχίαν, οὐκ ἀνενθουσιάστως, Εὐφράνωρ. Τὸ δ᾽
ἔργον ἔσχεν οὕτως • « Ἐπαμινώνδας Θηβαῖος ἀπὸ
τῆς ἐν Λεύκτροις μάχης ἀρθεὶς μέγας, ἐπεμβῆναι
τῇ Σπάρτῃ πεσούσῃ, καὶ πατῆσαι τὸ φρόνημα καὶ
τὸ ἀξίωμα τῆς πόλεως ἠθέλησε. Καὶ πρῶτα μὲν ἐμ-
βαλὼν ἑπτὰ μυριάσι στρατοῦ, διεπόρθησε τὴν χώ-
ραν, καὶ τοὺς περιοίκους ἀπέστησεν αὐτῶν • ἔπειτα
περὶ Μαντίνειαν ἀντιτεταγμένους εἰς μάχην προὐ-
καλεῖτο. Μὴ βουλομένων δὲ μηδὲ τολμώντων, ἀλλὰ
τὴν Ἀθήνηθεν ἐπικουρίαν ἐκδεχομένων, νυκτὸς ἄρας
καὶ λαθὼν ἅπαντας, εἰς τὴν Λακωνικὴν κατέβη, καὶ
μικροῦ ἔφθη τὴν πόλιν ἔρημον ἐξ ἐφόδου λαβεῖν καὶ
κατασχεῖν • αἰσθομένων δὲ τῶν συμμάχων, καὶ βοη-
θείας τάχος πρὸς τὴν πόλιν γενομένης, ὑπέδειξε μὲν
ὡς αὖθις ἐπὶ λεηλασίαν καὶ φθορὰν τῆς χώρας τρε-
ψόμενος • ἐξαπατήσας δὲ καὶ κατακοιμήσας οὕτω
τοὺς πολεμίους, ἀνέζευξε νυκτὸς ἐκ τῆς Λακωνικῆς •
καὶ διαδραμὼν εἰς τὴν μεταξὺ χώραν, ἐπεφαίνετο

τοῖς Μαντινεῦσιν ἀπροςδόκητος· καὶ διαβουλευομέ-
νοις αὐτοῖς ἀκμὴν τοῦ πέμπειν τὴν εἰς Λακεδαίμονα
βοήθειαν, εὐθέως ὁπλίζεσθαι προςέταξε τοῖς Θηβαίοις.
Οἱ μὲν οὖν Θηβαῖοι, μέγα φρονοῦντες ἐν τοῖς ὅπλοις,
ἐπεφέροντο καὶ περιελάμβανον κύκλῳ τὰ τείχη. Τῶν
δὲ Μαντινέων ἔκπληξις ἦν καὶ ἀλαλαγμὸς καὶ δια-
δρομή, ὡς ῥεῦμα τὴν δύναμιν ἀθρόαν ἐμπίπτουσαν
ἀπώσασθαι μὴ δυναμένων, μηδ' ἐπινοούντων βοή-
θειαν. Ἐν τούτῳ δὲ καιροῦ καὶ τύχης, Ἀθηναῖοι
κατέβαινον ἀπὸ τῶν ἄκρων εἰς τὴν Μαντινικήν, οὐκ
εἰδότες τὴν ῥοπήν, οὐδὲ τὴν ὀξύτητα τοῦ ἀγῶνος,
ἀλλ' ὁδῷ πορευόμενοι καθ' ἡσυχίαν. Ὡς δέ τις αὐτῶν
ἐκδραμὼν ἀπήγγειλε τὸν κίνδυνον, ὀλίγοι μὲν ὄντες,
ὡς πρὸς τὸ πλῆθος τῶν πολεμίων, ἐξ ὁδοῦ δὲ κεκμη-
κότες, οὐδενὸς δὲ τῶν ἄλλων συμμάχων παρόντος,
ὅμως εὐθὺς εἰς τάξιν καθίσταντο τοῖς πλείστοις. Οἱ
δ' ἱππεῖς διασκευασάμενοι καὶ προεξελάσαντες, ὑπὸ
τὰς πύλας αὐτὰς καὶ τὸ τεῖχος ἔθεντο καρτερὰν ἱππο-
μαχίαν· καὶ κρατήσαντες, ἐκ τῶν χειρῶν τοῦ Ἐπα-
μινώνδα ἀφείλοντο τὴν Μαντίνειαν. » Τοῦτο τὸ ἔργον
Εὐφράνωρ ἔγραψε, καὶ πάρεστιν ὁρᾶν ἐν εἰκόνι, τῆς
μάχης τὸ σύγγραμμα, καὶ τὴν ἀντέρεισιν ἀλκῆς καὶ
θυμοῦ καὶ πνεύματος γέμουσαν. Ἀλλ' οὐκ ἂν οἶμαι
τὴν ζωγράφου κρίσιν προσθείητε πρὸς τὸν στρατ-
ηγόν ¹, οὐδ' ἀνάσχοισθε ² τῶν προτιμώντων τὸν πί-
νακα τοῦ τροπαίου, καὶ τὸ μίμημα τῆς ἀληθείας.

(Gloire des Athéniens.)

1. Le général qui commandait les Athéniens dans ce com-
bat mémorable, s'appelait Hégéloque.
2. Littér. : *Vous ne souffririez pas ceux qui préfère-
raient.*

30. *Enumération des plus fameuses victoires des Athéniens. — Hypotypose.*

Τοὺς δὲ στρατηγοὺς αὖ πάλιν ἐνθένδε παριόντας σκοπῶμεν, ὧν παρερχομένων ὡς ἀληθῶς εὐφημεῖν χρή, κἀξίστασθαι τοὺς ἀπράκτους καὶ ἀπολιτεύτους καὶ ἀστρατεύτους, ὅστις ἄτολμος πρὸς ἔργα τοιαῦτα, καὶ γνώμη μὴ καθαρεύει, μηδὲ Μιλτιάδου τοῦ μη- δοφόνου [1], μηδὲ τοῦ περσοκτόνου Θεμιστοκλέους χει- ρὸς βακχεῖ᾽ ἐτελέσθη. Ἀρήϊος ὁ κῶμος οὗτος, ἐκ γῆς ἅμα φάλαγξι, καὶ στόλοις ἐκ θαλάττης, καὶ μεμιγμένοις σκύλοις καὶ τροπαίοις βεβριθώς. «Κλῦθι, Ἐνυώ, Πολέμου Θύγατερ!» ἐγχέων προοίμιον. Ἀ- φύετε, ἄνδρες! τὸν ἱερόθυτον Θάνατον (ὡς ὁ Θηβαῖος Ἐπαμινώνδας εἶπεν)· ὑπὲρ πατρίδος καὶ τάφων καὶ ἱερῶν ἐπιδιδόντες ἑαυτοὺς τοῖς καλλίστοις· καὶ λαμ- προτάτοις ἀγῶσιν· ὧν τὰς Νίκας ὁρᾶν μοι δοκῶ προςερχομένας, οὐ βοῦν ἔπαθλον ἑλκούσας, ἢ τρά- γον· οὐδὲ ἀνεστεμμένας κιττῷ, καὶ Διονυσιακῆς τρυγὸς ὀδωδυίας· ἀλλ᾽ ὅλαι μὲν πόλεις αὐτῶν εἰσι καὶ νῆσοι, καὶ ἤπειροι, καὶ νηχοτάλαντοι [2], καὶ δήμων ἀποικισμοὶ μυρίανδροι, τροπαίοις δὲ παντο- δαποῖς ἀναστέφονται καὶ λαφύροις· ὧν ἀγάλματα καὶ σύμβολα, Παρθενῶνες ἑκατόμπεδοι, νότια τείχη,

1. L'empire des Mèdes avait été réuni à celui des Perses dans la personne de Cyrus.

2. H. Estienne, d'après l'autorité d'un ancien lexique, dit que ce mot signifie des lieux et des villes situés aux environs de la mer. Il vaut peut-être mieux lire, soit avec Bryan, καὶ χιλιστάλαντοι, soit plutôt avec Reiske, νίκαι πολυτάλαντοι, *des statues de la* Victoire, *en or ou en argent, du poids de plusieurs talents,* telles que les peuples en envoyaient à Athènes ou à Rome.

νεῶν οἶκοι, προπύλαια, Χερρόνησος, Ἀμφίπολις.
Μαραθὼν τὴν Μιλτιάδου νίκην προπέμπει, καὶ Σα-
λαμὶς τὴν Θεμιστοκλέους, χιλίων σκαφῶν ναυαγίοις
ἐπιβεβηκυῖαν. Φέρει δὲ ἡ μὲν Κίμωνος, τριήρεις ἑκα-
τὸν Φοινίσσας ἀπ' Εὐρυμέδοντος· ἡ δὲ Δημοσθένους
καὶ Κλέωνος, ἀπὸ Σφακτηρίας τὴν Βρασίδου ἀσπίδα
αἰχμάλωτον, καὶ δεδεμένους στρατιώτας. Τειχίζει
δὲ τὴν πόλιν ἡ Κόνωνος· ἡ δὲ Θρασυβούλου κατάγει
τὸν δῆμον ἀπὸ Φυλῆς ἐλεύθερον· αἱ δὲ Ἀλκιβιάδου
περὶ Σικελίαν ὀλισθοῦσαν τὴν πόλιν ἐγείρουσιν. Ἐκ
δὲ τῶν Νειλέου καὶ Ἀνδρόκλου περὶ Λυδίαν καὶ Κα-
ρίαν ἀγώνων, Ἰωνίαν ἀνισταμένην ἐπεῖδεν ἡ Ἑλλάς.
Τῶν δὲ ἄλλων ἑκάστης ἂν πύθῃ, τί τῇ πόλει γέγο-
νεν ἐξ αὐτῆς ἀγαθόν· ἡ μὲν ἐρεῖ Λέσβον, ἡ δὲ Σά-
μον, ἡ δὲ Κύπρον, ἡ δὲ Πόντον Εὔξεινον, ἡ δὲ πεν-
τακοσίας τριήρεις, ἡ δὲ μυρία τάλαντα, — προῖκα
τῆς δόξης καὶ τῶν τροπαίων.

(Gloire des Athéniens.)

31. *Ne pas confondre l'allégorie avec la réalité.*

Ὅταν, ἃ μυθολογοῦσιν Αἰγύπτιοι περὶ τῶν Θεῶν,
ἀκούσῃς, πλάνας καὶ διαμελισμούς, καὶ πολλὰ τοι-
αῦτα παθήματα [1], δεῖ τῶν προειρημένων μνημο-
νεύειν, καὶ μηδὲν οἴεσθαι τούτων λέγεσθαι γεγονὸς
οὕτω καὶ πεπραγμένον. Οὐ γὰρ τὸν κύνα κυρίως Ἑρ-
μῆν λέγουσιν· ἀλλὰ τοῦ ζώου τὸ φυλακτικὸν καὶ τὸ
ἄγρυπνον, καὶ τὸ φιλόσοφον, γνώσει καὶ ἀγνοίᾳ τὸ
φίλον καὶ τὸ ἐχθρὸν ὁρίζοντος, ᾗ φησιν ὁ Πλάτων,
τῷ λογιωτάτῳ τῶν Θεῶν συνοικειοῦσιν. Οὐδὲ τὸν
ἥλιον ἐκ λωτοῦ νομίζουσι βρέφος ἀνίσχειν νεογιλόν·

1. D'autres lisent μυθεύματα, des fables.

ἀλλ' οὕτως ἀνατολὴν ἡλίου γράφουσι, τὴν ἐξ ὑγρῶν
ἡλίου γινομένην ἄναψιν αἰνιττόμενοι. Καὶ γὰρ τὸν
ὠμότατον Περσῶν βασιλέα καὶ φοβερώτατον Ὦχον
ἀποκτείναντα πολλούς, τέλος δὲ καὶ τὸν Ἆπιν ἀπο-
σφάξαντα καὶ καταδειπνήσαντα μετὰ τῶν φίλων,
ἐκάλεσαν Μάχαιραν, καὶ καλοῦσι μέχρι νῦν οὕ-
τως ἐν τῷ καταλόγῳ τῶν βασιλέων · οὐ κυρίως
δήπου τὴν οὐσίαν αὐτοῦ σημαίνοντες, ἀλλὰ τοῦ
τρόπου τὴν σκληρότητα καὶ κακίαν ὀργάνῳ φονικῷ
παρεικάζοντες. Οὕτω δὴ τὰ περὶ Θεῶν ἀκούσασα [1]
καὶ δεχομένη παρὰ τῶν ἐξηγουμένων τὸν μῦθον ὁσίως
καὶ φιλοσόφως, καὶ δρῶσα μὲν ἀεὶ καὶ διαφυλάτ-
τουσα τῶν ἱερῶν τὰ νενομισμένα, τοῦ δ' ἀληθῆ δό-
ξαν ἔχειν περὶ Θεῶν μηδὲν οἰομένη μᾶλλον μήτε
Θύσειν, μήτε ποιήσειν αὐτοῖς κεχαρισμένον, οὐδὲν
ἔλαττον ἀποφεύξοιο κακὸν ἀθεότητος, δεισιδαιμονίαν.

(Isis et Osiris.)

32. *Nature parfaite composée de trois sortes d'êtres :*
trinité platonique : triangle rectangle : carré de
l'hypoténuse.

Ἡ δὲ κρείττων καὶ Θειοτέρα φύσις ἐκ τριῶν ἐστι ·
τοῦ νοητοῦ καὶ τῆς ὕλης καὶ τοῦ ἐκ τούτων, ὃν κό-
σμον Ἕλληνες ὀνομάζουσιν. Ὁ μὲν οὖν Πλάτων, τὸ
μὲν νοητὸν, καὶ ἰδέαν καὶ παράδειγμα καὶ πατέρα,
τὴν δὲ ὕλην, καὶ μητέρα καὶ τιθηνήν, ἕδραν τε καὶ
χώραν γενέσεως, τὸ δὲ ἐξ ἀμφοῖν, ἔγγονον καὶ γένε-
σιν ὀνομάζειν εἴωθεν. Αἰγυπτίους δ' ἄν τις εἰκάσειε
[μιμούμενον αὐτόν, ὀνομάσαι τὸ ὀρθογώνιον] τῶν τρι-
γώνων τὸ κάλλιστον, μάλιστα τούτῳ τὴν τοῦ παν-

---

1. Plutarque s'adresse à Cléa, prêtresse delphienne.

τὸς φύσιν ὁμοιοῦντας· ᾧ καὶ Πλάτων ἐν τῇ Πολιτείᾳ δοκεῖ τούτῳ προςκεχρῆσθαι [1], τὸ γαμήλιον διάγραμμα συντάττων. Ἔχει δ' ἐκεῖνο τὸ τρίγωνον, τριῶν τὴν πρὸς ὀρθίαν, καὶ τεττάρων τὴν βάσιν, καὶ πέντε τὴν ὑποτείνουσαν, ἴσον τοῖς περιεχούσαις δυναμένην. Εἰκαστέον οὖν τὴν μὲν πρὸς ὀρθὰς ἄῤῥενι, τὴν δὲ βάσιν θηλείᾳ, τὴν δὲ ὑποτείνουσαν ἀμφοῖν ἐγγόνῳ· καὶ τὸν μὲν Ὄσιριν ὡς ἀρχήν, τὴν δὲ Ἶσιν ὡς ὑποδοχήν, τὸν δὲ Ὧρον ὡς ἀποτέλεσμα. Τὰ μὲν γὰρ τρία, πρῶτος περισσός ἐστι καὶ τέλειος· τὰ δὲ τέτταρα, τετράγωνος ἀπὸ πλευρᾶς ἀρτίου τῆς δυάδος· τὰ δὲ πέντε, πῆ μὲν τῷ πατρί, πῆ δὲ τῇ μητρὶ προςέοικεν, ἐκ τριάδος συγκείμενα καὶ δυάδος. Καὶ τὰ πάντα τῶν πέντε γέγονε παρώνυμα, καὶ τὸ ἀριθμήσασθαι πεμπάσασθαι [2] λέγουσιν. Ποιεῖ δὲ τετράγωνον ἡ πεντὰς ἀφ' ἑαυτῆς, ὅσον τῶν γραμμάτων παρ' Αἰγυπτίοις τὸ πλῆθός ἐστι, καὶ ὅσον ἐνιαυτῶν ἔζη χρόνον ὁ Ἆπις.

(Isis et Osiris.)

33. *La philosophie et la raison doivent nous guider dans l'étude de la religion.*

Οὐ γὰρ ἄνουν οὐδ' ἄψυχον, οὐδὲ ἀνθρώποις ὁ Θεὸς ὑποχείριον· ἀπὸ τούτων δέ, τοὺς χρωμένους

1. Quand Cicéron n'entendait pas une énigme, il disait : Elle est plus obscure que les nombres de Platon ; *œnigma plane non intellexi ; est enim* numero *Platonis obscurius.*

(Ad Atticum, vii, 13.)

2. *Cinq,* en grec, se dit πέντε, et l'*univers,* au pluriel, où il exprime tous les êtres, se dit πάντα; *compter* (sur ses cinq doigts), πεμπάσασθαι, de la forme éol. πέμπε, *quinque.* — Si l'on veut quelques détails sur le système numérique de Pythagore, on peut consulter (pag. 530, à l'article *Sept*) mon Lexique français-grec, Paris, 1823.

αὐτοῖς καὶ δωρουμένους ἡμῖν, καὶ παρέχοντας ἀέν-
ναα καὶ διαρκῆ, θεοὺς ἐνομίσαμεν, οὐχ ἑτέρους
παρ' ἑτέροις, οὐδὲ βαρβάρους καὶ Ἕλληνας, οὐδὲ
νοτίους καὶ βορείους· ἀλλ', ὥςπερ ἥλιος καὶ σελήνη
καὶ οὐρανὸς καὶ γῆ καὶ θάλασσα κοινὰ πᾶσιν,
ὀνομάζεται δ' ἄλλως ὑπ' ἄλλων, οὕτως ἑνὸς λόγου
τοῦ ταῦτα κοσμοῦντος, καὶ μιᾶς προνοίας ἐπιτρο-
πευούσης, καὶ δυνάμεων ὑπουργῶν ἐπὶ πάντας τε-
ταγμένων, ἕτεραι παρ' ἑτέροις κατὰ νόμους γεγόνασι
τιμαὶ καὶ προςηγορίαι· καὶ συμβόλοις χρῶνται καθ-
ιερωμένοις, οἱ μὲν ἀμυδροῖς, οἱ δὲ τρανοτέροις,
ἐπὶ τὰ θεῖα τὴν νόησιν ὁδηγοῦντες, οὐκ ἀκινδύνως.
Ἔνιοι γὰρ ἀποσφαλέντες παντάπασιν εἰς δεισιδαι-
μονίαν ὤλισθον· οἱ δέ, φεύγοντες ὥςπερ ἕλος τὴν
δεισιδαιμονίαν, ἔλαθον αὖθις ὥςπερ εἰς κρημνὸν
ἐμπεσόντες τὴν ἀθεότητα. Διὸ δεῖ μάλιστα πρὸς
ταῦτα λόγον ἐκ φιλοσοφίας μυσταγωγὸν ἀναλαβόν-
τας, ὁσίως διανοεῖσθαι τῶν λεγομένων καὶ δρωμέ-
νων ἕκαστον· ἵνα μή, καθάπερ Θεόδωρος εἶπε, τοὺς
λόγους αὐτοῦ τῇ δεξιᾷ προτείνοντος, ἐνίους τῇ
ἀριστερᾷ δέχεσθαι τῶν ἀκροωμένων, οὕτως ἡμεῖς,
ἃ καλῶς οἱ νόμοι περὶ τὰς θυσίας καὶ τὰς ἑορτὰς
ἔταξαν, ἑτέρως ὑπολαμβάνοντες, ἐξαμάρτωμεν. Ὅτι
γὰρ ἐπὶ τὸν λόγον ἀνοιστέον ἅπαντα, καὶ παρ' αὐτῶν
ἐκείνων ἐστὶ λαβεῖν. Τῇ μὲν γὰρ ἐννάτῃ ἐπὶ δέκα
τοῦ πρώτου μηνὸς ἑορτάζοντες τῷ Ἑρμῇ, μέλι καὶ
σῦκον ἐσθίουσιν, ἐπιλέγοντες· « Γλυκὺ ἡ ἀλήθεια.»
Τὸ δὲ τῆς Ἴσιδος φυλακτήριον, ὃ περιάπτεσθαι μυ-
θολογοῦσιν αὐτήν, ἐξερμηνεύεται· « Φωνὴ ἀληθής. »
Τὸν δὲ Ἁρποκράτην οὔτε θεὸν ἀτελῆ καὶ νήπιον,
οὔτε χεδρόπων τινα νομιστέον, ἀλλὰ τοῦ περὶ θεῶν
ἐν ἀνθρώποις λόγου, νεαροῦ καὶ ἀτελοῦς καὶ ἀδιαρ-

θρώτου, προστάτην καὶ σωφρονιστήν. Διὸ τῷ στό-
ματι τὸν δάκτυλον ἔχει προσκείμενον, ἐχεμυθίας
καὶ σιωπῆς σύμβολον. Ἐν δὲ τῷ μεσορὴ [1] μηνὶ
τῶν χεδρόπων ἐπιφέροντες λέγουσι· « Γλῶσσα
τύχη, γλῶσσα δαίμων. » Τῶν δ' ἐν Αἰγύπτῳ φυτῶν
μάλιστα τῇ Θεῷ καθιερῶσθαι λέγουσι τὴν περσέαν,
ὅτι καρδίᾳ μὲν ὁ καρπὸς αὐτῆς, γλόττῃ δὲ τὸ
φύλλον ἔοικεν. Οὐδὲν γάρ, ὧν ἄνθρωπος ἔχειν πέ-
φυκε, θειότερον λόγου [2] καὶ μάλιστα τοῦ περὶ Θεῶν,
οὐδὲ μείζονα ῥοπὴν ἔχει πρὸς εὐδαιμονίαν. Διὸ τῷ
μὲν εἰς τὸ χρηστήριον ἐνταῦθα κατιόντι παρεγ-
γυῶμεν· « Ὅσια φρονεῖν, εὔφημα λέγειν. » Οἱ δὲ
πολλοὶ γελοῖα δρῶσιν, ἐν ταῖς πομπαῖς καὶ ταῖς
ἑορταῖς εὐφημίαν προκηρύττοντες, εἶτα περὶ τῶν
Θεῶν αὐτῶν τὰ δυσφημότατα καὶ λέγοντες καὶ
διανοούμενοι.   (Isis et Osiris.)

34. *Les choses périssables n'ont pas proprement
d'existence; la vie de l'homme est une mort con-
tinuelle.*

Ἡμῖν μὲν γὰρ ὄντως τοῦ εἶναι μέτεστιν οὐδέν,
ἀλλὰ πᾶσα θνητὴ φύσις, ἐν μέσῳ γενέσεως καὶ

1. Le premier mois des Egyptiens s'appelait *thot*, et le der-
nier *mésori*. Lorsque Ricard remarque que ce mot μεσορή est
mal écrit dans le texte, il ignore sans doute que, dans les
hiéroglyphes phonétiques des Egyptiens, les lettres grecques
I et H sont représentées par les mêmes signes; ce qui n'a rien
d'étonnant, puisqu'Eustathe, docte commentateur d'Homère,
philologue du douzième siècle, affirme (tome 1, page 125 de
l'édition de Rome) que les deux mots Ἥρη et Ἴρι ont un son
parfaitement identique, παντελῶς ἠχοῦσιν ταὐτό. — Voyez
(page 19) *Dissertation sur la Prononciation grecque*, par
Fl. Lécluse, Toulouse, 1829.

2. Le même mot λόγος signifie en grec *parole* et *raison*.

φθορᾶς γενομένη, φάσμα παρέχει καὶ δόκησιν ἀμυ-
δρὰν καὶ ἀβέβαιον αὑτῆς· ἂν δὲ τὴν διάνοιαν ἐπε-
ρείσῃς, λαβέσθαι βουλόμενος, ὥςπερ ἡ σφοδρὰ περί-
δραξις ὕδατος, τῷ πιέζειν εἰς ταὐτὸ καὶ συνά-
γειν, διαρρέον ἀπόλλυσι τὸ περιλαμβανόμενον, οὕτω
τῶν παθητῶν καὶ μεταβλητῶν ἑκάστου τὴν ἄγαν
ἐνάργειαν ὁ λόγος διώκων ἀποσφάλλεται, τῇ μὲν
εἰς τὸ γιγνόμενον αὐτοῦ, τῇ δ' εἰς τὸ φθειρόμενον,
οὐδενὸς λαβέσθαι μένοντος, οὐδὲ ὄντως δυνάμενος.
Ποταμῷ γὰρ οὐκ ἔστιν ἐμβῆναι δὶς τῷ αὐτῷ, καθ'
Ἡράκλειτον, οὐδὲ θνητῆς οὐσίας δὶς ἅψασθαι κατὰ
ἕξιν· ἀλλ' ὀξύτητι καὶ τάχει μεταβολῆς σκίδνησι
καὶ πάλιν συνάγει, μᾶλλον δὲ οὐδὲ πάλιν οὐδὲ
ὕστερον, ἀλλ' ἅμα συνίσταται καὶ ἀπολείπει, πρός-
εισι καὶ ἄπεισι· ὅθεν οὐδ' εἰς τὸ εἶναι περαίνει τὸ
γιγνόμενον αὐτῆς, τῷ μηδέποτε λήγειν μηδ' ἵστα-
σθαι τὴν γένεσιν· ἀλλ' ἀπὸ σπέρματος ἀεὶ μεταβάλ-
λουσαν, ἔμβρυον ποιεῖν, εἶτα βρέφος, εἶτα παῖδα,
μειράκιον, ἐφεξῆς νεανίσκον, εἶτα ἄνδρα, πρεσβύτην,
γέροντα, τὰς πρώτας φθείρουσαν γενέσεις καὶ ἡλι-
κίας ταῖς ἐπιγιγνομέναις. Ἀλλ' ἡμεῖς ἕνα φοβούμεθα
γελοίως θάνατον, ἤδη τοσούτους τεθνηκότες καὶ
θνήσκοντες. Οὐ γὰρ μόνον, ὡς Ἡράκλειτος ἔλεγε,
πυρὸς θάνατος, ἀέρι γένεσις ¹, καὶ ἀέρος θάνατος,
ὕδατι γένεσις· ἀλλ' ἔτι σαφέστερον ἐπ' αὐτῶν ἴδοις
ἄν. Φθείρεται μὲν ἀκμάζων γινομένου γέροντος,

En effet, on peut dire que la parole est la raison extérieure,
et la raison la parole intérieure.

1. Le feu condensé, disait Ocellus Lucanus, devient air,
l'air devient eau, l'eau devient terre ; et réciproquement,
lorsque la nature revient de la terre au feu, d'où elle était
partie.

ἐφθάρη δ' ὁ νέος εἰς τὸν ἀκμάζοντα, καὶ ὁ παῖς εἰς
τὸν νέον, εἰς δὲ τὸν παῖδα τὸ νήπιον· ὅ τε χθὲς εἰς
τὸν σήμερον τέθνηκεν, ὁ δὲ σήμερον εἰς τὸν αὔριον
ἀποθνήσκει· μένει δὲ οὐδείς, οὐδ' ἔστιν εἷς, ἀλλὰ
γιγνόμεθα πολλοί, περὶ ἓν φάντασμα, καὶ κοινὸν
ἐκμαγεῖον, ὕλης περιελαυνομένης καὶ ὀλισθαινούσης.
Ἐπεί, πῶς οἱ αὐτοὶ μένοντες ἑτέροις χαίρομεν νῦν,
ἑτέροις πρότερον, τἀναντία φιλοῦμεν ἢ μισοῦμεν,
καὶ θαυμάζομεν καὶ ψέγομεν, ἄλλοις δὲ χρώμεθα
λόγοις, ἄλλοις πάθεσιν, οὐκ εἶδος, οὐ μορφήν, οὐ
διάνοιαν ἔτι τὴν αὐτὴν ἔχοντες; Οὔτε γὰρ ἄνευ με-
ταβολῆς ἕτερα πάσχειν εἰκός, οὔτε μεταβάλλων ὁ
αὐτός ἐστιν· εἰ δ' ὁ αὐτὸς οὐκ ἔστιν, οὐδ' ἔστιν,
ἀλλ' ἐκ τούτου αὐτοῦ μεταβάλλει, γιγνόμενος ἕτε-
ρος ἐξ ἑτέρου. Ψεύδεται δ' ἡ αἴσθησις, ἀγνοίᾳ τοῦ
ὄντος, εἶναι τὸ φαινόμενον.

(Inscription Delphique.)

35. *Dieu seul est l'être véritable; il n'y a point de
temps en Dieu; il ne peut y avoir qu'un seul et
même Dieu.*

Τί οὖν ὄντως ὄν ἐστι; Τὸ ἀΐδιον καὶ ἀγένητον καὶ
ἄφθαρτον, ᾧ χρόνος μεταβολὴν οὐδὲ εἰς ἐπάγει. Κι-
νητὸν γάρ τι, καὶ κινουμένη συμφανταζόμενον ὕλῃ,
καὶ ῥέον ἀεὶ καὶ μὴ στέγον, ὥσπερ ἀγγεῖον φθορᾶς
καὶ γενέσεως, ὁ χρόνος· οὗ γε δὴ τὸ μὲν ἔπειτα καὶ
τὸ πρότερον, καὶ τὸ ἔσται λεγόμενον, καὶ τὸ γέγονεν,
αὐτόθεν ἐξομολόγησίς ἐστι τοῦ μὴ ὄντος· τὸ γὰρ ἐν
τῷ εἶναι τὸ μηδέπω γεγονός, ἢ πεπαυμένον ἤδη τοῦ
εἶναι λέγειν, ὡς ἔστιν εὔηθες καὶ ἄτοπον. ᾯ δὲ μά-
λιστα τὴν νόησιν ἐπερείδοντες τοῦ χρόνου, τὸ ἐνέστη-
κε, καὶ τὸ πάρεστι καὶ τὸ νῦν φθεγγόμεθα, τοῦτο

αὖ πάλιν ἄγαν ἐκδυόμενος ὁ λόγος ἀπόλλυσιν. Ἐκθλί-
βεται γὰρ εἰς τὸ μέλλον καὶ τὸ παρῳχημένον, ὥςπερ
αὐγή, βουλομένοις ἰδεῖν ἐξ ἀνάγκης διϊστάμενον. Εἰ
δὲ ταῦτα τῷ μετροῦντι πέπονθεν ἡ μετρουμένη φύ-
σις, οὐδὲν αὐτῆς μένον οὐδὲ ὄν ἐστιν· ἀλλὰ γινόμενα
πάντα καὶ φθειρόμενα, κατὰ τὴν πρὸς τὸν χρόνον
συννέμησιν. Ὅθεν οὐδ᾽ ὅσιόν ἐστιν οὐδὲν τοῦ ὄντος
λέγειν, ὡς ἦν, ἢ ἔσται· ταῦτα γὰρ ἐγκλίσεις τινές
εἰσι καὶ μεταβάσεις καὶ παραλλάξεις, τοῦ μένειν ἐν
τῷ εἶναι μὴ πεφυκότος. Ἀλλ᾽ ἔστιν ὁ Θεός, χρὴ φά-
ναι, καὶ ἔστι κατ᾽ οὐδένα χρόνον, ἀλλὰ κατὰ τὸν
αἰῶνα τὸν ἀκίνητον, καὶ ἄχρονον, καὶ ἀνέγκλιτον, καὶ
οὐ πρότερον οὐδέν ἐστιν, οὐδ᾽ ὕστερον, οὐδὲ μέλλον,
οὐδὲ παρῳχημένον, οὐδὲ πρεσβύτερον, οὐδὲ νεώτε-
ρον· ἀλλ᾽ εἷς ὤν, ἑνὶ τῷ νῦν τὸ ἀεὶ πεπλήρωκε, καὶ
μόνον ἐστὶ τὸ κατὰ τοῦτον ὄντως ὄν, οὐ γεγονός, οὐδ᾽
ἐσόμενον, οὐδ᾽ ἀρξάμενον, οὐδὲ παυσόμενον. Οὕτως
οὖν αὐτὸ δεῖ σεβομένους ἀσπάζεσθαι καὶ προσαγο-
ρεύειν, ἢ καὶ νὴ Δία, ὡς ἔνιοι τῶν παλαιῶν, ΕΙ ΕΝ[1].
Οὐ γὰρ πολλὰ τὸ Θεῖόν ἐστιν, ὡς ἡμῶν ἕκαστος· ἐκ
μυρίων διαφορῶν ἐν πάθεσι γινομένων, ἄθροισμα παν-
τοδαπὸν καὶ πανηγυρικῶς μεμιγμένον· ἀλλ᾽ ἓν εἶναι
δεῖ τὸ Ὄν[2], ὥςπερ ὂν τὸ Ἕν. Ἡ δ᾽ ἑτερότης, διαφορὰ
τοῦ ὄντος, εἰς γένεσιν ἐξίσταται τοῦ μὴ ὄντος.

(Inscription Delphique.)

1. Ces expressions sont conformes à l'idée que Dieu donne
de lui-même à Moïse, par cette définition sublime : Je suis
celui qui est, ΕΗΥΕ ΑϹΗΕΡ ΕΗΥΕ ; litt. *ero qui ero.*
                                           Exod. III, 74.
2. Ἓν εἶναι δεῖ τὸ Ὄν, ὥςπερ ὂν τὸ Ἕν, traduisez littéral.
il faut que l'*Être* soit *unique,* et que l'*Unique* soit *être.*

36. *L'âme humaine est l'instrument de la divinité.*

Σῶμα μὲν ὀργάνοις χρῆται πολλοῖς, αὐτῷ δὲ σώματι ψυχὴ καὶ μέρεσι τοῖς σώματος· ψυχὴ δὲ ὄργανον Θεοῦ γέγονεν. Ὀργάνου δ' ἀρετὴ μάλιστα μιμεῖσθαι τὸν χρώμενον, ᾗ πέφυκε δυνάμει, καὶ παρέχειν τὸ ἔργον αὐτοῦ τοῦ νοήματος [ἐν αὐτῷ δυναμέ ᾿η]· δεικνύναι δὲ οὐχ οἷον τὸ τοῦ δημιουργοῦ καθαρὸν καὶ ἀπαθὲς καὶ ἀναμάρτητον, ἀλλὰ μεμιγμένον πολλῷ τῷ ἀλλοτρίῳ. Καθ' ἑαυτὸ γὰρ ἄδηλον ἡμῖν· ἕτερον δὲ καὶ δι' ἑτέρου φαινόμενον ἀναπίμπλαται τῆς ἐκείνου φύσεως. Καὶ κηρὸν μὲν ἐῶ, καὶ χρυσόν, ἄργυρόν τε καὶ χαλκόν, ὅσα τε ἄλλα πλαττομένης οὐσίας εἴδη, δέχεται μὲν ἰδέαν μίαν ἐκτυπουμένης ὁμοιότητος, ἄλλο δ' ἄλλην ἀφ' ἑαυτοῦ τῷ μιμήματι διαφορὰν προςτίθησι, καὶ τὰς ἐν κατόπτροις ἐπιπέδοις τε καὶ κοίλοις καὶ περιηγέσι φασμάτων καὶ εἰδώλων ἀφ' ἑνὸς εἴδους μυρίας παρατυπώσεις. Καὶ γὰρ ἡλίῳ οὐδὲν οὔτε μᾶλλον ἰδέαν [παρέχειν] ἔοικεν, οὔτε ὡς ὄργανον χρῆσθαι φύσει γέγονεν εὐπειθέστερον σελήνης· λαμβάνουσα δὲ παρ' ἡλίου τὸ λαμπρὸν καὶ πυρωπόν, οὐχ ὅμοιον ἀποπέμπει πρὸς ἡμᾶς, ἀλλὰ μιχθὲν αὐτῇ, καὶ χρόαν μετέβαλε καὶ δύναμιν ἔσχεν ἑτέραν· ἡ δὲ θερμότης καὶ παντάπασιν ἐξοίχεται καὶ προλέλοιπε τὸ φῶς ὑπὸ ἀσθενείας. Οἶμαι δὲ γινώσκειν τὸ παρ' Ἡρακλείτῳ λεγόμενον, « ὡς ὁ ἄναξ, οὗ τὸ μαντεῖόν ἐστι τὸ ἐν Δελφοῖς, οὔτε λέγει, οὔτε κρύπτει, ἀλλὰ σημαίνει. » Πρόςλαβε δὲ τούτοις εὖ λεγομένοις, καὶ νόησον τὸν ἐνταῦθα θεὸν χρώμενον τῇ Πυθίᾳ, πρὸς ἀκοήν, καθὼς ἥλιος χρῆται σελήνῃ πρὸς ὄψιν. Δείκνυσι μὲν γὰρ καὶ ἀναφαίνει τὰς αὐτοῦ νοήσεις, μεμιγμένας δὲ δείκνυσι, διὰ σώματος θνητοῦ, καὶ

ψυχῆς ἡσυχίαν ἄγειν μὴ δυναμένης, μηδὲ τῷ κι-
νοῦντι παρέχειν ἑαυτὴν ἀκίνητον ἐξ αὑτῆς καὶ καθε-
στῶσαν [1], ἀλλ' ὥσπερ ἐν σάλῳ ψοφοῦσαν καὶ συμ-
πλεκομένην τοῖς ἐν αὐτῇ κινήμασι καὶ πάθεσιν ἐπι-
ταράττουσιν αὐτήν.   (Oracles de la Pythie.)

37. *Le juste milieu est le seul point convenable.*

Ἐπεὶ τὸ λαβεῖν καὶ διορίσαι, πῶς χρηστέον καὶ
μέχρι τίνων τῇ προνοίᾳ, χαλεπόν, οἱ μὲν οὐδενὸς
ἁπλῶς τὸν Θεόν, οἱ δὲ ὁμοῦ τι πάντων αἴτιον ποιοῦν-
τες, ἀστοχοῦσι τοῦ μετρίου καὶ πρέποντος. Εὖ μὲν
οὖν λέγουσιν οἱ λέγοντες, ὅτι Πλάτων [2] τὸ ταῖς γεν-
νωμέναις ποιότησιν ὑποκείμενον στοιχεῖον ἐξευρών,
ὃ νῦν ὕλην καὶ φύσιν καλοῦσιν, πολλῶν ἀπήλλαξε
καὶ μεγάλων ἀποριῶν τοὺς φιλοσόφους. Ἐμοὶ δὲ δο-
κοῦσι πλείονας λῦσαι καὶ μείζονας ἀπορίας, οἱ τὸ
τῶν δαιμόνων γένος ἐν μέσῳ Θεῶν καὶ ἀνθρώπων,
καὶ τρόπον τινὰ τὴν κοινωνίαν ἡμῶν συνάγον εἰς
ταὐτὸ καὶ συνάπτον, ἐξευρόντες · εἴτε Μάγων τῶν
περὶ Ζωροάστρην ὁ λόγος οὗτός ἐστιν, εἴτε Θρᾴκιος

1. Les beaux vers du sixième livre de l'*Enéide,* qui pei-
gnent l'enthousiasme de la Sibylle, et l'heureuse imitation que
Rousseau en a faite dans son ode à Duluc, sont le commen-
taire naturel de ce passage.

2. C'est à Timée plutôt qu'à Platon, qu'il faut faire hon-
neur de ce système. Ce dernier n'a fait qu'adopter les idées
de l'autre sur la nature des êtres , sur la formation du monde
et des substances qui le composent. Timée prit pour base de
sa doctrine l'existence de deux êtres éternels, qui avaient en
eux-mêmes le principe de leur activité; l'un , intelligent et
raisonnable : c'était Dieu; l'autre, informe et aveugle dans
ses mouvements : c'était la matière. Dieu ne l'avait pas *créée;*
elle était, comme lui, éternelle; mais il l'avait *formée,* etc.
— Voyez, ci-après, la note du § 30.

ἀπ' Ὀρφέως, εἴτ' Αἰγύπτιος, ἢ Φρύγιος, ὡς τεκμαι-
ρόμεθα, ταῖς ἑκατέρωθι τελεταῖς ἀναμεμιγμένα πολ-
λὰ θνητὰ καὶ πένθιμα τῶν ὀργιαζομένων καὶ δρω-
μένων ἱερῶν ὁρῶντες. Ἑλλήνων δὲ, Ὅμηρος μὲν
φαίνεται κοινῶς ἀμφοτέροις χρώμενος τοῖς ὀνόμασι,
καὶ τοὺς θεοὺς ἔστιν ὅτε δαίμονας προσαγορεύων·
Ἡσίοδος δὲ καθαρῶς καὶ διωρισμένως πρῶτος ἐξέ-
θηκε τῶν λογικῶν τέσσαρα γένη· θεούς, εἶτα δαί-
μονας πολλοὺς κἀγαθούς, εἶτα ἥρωας, εἶτα ἀνθρώ-
πους, τῶν ἡμιθέων εἰς ἥρωας ἀποκριθέντων. Ἕτεροι
δὲ μεταβολὴν τοῖς τε σώμασιν ὁμοίως ποιοῦσι καὶ
ταῖς ψυχαῖς· καί, ὥσπερ ἐκ γῆς ὕδωρ, ἐκ δὲ ὕδατος
ἀὴρ, ἐκ δ' ἀέρος πῦρ γεννώμενον ὁρᾶται, τῆς οὐσίας
ἄνω φερομένης· οὕτως ἐκ μὲν ἀνθρώπων εἰς ἥρωας,
ἐκ δ' ἡρώων εἰς δαίμονας, αἱ βελτίονες ψυχαὶ τὴν
μεταβολὴν λαμβάνουσιν· ἐκ δὲ δαιμόνων ὀλίγαι
μέν, ἔτι χρόνῳ πολλῷ δι' ἀρετῆς καθαρθεῖσαι, παν-
τάπασι θεότητος μετέσχον. Ἐνίαις δὲ συμβαίνει μὴ
κρατεῖν ἑαυτῶν, ἀλλ' ὑφιεμέναις καὶ ἐνδυομέναις
πάλιν σώμασι θνητοῖς, ἀλαμπῆ καὶ ἀμυδρὰν ζωήν,
ὥσπερ ἀναθυμίασιν, ἴσχειν.

(Cessation des Oracles.)

38. *Il faut s'instruire dès la première jeunesse. —*
Diogène, Aristippe.

Ὦ ἄνθρωποι, τί τὴν ἀρετὴν, λέγοντες ἀδίδακτον
εἶναι, ποιοῦμεν ἀνύπαρκτον; εἰ γὰρ ἡ μάθησις, γέ-
νεσίς ἐστιν, ἡ τοῦ μαθεῖν κώλυσις, ἀναίρεσις. Καί
τοι γε, ὡς φησιν ὁ Πλάτων, διὰ τὴν τοῦ ποδὸς πρὸς
τὴν λύραν ἀμετρίαν καὶ ἀναρμοστίαν, οὔτε ἀδελφὸς
ἀδελφῷ πολεμεῖ, οὔτε φίλος φίλῳ διαφέρεται, οὔτε
πόλεις πόλεσι δι' ἀπεχθείας γενόμεναι, τὰ ἔσχατα

κακὰ δρῶσί τε καὶ πάσχουσιν ὑπ' ἀλλήλων. Οὐδὲ
περὶ προςῳδίας ἔχει τις εἰπεῖν στάσιν ἐν πόλει γινο-
μένην, πότερον Τελχῖνας[1] [ἢ Τέλχινας] ἀναγνωστέον·
οὐδ' ἐν οἰκίᾳ διαφορὰν ἀνδρὸς καὶ γυναικὸς ὑπὲρ κρό-
κης ἢ στήμονος. Ἀλλ' ὅμως οὔτ' ἂν ἱστόν, οὔτε βι-
βλίον, ἢ λύραν, ὁ μὴ μαθὼν μεταχειρίσαιτο, καίπερ
εἰς οὐδὲν μέγα βλαβησόμενος· ἀλλ' αἰδεῖται γενέ-
σθαι καταγέλαστος· « ἀμαθίαν γαρ (Ἡράκλειτός
φησι) κρύπτειν ἄμεινον· » οἶκον δὲ καὶ γάμον καὶ
πολιτείαν καὶ ἀρχὴν οἴεται καλῶς μεταχειρίζεσθαι.
Παιδὸς ὀψοφαγοῦντος, ὁ Διογένης τῷ παιδαγωγῷ
κόνδυλον ἔδωκεν· ὀρθῶς, οὐ τοῦ μὴ μαθόντος, ἀλλὰ
τοῦ μὴ διδάξαντος, τὸ ἁμάρτημα ποιήσας. Εἶτα
παροψίδος μέν, ἢ κύλικος, οὐκ ἔστι κοινωνεῖν ἐπιδε-
ξίως, ἂν μὴ μάθῃ τις εὐθὺς ἐκ παίδων ἀρξάμενος,
ὡς Ἀριστοφάνης [ἐν Νεφέλαις]·

Μὴ κιχλίζειν, μηδ' ὀψοφαγεῖν,
Μηδ' ἴσχειν τὼ πόδ' ἐναλλάξ·

οἴκου δὲ καὶ πόλεως καὶ γάμου καὶ βίου καὶ ἀρχῆς
κοινωνίαν, ἀνέγκλητον ἐνδέχεται γενέσθαι, μὴ μα-
θόντων, ὅντινα χρὴ τρόπον ἀλλήλοις συμφέρεσθαι;
Ὁ Ἀρίστιππος ἐρωτηθεὶς ὑπό τινος· « Πανταχοῦ σὺ
ἄρα εἶ; » γελάσας· « Οὐκοῦν, ἔφη, παραπόλλυμι
τὸ ναῦλον, εἴγε πανταχοῦ εἰμι. » Τί οὖν οὐκ ἂν εἴ-
ποις καὶ αὐτός; « Εἰ μὴ γίνονται μαθήσει βελτίονες
ἄνθρωποι, παραπόλλυται ὁ μισθὸς τῶν παιδαγω-

---

1. On disputait s'il fallait prononcer τείχτνας propérispo-
mene, ou τυχτνας proparoxyton. — Voyez, à ce sujet, la re-
marque d'Ulpien, consignée, page 523 de mon édition du lexi-
que de Schrevelius, au mot Μισθωτός, que Démosthène, dans
sa harangue pour la Couronne, prononça à dessein μισθω-
τος proparoxyton.

γῶν. » Πρῶτον γὰρ οὗτοι λαμβάνοντες ἐκ γάλακτος, ὥσπερ αἱ τίτθαι ταῖς χερσὶ τὸ σῶμα πλάττουσιν, οὕτως ῥυθμίζουσι τοῖς ἔθεσιν, εἰς ἴχνος τι πρῶτον ἀρετῆς καθιστάντες. Καὶ ὁ Λάκων ἐρωτηθείς, τί παρέχει παιδαγωγῶν· « Τὰ καλά, ἔφη, τοῖς παισὶν ἡδέα ποιῶ. » Καὶ αὐτοὶ διδάσκουσιν οἱ παιδαγωγοί, κεκυφότας ἐν ταῖς ὁδοῖς περιπατεῖν, ἑνὶ δακτύλῳ τὸ τάριχον ἄψασθαι, δυσὶ τὸν ἰχθύν, σῖτον, κρέας· οὕτω κνᾶσθαι, τὸ ἱμάτιον οὕτως ἀναλαβεῖν· — τῶν δὲ μεγάλων καὶ τελείων καθηκόντων ἄλογος τριβή, καὶ περίπτωσίς ἐστιν!

(Enseignement de la vertu.)

39. *Opinions des philosophes sur la vertu.* — *Pythagore, Platon, Aristote.*

Φιλόσοφοί τινες τὴν ἀρετὴν τοῦ ἡγεμονικοῦ τῆς ψυχῆς διάθεσίν τινα καὶ δύναμιν γεγενημένην ὑπο λόγου, μᾶλλον δὲ λόγον οὖσαν αὐτήν, ὁμολογούμενον καὶ βέβαιον καὶ ἀμετάπτωτον, ὑποτίθενται. Καὶ νομίζουσιν οὐκ εἶναι τὸ παθητικὸν καὶ ἄλογον διαφορᾷ τινι καὶ φύσει ψυχῆς τοῦ λογικοῦ διακεκριμένον· ἀλλὰ τὸ αὐτὸ τῆς ψυχῆς μέρος (ὃ δὴ καλοῦσι διάνοιαν καὶ ἡγεμονικόν) δι᾽ ὅλου τρεπόμενον καὶ μεταβάλλον ἔν τε τοῖς πάθεσι, καὶ ταῖς κατὰ ἕξιν ἢ διάθεσιν μεταβολαῖς, κακίαν τε γίνεσθαι καὶ ἀρετήν, καὶ μηδὲν ἔχειν ἄλογον ἐν ἑαυτῷ· λέγεσθαι δὲ ἄλογον, ὅταν τῷ πλεονάζοντι τῆς ὁρμῆς ἰσχυρῷ γενομένῳ καὶ κρατήσαντι, πρός τι τῶν ἀτόπων παρὰ τὸν αἱροῦντα λόγον ἐκφέρηται· καὶ γὰρ τὸ πάθος εἶναι λόγον πονηρὸν καὶ ἀκόλαστον, ἐκ φαύλης καὶ διημαρτημένης κρίσεως σφοδρότητα καὶ ῥώμην προσλαβόντα. Ἔοικε δὲ λαθεῖν τοῦτο τοὺς ἅπαντας, ἢ δισ-

τὸς ἡμῶν, ὡς ἀληθῶς, ἕκαστός ἐστι καὶ σύνθετος·
τὴν γὰρ ἑτέραν διπλόην οὐ κατεῖδον, ἀλλὰ τὴν ψυ-
χῆς καὶ σώματος μίξιν ἐμφανεστέραν οὖσαν· ὅτι δὲ
αὐτῆς ἐστι τῆς ψυχῆς ἐν ἑαυτῇ σύνθετόν τι καὶ δι-
φυὲς καὶ ἀνόμοιον, ὥσπερ ἑτέρου σώματος τοῦ ἀλό-
γου πρὸς τὸν λόγον ἀνάγκῃ τινὶ καὶ φύσει συμμι-
γέντος καὶ συναρμοσθέντος, εἰκὸς μέν ἐστι μηδὲ
Πυθαγόραν ἀγνοῆσαι· τεκμαιρομένους τῇ περὶ τὴν
μουσικὴν σπουδῇ τοῦ ἀνδρός, ἣν ἐπηγάγετο τῇ ψυχῇ,
κηλήσεως ἕνεκα καὶ παραμυθίας, ὡς οὐ πᾶν ἐχούσῃ
διδασκαλίᾳ καὶ μαθήμασιν ὑπήκοον, οὐδὲ λόγῳ με-
ταβλητὸν ἐκ κακίας, ἀλλά τινος ἑτέρας πειθοῦς συν-
εργοῦ καὶ πλάσεως καὶ τιθασσεύσεως δεόμενον, εἰ
μὴ παντάπασι μέλλοι φιλοσοφίᾳ δυςμεταχείριστον
εἶναι καὶ ἀπειθές. Ἐμφανῶς μέντοι καὶ βεβαίως καὶ
ἀναμφιδόξως Πλάτων συνεῖδεν, ὅτι τούτου γε τοῦ
κόσμου τὸ ἔμψυχον, οὐχ ἁπλοῦν οὐδὲ ἀσύνθετον οὐδὲ
μονοειδές ἐστιν, ἀλλ᾽ ἐκ τῆς ταὐτοῦ καὶ τῆς τοῦ ἑτέ-
ρου μεμιγμένον δυνάμεως, πῇ μὲν ἀεὶ κατὰ ταὐτὰ
κοσμεῖται καὶ περιπολεῖ μιᾷ τάξει κράτος ἐχούσῃ
χρώμενον, πῇ δὲ εἴς τε κινήσεις καὶ κύκλους σχιζό-
μενον ὑπεναντίους καὶ πλανητούς, ἀρχὴν διαφορᾶς
καὶ γένεσιν. Ἥ τε ἀνθρώπου ψυχή, μέρος ἢ τμῆμα
τῆς τοῦ παντὸς οὖσα, καὶ συνηρμοσμένη κατὰ λόγους
καὶ ἀριθμοὺς ἐοικότας ἐκείνοις, οὐχ ἁπλῆ τις ἐστίν,
οὐδὲ ὁμοιοπαθής· ἀλλ᾽ ἕτερον μὲν ἔχει τὸ νοερόν, καὶ
λογιστικόν, ᾧ κρατεῖν τοῦ ἀνθρώπου κατὰ φύσιν καὶ
ἄρχειν προςῆκόν ἐστι· ἕτερον δὲ τὸ παθητικὸν καὶ
ἄλογον καὶ πολυπλανὲς καὶ ἄτακτον, ἐξ ἑαυτοῦ ἐπι-
στασίας δεόμενον. Οὗ πάλιν διχῇ μεριζομένου, τὸ
μὲν ἀεὶ σωματικὸν κέκληται ἐπιθυμοῦν, τὸ δὲ ἔστι
μὲν ἢ τούτῳ προςτιθέμενον, ἔστι δὲ ἢ τῷ λογισμῷ

παρέχον ἰσχὺν ἐπὶ τοῦτο καὶ δύναμιν, θυμοειδές.
Ἀποδείκνυσι δὲ τὴν διαφορὰν μάλιστα τῇ τοῦ λογι-
ζομένου καὶ φρονοῦντος ἀντιβάσει, πρὸς τὸ ἐπιθυμοῦν
καὶ θυμούμενον· ὥστε ἕτερα εἶναι πολλάκις ἀπει-
θοῦντα καὶ δυσμαχοῦντα πρὸς τὸ βέλτιστον. Ταύταις
ἐχρήσατο ταῖς ἀρχαῖς ἐπὶ πλεῖστον Ἀριστοτέλης, ὡς
δῆλόν ἐστιν ἐξ ὧν ἔγραψεν. Ὕστερον δέ, τὸ μὲν θυ-
μοειδὲς τῷ ἐπιθυμητικῷ προσένειμεν, ὡς ἐπιθυμίαν
τινὰ τὸν θυμὸν ὄντα καὶ ὄρεξιν ἀντιλυπήσεως. Τῷ
μέντοι παθητικῷ καὶ ἀλόγῳ μέχρι παντὸς ὡς διαφέ-
ροντι τοῦ λογιστικοῦ, χρώμενος διετέλεσεν· οὐχ ὅτι
παντελῶς ἄλογόν ἐστιν, ὥσπερ τὸ αἰσθητικὸν ἢ τὸ
θρεπτικὸν καὶ φυτικὸν τῆς ψυχῆς μέρος· ἀλλὰ ταῦτα
μέν, ὅλως ἀνήκοα λόγου καὶ κωφά, τρόπον τινὰ τῆς
σαρκὸς ἐκβεβλάστηκε [1], καὶ περὶ τὸ σῶμα παντε-
λῶς καταπέφυκε· τὸ δὲ παθητικὸν οἰκείου λόγου
στέρεται καὶ ἄμοιρόν ἐστιν· ἄλλως δέ, τοῦ λογιζο-
μένου καὶ φρονοῦντος εἰσακούειν, καὶ τρέπεσθαι πρὸς
ἐκεῖνο καὶ ὑπείκειν καὶ κατασχηματίζεσθαι πέφυκεν,
ἐὰν μὴ τέλεον ᾖ διεφθαρμένον ὑφ' ἡδονῆς ἀμαθοῦς
καὶ ἀκολάστου διαίτης.   (Vertu morale.)

40. *La clémence est une vertu digne d'un roi; la
colère est funeste à ceux qui s'y livrent.*

Ὥσπερ ἐπὶ τοῦ Φιλίππου τις εἶπε κατασκάψαντος
Ὄλυνθον· « Ἀλλ' οὐκ ἂν ἐκεῖνος οἰκίσαι γε πόλιν

---

1. Les anciens n'avaient qu'une idée très-imparfaite de la
spiritualité de l'âme. Bornés aux seules lumières de la raison,
ils ne pouvaient en avoir ces notions sûres et fixes, que nous
devons bien moins à l'évidence de nos propres raisonnements,
qu'à l'autorité d'une lumière supérieure, qui fixe invaria-
blement nos idées.

δύναιτο τηλικαύτην, » οὕτως ἐστὶν εἰπεῖν πρὸς τὸν
Θυμόν · « Ἀνατρέψαι μὲν δύνασαι, καὶ διαφθεῖραι
καὶ καταβαλεῖν · ἀναστῆσαι δὲ καὶ σῶσαι, καὶ φεί-
σασθαι καὶ καρτερῆσαι, πραότητός ἐστι καὶ συγγνώ-
μης καὶ μετριοπαθείας · καὶ Καμίλλου, καὶ Μετέλ-
λου, καὶ Ἀριστείδου, καὶ Σωκράτους · τὸ δ' ἐμφῦναι
καὶ δακεῖν, μυρμηκῶδες καὶ μυῶδες. » Οὐ μὴν ἀλλὰ
καὶ πρὸς ἄμυναν ἅμα σκοπῶν, τὸν δι' ὀργῆς τρόπον
ἄπρακτον εὑρίσκω ταπολλά, δήγμασι χειλῶν καὶ
πρίσεσιν ὀδόντων, καὶ κεναῖς ἐπιδρομαῖς, καὶ βλασ-
φημίαις ἀπειλὰς ἀνοήτους ἐχούσαις καταναλισκόμε-
νον · εἶτα, ὥσπερ ἐν τοῖς δρόμοις τὰ παιδία, τῷ μὴ
κρατεῖν ἑαυτῶν, προκαταπίπτοντα τοῦ τέλους ἐφ'
ὃ σπεύδει, γελοίως. Ὅθεν οὐ φαύλως ὁ Ῥόδιος πρὸς
ὑπηρέτην τοῦ Ῥωμαίων στρατηγοῦ βοῶντα καὶ Θρα-
συνόμενον · « Οὐ μέλει μοι τί σὺ λέγεις, ἀλλὰ τί
τῆνος σιγῇ. » Καὶ τὸν Νεοπτόλεμον ὁ Σοφοκλῆς καὶ
τὸν Εὐρύπυλον ὁπλίσας, « Ἐκόμπασ' ἀλοιδόρητα,
φησίν, ἐρρηξάτην ἐς κύκλα χαλκέων ὅπλων. » Τὸν
μὲν γὰρ σίδηρον ἔνιοι τῶν βαρβάρων φαρμάσσου-
σιν, ἡ δ' ἀνδρεία χολῆς οὐ δεῖται · βέβαπται γὰρ
ὑπὸ τοῦ λόγου. Τὸ δὲ θυμικὸν καὶ μανικόν, εὐπερί-
θραυστόν ἐστι καὶ σαθρόν. Ἀφαιροῦσι γοῦν αὐλοῖς
τὸν θυμὸν οἱ Λακεδαιμόνιοι τῶν μαχομένων, καὶ
Μούσαις πρὸ πολέμου θύουσιν, ὅπως ὁ λόγος ἐμ-
μένῃ · καὶ τρεψάμενοι τοὺς πολεμίους, οὐ διώκουσιν,
ἀλλ' ἀνακαλοῦνται τὸν θυμόν, ὥσπερ τὰ σύμμετρα
τῶν ἐγχειριδίων, εὐανακόμιστον ὄντα καὶ ῥᾴδιον.
Ὀργὴ δὲ μυρίους προανεῖλε τῆς ἀμύνης, ὡς Κῦρον
καὶ Πελοπίδαν τὸν Θηβαῖον. Ἀγαθοκλῆς δὲ πράως
ἔφερε λοιδορούμενος ὑπὸ τῶν πολιορκουμένων · καὶ
τινος εἰπόντος · « Κεραμεῦ, πόθεν ἀποδώσεις τοῖς

ξένοις τὸν μισθόν; » ἐπιγελάσας · « Αἶκε ταύταν
ἐξέλω. » Καὶ τὸν Ἀντίγονον ἀπὸ τοῦ τείχους τινὲς
εἰς ἀμορφίαν ἔσκωπτον · ὁ δὲ πρὸς αὐτούς · « Καὶ
μὴν ἐδόκουν εὐπρόσωπος εἶναι. » Λαβὼν δὲ τὴν πό-
λιν, ἐπίπρασκε τοὺς σκώπτοντας, μαρτυράμενος
ὅτι · « Πρὸς τοὺς δεσπότας ἕξει τὸν λόγον, ἂν πάλιν
αὐτὸν λοιδορῶσιν. » Ὁρῶ δὲ καὶ κυνηγοὺς [1] σφαλ-
λομένους ὑπ' ὀργῆς μεγάλα, καὶ ῥήτορας. Ἀριστοτέ-
λης δὲ ἱστορεῖ, Σατύρου τοὺς φίλους ἐμφράξαι τὰ
ὦτα κηρῷ δίκην ἔχοντος, ὅπως μὴ συγχέῃ τὸ πρᾶ-
γμα διὰ θυμόν, ὑπὸ τῶν ἐχθρῶν λοιδορούμενος. Αὐ-
τοὺς δὲ ἡμᾶς οὐ πολλάκις ἐκφεύγει τὸ κολάσαι
πλημμελήσαντα δοῦλον; ἀποδιδράσκουσι γὰρ τὰς
ἀπειλὰς καὶ τοὺς λόγους δείσαντες. Ὅπερ οὖν αἱ
τίτθαι πρὸς τὰ παιδία λέγουσι · « Μὴ κλαῖε, καὶ
λήψῃ · » τοῦτο πρὸς τὸν θυμὸν οὐκ ἀχρήστως λε-
κτέον · « Μὴ σπεῦδε, μηδὲ βόα, μηδὲ ἐπείγου, καὶ
μᾶλλον ἃ θέλεις γενήσεται καὶ βέλτιον. » Καὶ γὰρ
παῖδα πατὴρ ἰδὼν ἐπιχειροῦντά τι σιδηρίῳ διελεῖν
ἢ τεμεῖν, αὐτὸς λαβὼν τὸ σιδήριον ἐποίησε · καὶ τοῦ
θυμοῦ τὴν τιμωρίαν παρελόμενος, αὐτὸς ἀσφαλῶς
καὶ ἀβλαβῶς καὶ ὠφελίμως ἐκόλασε τὸν ἄξιον, οὐχ
ἑαυτόν, ὥσπερ ὁ θυμὸς ἀντ' ἐκείνου πολλάκις.

(Réprimer la colère.)

41. *Il faut se tenir en garde contre la colère envers
ses domestiques.*

Πάντων τῶν παθῶν ἐθισμοῦ δεομένων (οἷον δα-
μάζοντος καὶ καταθλοῦντος ἀσκήσει τὸ ἄλογον καὶ

1. On peut soupçonner que ce mot *κυνηγούς*, des *chas-
seurs*, s'est glissé par corruption dans le texte, puisque Plu-

δυςπειθές), οὐ πρὸς ἄλλο μᾶλλόν ἐστιν ἐγγυμνάσα-
σθαι τοῖς οἰκέταις ἢ πρὸς τὸν θυμόν. Οὔτε γὰρ φθό-
νος, οὔτε φόβος, οὔτε φιλοτιμία τις ἐγγίνεται πρὸς
αὐτούς · ὀργαὶ δὲ συνεχεῖς πολλὰ ποιοῦσι προσκρού-
σματα καὶ σφάλματα διὰ τὴν ἐξουσίαν, ὥσπερ ἐν
ὀλισθηρῷ χωρίῳ, μηδενὸς ἐνισταμένου μηδὲ κωλύ-
οντος, ὑποφέρουσαι. Οὐ γάρ ἐστιν ἀναμάρτητον ἐν
πάθει τὸ ἀνυπεύθυνον κατασχεῖν, μὴ πολλῇ τὴν
ἐξουσίαν ἐμπεριλαβόντα πρᾳότητι, μηδὲ πολλὰς
ὑπομείναντα φωνὰς γυναικός, καὶ φίλων ἐγκαλούν-
των ἀτονίαν καὶ ῥαθυμίαν. Οἷς μάλιστα παρωξυνό-
μην καὶ αὐτὸς ἐπὶ τοὺς οἰκέτας, ὡς τῷ μὴ κολάζεσθαι
διαφθειρομένους. Ὀψὲ μέντοι συνεῖδον, ὅτι πρῶτον
μὲν ἐκείνους ἀνεξικακίᾳ χείρονας ποιεῖν βέλτιόν ἐστιν,
ἢ πικρίᾳ καὶ θυμῷ διαστρέφειν ἑαυτὸν εἰς ἑτέρων
ἐπανόρθωσιν. Ἔπειτα πολλοὺς ὁρῶν αὐτῷ τῷ μὴ κο-
λάζεσθαι πολλάκις αἰδουμένους κακοὺς εἶναι, καὶ
μεταβολῆς ἀρχήν, τὴν συγγνώμην μᾶλλον ἢ τὴν
τιμωρίαν, λαμβάνοντας, καὶ νὴ Δία δουλεύοντας
ἑτέροις ἀπὸ νεύματος σιωπῇ καὶ προθυμότερον, ἢ
μετὰ πληγῶν καὶ στιγμάτων ἑτέροις, ἐπειθόμην
ἡγεμονικώτερον εἶναι τοῦ θυμοῦ τὸν λογισμόν. Οὐ
γάρ, ὡς ὁ ποιητὴς εἶπεν,

Ἵνα γὰρ δέος, ἔνθα καὶ αἰδώς · ·

ἀλλὰ τοὐναντίον αἰδουμένοις ὁ σωφρονίζων ἐγγίνεται
φόβος. Ἡ δὲ συνεχὴς πληγὴ καὶ ἀπαραίτητος οὐ
μετάνοιαν ἐμποιεῖ τοῦ κακουργεῖν, ἀλλὰ τοῦ λανθά-

tarque ne cite aucun trait d'histoire qui s'y rapporte, comme
il va le faire pour les orateurs.

1. Ce vers est cité par Stobée (discours 31e), d'un poëme
de Stasinus, intitulé les *Cypriaques*.

νειν πρόνοιαν μᾶλλον. Τρίτον, ἀεὶ μνημονεύων καὶ
διανοούμενος πρὸς ἐμαυτόν, ὡς οὔτε ὁ τοξεύειν ἡμᾶς
διδάξας ἐκώλυσε βάλλειν, ἀλλὰ μὴ διαμαρτάνειν,
οὔτε τῷ κολάζειν ἐμποδὼν ἔσται, τὸ διδάσκειν εὐ-
καίρως τοῦτο ποιεῖν, καὶ μετρίως καὶ ὠφελίμως καὶ
πρεπόντως· πειρῶμαι τὴν ὀργὴν ἀφαιρεῖν μάλιστα
τῷ μὴ παραιρεῖσθαι τῶν κολαζομένων τὴν δικαιο-
λογίαν, ἀλλ᾽ ἀκούειν. Ὅ τε γὰρ χρόνος ἐμποιεῖ τῷ
πάθει διατριβήν, καὶ μέλλησιν ἐκλύουσαν, ἥ τε κρί-
σις εὑρίσκει καὶ τρόπον πρέποντα καὶ μέγεθος ἁρ-
μόττον κολάσεως· ἔτι δέ, οὐχ ὑπολείπεται πρόφασις
τῷ διδόντι δίκην, ἀντιτείνειν πρὸς τὴν ἐπανόρθωσιν,
ἂν μὴ κατ᾽ ὀργήν, ἀλλ᾽ ἐξελεγχθεὶς κολάζηται. Τὸ
δὲ αἴσχιστον οὐ πρόσεστι, φαίνεσθαι δικαιότερα τοῦ
δεσπότου λέγοντα τὸν οἰκέτην. Ὥσπερ οὖν ὁ Φωκίων
μετὰ τὴν Ἀλεξάνδρου τελευτὴν οὐκ ἐῶν προεξαν-
ίστασθαι τοὺς Ἀθηναίους, οὐδὲ ταχὺ πιστεύειν· « Εἰ
σήμερον, εἶπεν, ἄνδρες Ἀθηναῖοι, τέθνηκε, καὶ αὔ-
ριον ἔσται καὶ εἰς τρίτην τεθνηκώς· » οὕτως οἶμαι
δεῖν ὑποβάλλειν ἑαυτῷ τὸν σπεύδοντα δι᾽ ὀργὴν ἐπὶ
τὴν τιμωρίαν· « Εἰ σήμερον οὗτος ἠδίκησε, καὶ
αὔριον ἔσται καὶ εἰς τρίτην ἠδικηκώς. » Καὶ δεινὸν
οὐδέν, εἰ δώσει δίκην βράδιον, ἀλλ᾽ εἰ ταχὺ παθών,
ἀεὶ φανεῖται μὴ ἀδικῶν· ὅπερ ἤδη συμβέβηκε πολ-
λάκις. Τίς γὰρ ἡμῶν οὕτω δεινός ἐστιν, ὥστε κολά-
ζειν καὶ μαστιγοῦν δοῦλον, ὅτι πέμπτην ἢ δεκάτην
ἡμέραν προσέκαυσε τοὖψον, ἢ κατέβαλε τὴν τράπε-
ζαν, ἢ βράδιον ὑπήκουσε; Καὶ μὴν ταῦτ᾽ ἐστὶν ἐφ᾽
οἷς εὐθὺς γενομένοις καὶ προσφάτοις οὖσι, ταραττό-
μεθα, καὶ πικρῶς καὶ ἀπαραιτήτως ἔχομεν· ὡς γὰρ
δι᾽ ὁμίχλης τὰ σώματα, καὶ δι᾽ ὀργῆς τὰ πράγματα
μείζονα φαίνεται. Διὸ δεῖ ταχὺ συμμνημονεύειν τῶν

ὁμοίων, καὶ τοῦ πάθους ἔξωθεν ὄντα ἀνυπόπτως, ἂν
καθαρῷ τῷ λογισμῷ καὶ καθεστῶτι φαίνηται μοχθη-
ρόν, ἐπιστραφῆναι, καὶ μὴ προέσθαι τότε μηδ' ἀφεῖ-
ναι τὴν κόλασιν, ὥσπερ σιτίον, ἀνορέκτους γεγονότας.
Οὐδὲν γὰρ οὕτως αἴτιόν ἐστι τοῦ παρούσης ὀργῆς
κολάζειν, ὡς τὸ παυσαμένης μὴ κολάζειν, ἀλλ'
ἐκλελῆσθαι, καὶ ταὐτὸ πεπονθέναι τοῖς ἀργοῖς κω-
πηλάταις, οἳ γαλήνης ὁρμοῦσιν, εἶτα κινδυνεύουσιν
ἀνέμῳ πλέοντες. Καὶ γὰρ ἡμεῖς τοῦ λογισμοῦ κατ-
εγνωκότες ἀτονίαν καὶ μαλακίαν ἐν τῷ κολάζειν,
σπεύδομεν παρόντι τῷ θυμῷ, καθάπερ πνεύματι
παραβόλῳ. Τροφῇ μὲν γὰρ ὁ πεινῶν κατὰ φύσιν χρῆ-
ται, τιμωρίᾳ δὲ ὁ μὴ πεινῶν μηδὲ διψῶν αὐτῆς·
μηδὲ ὥσπερ ὄψου πρὸς τὸ κολάσαι τοῦ θυμοῦ δεό-
μενος, ἀλλ' ὅταν πορρωτάτω τοῦ ὀρέγεσθαι γένηται,
προσάγων τὸν λογισμὸν ἀναγκαίως. Οὐ γάρ, ὡς Ἀρι-
στοτέλης ἱστορεῖ, κατ' αὐτὸν ἐν Τυρρηνίᾳ μαστι-
γοῦσθαι τοὺς οἰκέτας πρὸς αὐλόν, οὕτω πρὸς ἡδονὴν
δεῖ καθάπερ ἀπολαύσματος ὀρέξει, τῆς τιμωρίας
ἐμφορεῖσθαι, καὶ χαίρειν κολάζοντας, εἶτα μετα-
νοεῖν· ὧν τὸ μὲν, θηριῶδες, τὸ δέ, γυναικῶδες·
ἀλλὰ καὶ λύπης καὶ ἡδονῆς χωρίς, ἐν τῷ τοῦ λο-
γισμοῦ χρόνῳ τὴν δίκην κολάζεσθαι, μὴ ὑπολεί-
ποντα τῷ θυμῷ πρόφασιν.   (Réprimer la colère.)

42. La vie humaine comparée au jeu de dés.

Κυβείᾳ [1] ὁ Πλάτων τὸν βίον ἀπείκασεν, ἐν ᾧ καὶ
βαλεῖν δεῖ τὰ πρόσφορα, καὶ βαλόντα, χρῆσθαι κα-

1. Ita vita est hominum, quasi cum ludas tesseris;
Si illud, quod maxume opus est jactu, non cadit,
Illud quod cecidit forte, id arte ut corrigas.
              (TERENT. Adelph. IV, 7.)

λῶς τοῖς πεσοῦσι. Τούτων δὲ τὸ μὲν βαλεῖν, οὐκ ἐφ'
ἡμῖν, τὸ δὲ προσηκόντως δέχεσθαι τὰ γινόμενα παρὰ
τῆς τύχης, καὶ νέμειν ἑκάστῳ τόπον, ἐν ᾧ καὶ τὸ
οἰκεῖον ὠφελήσει μάλιστα, καὶ τὸ ἀβούλητον ἥκιστα
λυπήσει τοὺς ἐπιτυγχάνοντας, ἡμέτερον ἔργον ἐστίν,
ἂν εὖ φρονῶμεν. Τοὺς μὲν γὰρ ἀτέχνους καὶ ἀνοή-
τους περὶ τὸν βίον, ὥςπερ τοὺς νοσώδεις τοῖς σώ-
μασι μήτε καῦμα φέρειν μήτε κρύος δυναμένους,
ἐξίστησι μὲν εὐτυχία, συστέλλει δὲ δυςτυχία·
ταράττονται δὲ ὑπ' ἀμφοτέρων, μᾶλλον δὲ ὑφ' αὑ-
τῶν ἐν ἀμφοτέροις, καὶ οὐχ ἧττον ἐν τοῖς λεγομένοις
ἀγαθοῖς. Θεόδωρος μὲν γὰρ ὁ κληθεὶς ἄθεος ἔλεγε,
τῇ δεξιᾷ τοὺς λόγους ὀρέγοντος αὐτοῦ, τῇ ἀριστερᾷ
δέχεσθαι τοὺς ἀκροωμένους· οἱ δ' ἀπαίδευτοι πολ-
λάκις τὴν τύχην δεξιὰν παρισταμένην, ἐπαριστέρως
μεταλαμβάνοντες, ἀσχημονοῦσιν· οἱ δὲ φρόνιμοι,
καθάπερ ταῖς μελίτταις φέρει μέλι τὸ δριμύτατον
καὶ ξηρότατον ὁ θύμος, οὕτως ἀπὸ τῶν δυςχερεστά-
των πραγμάτων πολλάκις οἰκεῖόν τι καὶ χρήσιμον
αὑτοῖς λαμβάνουσι· τοῦτο οὖν δεῖ πρῶτον ἀσκεῖν καὶ
μελετᾶν.   (Tranquillité de l'âme.)

43. Il faut supporter les défauts d'autrui.

Τοὺς δὲ πολλοὺς οὐ μόνον τὰ τῶν φίλων καὶ οἰ-
κείων, ἀλλὰ καὶ τὰ τῶν ἐχθρῶν ἀνιᾷ καὶ παροξύνει
κακά. Βλασφημίαι γὰρ καὶ ὀργαὶ καὶ φθόνοι καὶ κα-
κοήθειαι καὶ ζηλοτυπίαι μετὰ δυςμενείας, αὐτῶν
μέν εἰσι τῶν ἐχόντων κῆρες, ἐνοχλοῦσι δὲ καὶ παρ-
οξύνουσι τοὺς ἀνοήτους· ὥςπερ ἀμέλει καὶ γειτόνων
ἀκροχολίαι, καὶ συνήθων δυςκολίαι, καὶ τῶν περὶ
τὰς πράξεις ὑπουργῶν μοχθηρίαι τινές· ὑφ' ὧν οὐχ

ἥκιστά μοι δοκεῖς καὶ αὐτὸς ἐπιταραττόμενος, ὥς-
περ οἱ Σοφοκλέους ἰατροί·

Πικρὰν χολὴν κλύζουσι φαρμάκῳ πικρῷ,

οὕτως ἀντιχαλεπαίνειν καὶ συνεκπικραίνεσθαι τοῖς
ἐκείνων πάθεσι καὶ νοσήμασιν, οὐκ εὐλόγως. Ἃ γὰρ
πράττεις πράγματα πεπιστευμένος, οὐχ ἁπλοῖς ἤθε-
σιν, οὐδὲ χρηστοῖς, ὥσπερ εὐφυέσιν ὀργάνοις, ἀλλὰ
καρχάροις τὰ πολλὰ καὶ σκολιοῖς διακονεῖται. Τὸ
μὲν οὖν ἀπευθύνειν ταῦτα, μὴ νόμιζε σὸν ἔργον εἶ-
ναι, μηδὲ ἄλλως ῥάδιον· ἂν δ' ὡς τοιούτοις αὐτοῖς
πεφυκόσι χρώμενος, ὥσπερ ἰατρὸς ὀδοντάγραις [1] καὶ
ἀγκτῆρσιν, ἤπιος φαίνῃ καὶ μέτριος ἐκ τῶν ἐνδεχο-
μένων, εὐφρανῇ τῇ σῇ διαθέσει μᾶλλον, ἢ λυπήσῃ
ταῖς ἑτέρων ἀηδίαις καὶ μοχθηρίαις· καὶ ὥσπερ κύ-
νας, ἂν ὑλακτῶσι, τὸ προσῆκον αὐτοῖς ἐκείνοις οἰόμε-
νος περαίνειν, ἐπιλήσῃ πολλὰ λυπηρὰ συνάγων, ὥσ-
περ εἰς χωρίον κοῖλον καὶ ταπεινὸν ἐπιρρέοντα, τὴν
μικροψυχίαν ταύτην καὶ τὴν ἀσθένειαν, ἀλλοτρίων
ἀναπιμπλαμένην κακῶν. Ὅπου γὰρ ἔνιοι τῶν φιλο-
σόφων καὶ τὸν ἔλεον ψέγουσι πρὸς ἀτυχοῦντας ἀν-
θρώπους γιγνόμενον, ὡς καλοῦ τοῦ βοηθεῖν, οὐ τοῦ
συναλγεῖν καὶ συνενδιδόναι τοῖς πλησίον, ὄντος· ὃ
δὲ μεῖζόν ἐστιν, οὐδ' αὐτῶν ἁμαρτανόντων καὶ δια-
κειμένων φαύλως τὸ ἦθος αἰσθανομένους ἀθυμεῖν καὶ
δυσφορεῖν ἐῶσι, ἀλλὰ θεραπεύειν ἄνευ λύπης τὴν
κακίαν· ἤδη σκόπει πῶς οὐκ ἄλογόν ἐστι περιορᾶν
αὑτούς, ὅτι μὴ πάντες εἰσὶν οἱ χρώμενοι καὶ προσ-
ιόντες ἡμῖν ἐπιεικεῖς καὶ χαρίεντες, ἀχθομένους καὶ

1. Litt., comme le médecin se sert du clavier et des pinces.

δυςκολαίνοντας. Ἀλλα ὅρα μὴ λανθάνωμεν ἑαυτούς, οὐ τὸ καθόλου τῆς μοχθηρίας τῶν ἐντυγχανόντων, ἀλλὰ τὸ πρὸς ἡμᾶς ὑπὸ φιλαυτίας τινός, οὐ μισοπονηρίας, προβαλλόμενοι καὶ δεδοικότες. Αἱ γὰρ σφοδραὶ περὶ τὰ πράγματα πτοῖαι καὶ παρ᾽ ἀξίαν ἐφέσεις καὶ διώξεις, ἢ πάλιν ἀποστροφαὶ καὶ διαβολαί, τὰς πρὸς ἀνθρώπους ἐγγεννῶσιν ὑποψίας καὶ δυσκολίας, ὑφ᾽ ὧν τὰ μὲν ἀποστερεῖσθαι, τοῖς δὲ περιπίπτειν δοκοῦμεν. Ὁ δὲ τοῖς πράγμασιν ἐθισθεὶς ἐλαφρῶς συμπεριφέρεσθαι καὶ μετρίως, εὐκολώτατος ἀνθρώποις ὁμιλεῖν γίγνεται, καὶ πραότατος.

(Tranquillité de l'âme.)

44. *Les frères se doivent un secours mutuel.*

Ἀρίσταρχος, ὁ Θεοδέκτου πατήρ, ἐπισκώπτων τὸ πλῆθος τῶν σοφιστῶν [1], ἔλεγε· « Πάλαι μὲν ἑπτὰ σοφιστὰς μόλις γενέσθαι, τότε δὲ μὴ ῥᾳδίως ἂν ἰδιώτας τοσούτους εὑρεθῆναι. » Ἐγὼ δὲ ὁρῶ καθ᾽ ἡμᾶς τὴν φιλαδελφίαν οὕτω σπάνιον οὖσαν, ὡς τὴν μισαδελφίαν ἐπὶ τῶν παλαιῶν, ἧς γε τὰ φανέντα παραδείγματα, τραγῳδίαις καὶ θεάτροις ὁ βίος ἐξέδωκε, διὰ τὸ παράδοξον· οἱ δὲ νῦν ἄνθρωποι πάντες ὅταν ἐντυγχάνωσι χρηστοῖς ἀδελφοῖς, θαυμάζουσιν οὐδὲν ἧττον, ἢ τοὺς Μολιονίδας ἐκείνους, συμφυεῖς τοῖς σώμασι γεγονέναι δοκοῦντας· καὶ τὸ χρῆσθαι κοινῶς τοῖς πατρῴοις χρήμασι καὶ φίλοις καὶ δούλοις, οὕτως ἄπιστον ἡγοῦνται καὶ τερατῶδες, ὡς τὸ

1. Le mot *sophistes*, dans sa première acception, signifiait également des gens sages et instruits ; aussi Aristarque se sert-il du mot *sophistes*, pour désigner les sept sages de la Grèce, qui étaient des hommes aussi recommandables par leurs vertus que par leurs connaissances.

χρῆσθαι μίαν ψυχὴν δυσὶν σωμάτων χερσὶ καὶ ποσὶ
καὶ ὀφθαλμοῖς. Καίτοι τὸ παράδειγμα τῆς χρήσεως
τῶν ἀδελφῶν, ἡ φύσις οὐ μακρὰν ἔθηκεν, ἀλλ᾽ ἐν
αὐτῷ τῷ σώματι τὰ πλεῖστα τῶν ἀναγκαίων διττὰ
καὶ ἀδελφὰ καὶ δίδυμα μηχανησαμένη, χεῖρας, πό-
δας, ὄμματα, ὦτα, ῥῖνας, ἐδίδαξεν, ὅτι ταῦτα
πάντα σωτηρίας ἕνεκα καὶ συμπράξεως κοινῆς, οὐ
διαφορᾶς καὶ μάχης, οὕτω διέστησεν. Αὐτάς τε τὰς
χεῖρας εἰς πολλοὺς καὶ ἀνίσους δακτύλους σχίσασα,
πάντων ὀργάνων ἐμμελέστατα καὶ τεχνικώτατα παρ-
έσχεν · ὥστε Ἀναξαγόραν τὸν παλαιὸν ἐν ταῖς χερσὶ
τὴν αἰτίαν τίθεσθαι τῆς ἀνθρωπίνης σοφίας καὶ συν-
έσεως. Ἀλλὰ τούτου μὲν ἔοικεν ἀληθὲς εἶναι τοὐναν-
τίον. Οὐ γὰρ ὅτι χεῖρας ἔσχεν ἄνθρωπος, σοφώτατον·
ἀλλ᾽ ὅτι φύσει λογικὸν ἦν καὶ τεχνικόν, ὀργάνων
φύσει τοιούτων ἔτυχεν. Ἐκεῖνο δὲ παντὶ δῆλον, ὡς
ἀπὸ σπέρματος ἑνὸς καὶ μιᾶς ἀρχῆς ἡ φύσις ἀδελφοὺς
δύο καὶ τρεῖς καὶ πλείονας ἐποίησεν, οὐ πρὸς διαφορὰν
καὶ ἀντίταξιν, ἀλλ᾽ ὅπως χωρὶς ὄντες, ἀλλήλοις μᾶλ-
λον συνεργῶσιν. Οἱ γὰρ δὴ τρισώματοι καὶ ἑκατόγ-
χειρες, εἴπερ ἐγένοντο, συμφυεῖς ὄντες πᾶσι τοῖς με-
ρεσιν, οὐθὲν ἐκτὸς αὐτῶν οὐδὲ χωρὶς ἐδύναντο ποιεῖν·
ὃ τοῖς ἀδελφοῖς ὑπάρχει, καὶ μένειν καὶ ἀποδημεῖν
ἅμα, καὶ πολιτεύεσθαι, καὶ γεωργεῖν δυναμένοις δι᾽
ἀλλήλων· ἅνπερ ἦν ἡ φύσις ἔδωκεν εὐνοίας καὶ συμ-
φωνίας ἀρχὴν φυλάττωσιν. Εἰ δὲ μή, ποδῶν οὐδὲν
(οἶμαι) διοίσουσιν ἀλλήλους ὑποσκελιζόντων, καὶ
δακτύλων ἐμπλεκομένων καὶ διαστρεφομένων παρὰ
φύσιν ὑπ᾽ ἀλλήλων. Μᾶλλον δέ, ὥσπερ ἐν ταὐτῷ
σώματι μιᾶς κοινωνοῦντα φύσεως καὶ τροφῆς τὰ
ὑγρὰ καὶ ξηρά, καὶ ψυχρὰ καὶ θερμά, τῇ ὁμονοίᾳ
καὶ συμφωνίᾳ τὴν ἀρίστην καὶ ἡδίστην κρᾶσιν ἐμ-

ποιεῖ καὶ ἁρμονίαν, ἧς χωρὶς οὔτε πλούτου φασὶν
οὔτε τᾶς ἰσοδαίμονος ἀνθρώποις βασιληΐδος ἀρχὰς
εἶναί τινα χάριν καὶ ὄνησιν· ἂν δὲ πλεονεξία καὶ
στάσις αὐτοῖς ἐγγένηται, διέφθειρεν αἴσχιστα καὶ
συνέχεε τὸ ζῶον· οὕτως ἀδελφῶν ὁμοφροσύνη, καὶ
γένος καὶ οἶκος ὑγιαίνει καὶ τέθηλε· καὶ φίλοι καὶ
συνήθεις, ὥσπερ ἐμμελὴς χορός, οὐδὲν οὔτε πράσ-
σουσιν ἐναντίον, οὔτε λέγουσιν, οὔτε φρονοῦσιν·

’Εν δὲ διχοστασίη, καὶ ὁ πάγκακος ἔμμορε τιμῆς.

(Amitié fraternelle.)

45. *Les animaux se sont moins écartés de la nature
que les hommes.*

Ἔκκλητοι κρίσεις καὶ ξενικῶν δικαστηρίων ἀγω-
γαὶ τοῖς Ἕλλησι τὸ πρῶτον ἀπιστίᾳ τῇ πρὸς ἀλλή-
λους ἐπενοήθησαν, ἀλλοτρίας δικαιοσύνης, ὥσπερ
ἑτέρου τινὸς τῶν ἀναγκαίων μὴ φυομένου παρ’ αὐ-
τοῖς, δεηθεῖσιν. Ἆρ’ οὖν καὶ οἱ φιλόσοφοι τῶν προ-
βλημάτων ἔνια, διὰ τὰς πρὸς ἀλλήλους διαφοράς,
ἐπὶ τὴν τῶν ἀλόγων φύσιν ζώων, ὥσπερ ἀλλοδαπὴν
πόλιν ἐκκαλοῦνται, καὶ τοῖς ἐκείνων πάθεσι καὶ
ἤθεσιν, ὡς ἀνεντεύκτοις καὶ ἀδεκάστοις, ἐφιᾶσι τὴν
κρίσιν; Ἢ καὶ τοῦτο τῆς ἀνθρωπίνης κακίας ἔγκλημα
κοινόν ἐστι, τὸ περὶ τῶν ἀναγκαιοτάτων καὶ μεγίστων
ἀμφιδοξοῦντας ἡμᾶς, ζητεῖν ἐν ἵπποις καὶ κυσὶ καὶ
ὄρνισι [1], πῶς γαμοῦμεν αὐτοὶ καὶ γεννῶμεν καὶ
τεκνοτροφοῦμεν, ὡς μηδὲν ἐν ἑαυτοῖς δήλωμα τῆς
φύσεως ὄν, καὶ τὰ τῶν θηρίων ἤθη καὶ πάθη προς-
αγορεῦσαι καὶ καταμαρτυρῆσαι τοῦ βίου ἡμῶν πολ-
λὴν τοῦ κατὰ φύσιν ἐκδιαίτησιν καὶ παράβασιν,

1. Littéralement : *aller à l'école du cheval, du chien et
de l'oiseau, pour apprendre,* etc.

εὐθὺς ἐν ἀρχῇ καὶ περὶ τὰ πρῶτα συγχεομένων καὶ
ταραττομένων. Ἄκρατον γὰρ ἐν ἐκείνοις ἡ φύσις καὶ
ἀμιγὲς καὶ ἁπλοῦν φυλάττει τὸ ἴδιον· ἐν δ' ἀνθρώ-
ποις ὑπὸ τοῦ λόγου καὶ τῆς συνηθείας (ὃ τοὔλαιον
ὑπὸ τῶν μυρεψῶν πέπονθε) πρὸς πολλὰ μιγνυμένη
δόγματα καὶ κρίσεις ἐπιθέτους, ποικίλη γέγονε καὶ
ἰδία, τὸ δὲ οἰκεῖον οὐ τετήρηκε. Καὶ μὴ θαυμά-
ζωμεν, εἰ τὰ ἄλογα ζῶα τῶν λογικῶν μᾶλλον ἕπε-
ται τῇ φύσει· καὶ γὰρ τὰ φυτὰ τῶν ζώων, οἷς οὔτε
φαντασίαν, οὔτε ὁρμὴν ἔδωκεν, ἑτέρων ὄρεξιν τοῦ
κατὰ φύσιν ἀποσαλεύουσαν, ἀλλ' ὥσπερ ἐν δεσμῷ
συνειργμένα μένει καὶ κεκράτηται, μίαν ἀεὶ πορείαν
ἣν ἡ φύσις ἄγει πορευόμενα. Τοῖς δὲ θηρίοις τὸ μὲν
πραΰτροπον τοῦ λόγου καὶ περιττὸν καὶ φιλελεύθερον
ἄγαν οὐκ ἔστιν, ἀλόγους δὲ ὁρμὰς καὶ ὀρέξεις ἔχοντα,
καὶ χρώμενα πλάναις καὶ περιδρομαῖς, πολλάκις οὐ
μακράν, ἀλλ' ὡς ἐπ' ἀγκύρας τῆς φύσεως σαλεύει,
καὶ καθάπερ ὁδὸν ὑφ' ἡνία καὶ χαλινῷ βαδίζοντα
δείκνυσιν εὐθεῖαν. Ὁ δὲ δεσπότης ἐν ἀνθρώπῳ καὶ
αὐτοκρατὴς λόγος ἄλλας ἄλλοτε παρεκβάσεις καὶ
καινοτομίας ἀνευρίσκων, οὐδὲν ἴχνος ἐμφανὲς οὐδὲ
ἐναργὲς ἀπολέλοιπε τῆς φύσεως.

(Tendresse maternelle.)

46. *La fortune toute seule ne peut rendre un homme
malheureux. — Belle prosopopée.*

Αἱ πόλεις δήπουθεν, ὅταν ἔκδοσιν ναῶν ἢ κολοσ-
σῶν προγράφωσιν, ἀκροῶνται τῶν τεχνιτῶν ἀμιλ-
λωμένων περὶ τῆς ἐργολαβίας, καὶ λόγους καὶ
παραδείγματα κομιζόντων· εἶτα αἱροῦνται τὸν ἀπ'
ἐλάττονος δαπάνης τὸ αὐτὸ ποιοῦντα καὶ βέλτιον
καὶ τάχιον. Φέρε δὴ καὶ ἡμᾶς ἔκδοσίν τινα βίου καὶ

ἀνθρώπου κακοδαίμονος προκηρύσσειν, εἶτα προσιέναι
τῇ ἐργολαβίᾳ τὴν τύχην καὶ τὴν κακίαν διαφερομέ-
νας· τὴν μὲν ὀργάνων τε παντοδαπῶν κατάπλεων
καὶ παρασκευῆς πολυτελοῦς εἰς ἀπεργασίαν κακοδαί-
μονος ζωῆς καὶ οἰκτρᾶς· λῃστήριά τινα καὶ πολέ-
μους καὶ τυράννων μιαιφονίας, καὶ χειμῶνας ἐκ
θαλάττης, καὶ κεραυνὸν ἐξ ἀέρος ἐφελκομένην, καὶ
κώνεια τρίβουσαν, καὶ ξίφη φέρουσαν, καὶ συκοφάν-
τας ξενολογοῦσαν, καὶ πυρετοὺς ἐξάπτουσαν, καὶ πέ-
δας περικρούουσαν, καὶ περιοικοδομοῦσαν εἰρκτάς·
καίτοι τούτων τὰ πλεῖστα τῆς κακίας μᾶλλον ἢ τῆς
τύχης ἐστίν· ἀλλὰ πάντα ἔστω τῆς τύχης. Ἡ δὲ
κακία παρεστῶσα γυμνὴ καὶ μηδενὸς δεομένη τῶν
ἔξωθεν ἐπὶ τὸν ἄνθρωπον, ἐρωτάτω καὶ τὴν τύχην,
πῶς ποιήσει κακοδαίμονα καὶ ἄθυμον τὸν ἄνθρωπον.
« Τύχη, πενίαν ἀπειλεῖς; καταγελᾷ σου Μητροκλῆς,
ὃς χειμῶνος ἐν τοῖς προβάτοις καθεύδων, καὶ θέρους
ἐν τοῖς προπυλαίοις τῶν ἱερῶν, τὸν ἐν Βαβυλῶνι
χειμάζοντα, καὶ περὶ Μηδίαν θερίζοντα Περσῶν
βασιλέα περὶ εὐδαιμονίας εἰς ἀγῶνα προὐκαλεῖτο.
Δουλείαν καὶ δεσμὰ καὶ πρᾶσιν ἐπάγεις; καταφρονεῖ
σου Διογένης, ὃς ὑπὸ τῶν λῃστῶν πωλούμενος, ἐκή-
ρυττε· — Τίς ὠνήσασθαι βούλεται δεσπότην; Κύ-
λικα φαρμάκου ταράττεις; οὐχὶ καὶ Σωκράτει ταύτην
προέπιες; ὁ δὲ ἵλεως καὶ πρᾷος, οὐ τρέσας, οὐδὲ
διαφθείρας οὐδὲ χρώματος οὐδέν, οὐδὲ σχήματος,
μάλ' εὐκόλως ἐξέπιεν· ἀποθνήσκοντα δὲ αὐτὸν ἐμα-
κάριζον οἱ ζῶντες, ὡς οὐδ' ἐν ᾅδου θείας ἄνευ μοί-
ρας ἐσόμενον. Καὶ μὴν τὸ πῦρ σου Δέκιος ὁ Ῥωμαίων
στρατηγὸς προέλαβεν, ὅτε τῶν στρατοπέδων ἐν μέσῳ
πυρὰν νήσας, τῷ Κρόνῳ κατ' εὐχὴν αὐτὸς ἑαυτὸν
ἐκαλλιέρησεν ὑπὲρ τῆς ἡγεμονίας. Ἰνδῶν δὲ φιλαν-

δροι καὶ σώφρονες γυναῖκες ὑπὲρ τοῦ πυρὸς ἐρίζουσι
καὶ μάχονται πρὸς ἀλλήλας, τὴν δὲ νικήσασαν
τεθνηκότι τῷ ἀνδρὶ συγκαταφλεγῆναι, μακαρίαν
ᾄδουσιν αἱ λοιπαί. Τῶν δὲ ἐκεῖ σοφῶν οὐδεὶς ζηλω-
τὸς οὐδὲ μακαριστός ἐστιν, ἂν μή, ζῶν ἔτι καὶ φρο-
νῶν καὶ ὑγιαίνων, τοῦ σώματος τὴν ψυχὴν πυρὶ δια-
στήσῃ, καὶ καθαρὸς ἐκβῇ τῆς σαρκός, ἐκνιψάμενος
τὸ θνητόν. Ἀλλ' ἐξ οὐσίας λαμπρᾶς καὶ οἴκου καὶ
τραπέζης καὶ πολυτελείας εἰς τρίβωνα καὶ πήραν
καὶ προςαίτησιν ἐφημέρου τροφῆς κατάξεις ; Ταῦτα
εὐδαιμονίας ἀρχαὶ Διογένει, ταῦτα ἐλευθερίας κρά-
τητι καὶ δόξης. Ἀλλὰ εἰς σταυρὸν καθηλώσεις, ἢ
σκόλοπι πήξεις; Καὶ τί Θεοδώρῳ μέλει, πότερον
ὑπὲρ γῆς ἢ ὑπὸ γῆς σήπεται ; Σκυθῶν [1] εὐδαίμονες
ταφαὶ αὗται· Ὑρκανῶν δὲ κύνες, Βακτριανῶν δὲ
ὄρνιθες νεκροὺς ἐσθίουσι κατὰ νόμους, ὅταν μακα-
ρίου τέλους τυγχάνωσιν. »

(Le vice cause notre malheur.)

47. Effets des passions sur les hommes.

Ὥςπερ ἐπισφαλέστερος χειμὼν τοῦ πλεῖν οὐκ ἐῶν-
τος, ὁ κωλύων καθορμίσασθαι· οὕτως οἱ κατὰ ψυχὴν
χειμῶνες βαρύτεροι, οἱ στείλασθαι τὸν ἄνθρωπον οὐκ
ἐῶντες, οὐδ' ἐπιστῆσαι τεταραγμένον τὸν λογισμόν·
ἀλλὰ ἀκυβέρνητος καὶ ἀνερμάτιστος, ἐν ταραχῇ καὶ
πλάνῃ, δρόμοις ὀλεθρίοις καὶ παραφόροις διατραχη-

1. Hérodote (liv. IV, chap. 12) dit que les Scythes, quand
ils avaient enterré leurs rois, prenaient cinquante jeunes
gens de ceux qui avaient servi auprès du prince ; et, après
les avoir étranglés, ils les empalaient, les plaçaient sur des
chevaux qu'ils avaient aussi empalés, et les rangeaient ainsi
autour du tombeau.

λιζόμενος , εἴς τι ναυάγιον φοβερὸν ἐξέπεσε, καὶ
συνέτριψε τὸν ἑαυτοῦ βίον. Ὥστε καὶ τούτοις χεῖρον
νοσεῖν ταῖς ψυχαῖς ἢ τοῖς σώμασιν· τοῖς μὲν γὰρ
πάσχειν μόνον, τοῖς δὲ καὶ πάσχειν καὶ ποιεῖν κακῶς
συμβέβηκε. Καὶ τί δεῖ τὰ πολλὰ λέγειν τῶν παθῶν;
αὐτὸς ὁ καιρὸς ὑπόμνησίς ἐστιν. Ὁρᾶτε τὸν πολὺν
καὶ παμμιγῆ τοῦτον τὸν ἐνταῦθα συνηραγμένον καὶ
κυκώμενον ὄχλον περὶ τὸ βῆμα καὶ τὴν ἀγοράν; οὐ
Θύσοντες οὗτοι συνεληλύθασι πατρίοις Θεοῖς, οὐδὲ
ὁμογνίων μεθέξοντες ἱερῶν ἀλλήλοις· οὐκ Ἀσκραίῳ
Διὶ Λυδίων καρπῶν' ἀπαρχὰς φέροντες, οὐδὲ Διονύσῳ
βεβακχευμένον Θύσβλον ἱεραῖς νυξὶ καὶ κοινοῖς ὀρ-
γιάζοντες κώμοις· ἀλλ' ὥσπερ ἐτησίοις περιόδοις
ἀκμὴ νοσήματος ἐκτραχύνουσα τὴν Ἀσίαν ἐπὶ δίκας
καὶ ἀγῶνας ἐμπροθέσμους ἥκουσαν ἐνταῦθα συμβάλ-
λει· τὸ δὲ τῶν πραγμάτων πλῆθος ὥσπερ ῥευμάτων
ἀθρόων, εἰς μίαν ἐμπέπτωκεν ἀγοράν, καὶ φλεγμαί-
νει καὶ συνέρρωγεν ὀλλύντων καὶ ὀλλυμένων. Ποίων
ταῦτα πυρετῶν ἔργα; ποίων ἠπιάλων; τίνες ἐνστά-
σεις, ἢ παρεμπτώσεις, ἢ δυσκρασία Θερμῶν, ἢ ὑπέρ-
χυσις ὑγρῶν; Ἂν ἑκάστην δίκην ὥσπερ ἄνθρωπον
ἀνακρίνῃς, πόθεν πέφυκε; πόθεν ἥκει; τὴν μὲν Θυ-
μὸς αὐθάδης γεγέννηκε, τὴν δὲ μανιώδης φιλονεικία,
τὴν δ' ἄδικος ἐπιθυμία.

(Maladies de l'âme et du corps.)

1. Par les prémices des fruits de la Lydie, Plutarque
entend probablement l'or; parce que le Pactole, fleuve de
Lydie, roulait de l'or dans ses flots.

48. *Il est souvent dangereux de ne pas savoir retenir sa langue. — Exemples.*

Ἐν Λακεδαίμονι τῆς Χαλκιοίκου τὸ ἱερὸν ὤφθη σεσυλημένον, καὶ κειμένη ἔνδον κενὴ λάγηνος· ἦν οὖν ἀπορία πολλῶν συνδεδραμηκότων· καί τις τῶν παρόντων· « Εἰ βούλεσθε (εἶπεν), ἐγὼ φράσω ὑμῖν, ὅ μοι παρίσταται περὶ τῆς λαγήνου. Νομίζω γὰρ (ἔφη), τοὺς ἱεροσύλους ἐπὶ τηλικοῦτον ἐλθεῖν κίνδυ-νον, κώνειον ἐμπιόντας, καὶ κομίζοντας οἶνον· ἵνα, εἰ μὲν αὐτοῖς λαθεῖν ἐγγένοιτο, τῷ ἀκράτῳ ποθέντι σβέσαντες καὶ διαλύσαντες τὸ φάρμακον, ἀπέλθοιεν ἀσφαλῶς· εἰ δ' ἁλίσκοιντο, πρὸ τῶν βασάνων ὑπὸ τοῦ φαρμάκου ῥᾳδίως καὶ ἀνωδύνως ἀποθάνοιεν. » Ταῦτ' εἰπόντος αὐτοῦ, τὸ πρᾶγμα πλοκὴν ἔχον καὶ περινόησιν τοσαύτην, οὐχ ὑπονοοῦντος, ἀλλ' εἰδότος ἐφαίνετο· καὶ περιστάντες αὐτὸν ἀνέκριναν ἀλλα-χόθεν ἄλλος· « Τίς εἶ; καὶ τίς σε οἶδε; καὶ πόθεν ἐπίστασαι ταῦτα; » καὶ τὸ πέρας ἐλεγχόμενος οὕ-τως, ὡμολόγησεν εἷς εἶναι τῶν ἱεροσύλων. Οἱ δ' Ἴβυκον [1] ἀποκτείναντες οὐχ οὕτως ἑάλωσαν ἐν θεά-τρῳ καθήμενοι; καὶ γεράνων παραφανεισῶν, ἅμα γέλωτι πρὸς ἀλλήλους ψιθυρίζοντες, « ὡς οἱ Ἰβύκου ἔκδικοι πάρεισιν. » Ἀκούσαντες γὰρ οἱ καθεζόμενοι πλησίον, ἤδη πολὺν χρόνου τοῦ Ἰβύκου ὄντος ἀφα-νοῦς καὶ ζητουμένου, ἐπελάβοντο τῆς φωνῆς, καὶ προσήγγειλαν τοῖς ἄρχουσιν. Ἐλεγχθέντες δὲ οὕτως, ἀπήχθησαν, οὐχ ὑπὸ τῶν γεράνων κολασθέντες,

1. Ibicus, poëte lyrique de Rhège, vivait du temps de Cré-sus, vers la 55ᵉ olympiade. C'était, au rapport de Cicéron, le poëte dont les ouvrages respiraient le plus la volupté. Il fut tué par des voleurs dans un chemin écarté.

ἀλλ' ὑπὸ τῆς αὐτῶν γλωσσαλγίας, ὥσπερ ἐριννύος
ἢ ποινῆς, βιασθέντες ἐξαγορεῦσαι τὸν φόνον. Ὡς
γάρ ἐν τῷ σώματι πρὸς τὰ πεπονθότα μέρη καὶ
ἀλγοῦντα γίνεται φορὰ καὶ ὁλκὴ τῶν πλησίον, οὕτως
ἡ γλῶττα τῶν ἀδολέσχων, ἀεὶ φλεγμονὴν ἔχουσα
καὶ σφυγμόν, ἕλκει τι καὶ συνάγει τῶν ἀπορρήτων
καὶ κεκρυμμένων ἐφ' ἑαυτήν. Διὸ δεῖ πεφράχθαι,
καὶ τὸν λογισμόν, ὡς πρόβολον, ἐμποδὼν ἀεὶ τῇ
γλώττῃ κείμενον, ἐπισχεῖν τὸ ῥεῦμα καὶ τὸν ὄλισθον
αὐτῆς· ἵνα μὴ τῶν χηνῶν ἀφρονέστεροι εἶναι δοκῶ-
μεν, οὕς φασιν, ὅταν ὑπερβάλλωσιν ἐκ Κιλικίας τὸν
Ταῦρον, ἀετῶν ὄντα μεστόν, εἰς τὸ στόμα λαμ-
βάνειν εὐμεγέθη λίθον, ὥσπερ κλεῖθρον ἢ χαλινὸν
ἐμβάλλοντας τῇ φωνῇ, καὶ νυκτὸς οὕτως ὑπερ-
φέρεσθαι λανθάνοντας.   (Sur le babil.)

49. *Il faut réprimer la curiosité, même sur des cho-
ses permises. — Bel exemple de Rusticus.*

Συνεθιστέον αὐτούς, ἐπιστολὴν κομισθεῖσαν μὴ
ταχὺ μηδὲ κατεσπευσμένως λῦσαι· καθάπερ οἱ πολ-
λοὶ ποιοῦσιν, ἂν αἱ χεῖρες βραδύνωσι, τοῖς ὀδοῦσι
τοὺς δεσμοὺς διαβιβρώσκοντες· ἀγγέλου ποθὲν ἥκον-
τος, μὴ προςδραμεῖν· μηδ' ἐξαναστῆναι, φίλου
τινὸς εἰπόντος· « Ἔχω σοί τι καινὸν εἰπεῖν πρᾶγμα· »
μᾶλλον, « εἴ τι χρήσιμον ἔχεις, ἢ ὠφέλιμον. »
Ἐμοῦ ποτε ἐν Ῥώμῃ διαλεγομένου, Ῥούστιχος [1]
ἐκεῖνος, ὃν ὕστερον ἀπέκτεινε Δομετιανὸς τῇ δόξῃ
φθονήσας, ἠκροᾶτο· καὶ διὰ μέσου στρατιώτης

1. Rusticus Arulenus, tribun du peuple, fut mis à mort
l'an de Rome 847, et de notre ère 94. — *Voyez* Tacite, *An-
nal.* XVI, 26; et *Vie d'Agric.*, ch. ii.

Plutarque. Morales, grec.   4

παρελθών, ἐπιστολὴν αὐτῷ Καίσαρος ἐπέδωκε.
Γενομένης δὲ σιωπῆς, κἀμοῦ διαλιπόντος, ὅπως
ἀναγνῷ τὴν ἐπιστολήν, οὐκ ἠθέλησεν, οὐδ' ἔλυσε
πρότερον, ἢ διεξελθεῖν ἐμὲ τὸν λόγον, καὶ διαλυ-
θῆναι τὸ ἀκροατήριον· ἐφ' ᾧ πάντες ἐθαύμασαν τὸ
βάρος τοῦ ἀνδρός. Ὅταν δέ τις οἷς ἔξεστι τρέφων
τὸ πολύπραγμον, ἰσχυρὸν ἀπεργάσηται καὶ βίαιον,
οὐκέτι ῥᾳδίως πρὸς ἃ κεκώλυται φερομένου διὰ
συνήθειαν, κρατεῖν δυνατός ἐστιν· ἀλλ' ἐπιστόλια
παραλύουσιν οὗτοι φίλων, συνεδρίοις ἀπορρήτοις
ἑαυτοὺς παραβάλλουσιν, ἱερῶν, ἃ μὴ Θέμις ὁρᾶν,
γίνονται Θεαταί, τόπους ἀβάτους πατοῦσι, πράγματα
καὶ λόγους βασιλικοὺς ἀνερευνῶσι.

(De la curiosité.)

50. Funestes effets de l'avarice.

Τοὺς βασιλεῖς πορίζεσθαι δεῖ, τοὺς ἐπιτρόπους
τῶν βασιλέων, τοὺς ἐν ταῖς πόλεσι πρωτεύειν καὶ
ἄρχειν ἐθέλοντας· ἐκείνοις ἀνάγκη διὰ τὴν φιλοτι-
μίαν καὶ τὴν ἀλαζονείαν καὶ τὴν κενὴν δόξαν ἑστιῶ-
σιν, χαριζομένοις, δορυφοροῦσι, δῶρα πέμπουσι,
στρατεύματα τρέφουσι, μονομάχους ὠνουμένοις. Σὺ
δὲ τοσαῦτα πράγματα συνέχεις, καὶ ταράττεις καὶ
στροβεῖς σεαυτόν, κοχλίου βίον ζῶν διὰ τὴν μικρο-
λογίαν, καὶ τὰ δυσχερῆ πάντα ὑπομένεις, οὐδὲν
εὖ πάσχων· ὥσπερ ὄνος βαλανέως ξύλα καὶ φρύ-
γανα κατακομίζων, ἀεὶ καπνοῦ καὶ τέφρας ἀναπιμ-
πλάμενος, λουτροῦ δὲ μὴ μετέχων, μηδ' ἁλέας,
μηδὲ καθαριότητος. Καὶ ταῦτα πρὸς τὴν ὀνώδη [1]

1. Littéralement : cela regarde cette avarice qui convient
à des ânes et à des fourmis.

καὶ μυρμηκώδη λέγω ταύτην φιλοπλουτίαν. Ἑτέρα
δέ ἐστιν ἡ θηριώδης, συκοφαντοῦσα, καὶ κλη-
ρονομοῦσα, καὶ παραλογιζομένη, καὶ πολυπραγμο·
νοῦσα, καὶ φροντίζουσα, καὶ ἀριθμοῦσα τῶν φίλων
ἔτι πόσοι ζῶσιν, εἶτα πρὸς μηδὲν ἀπολαύουσα τῶν
πανταχόθεν προςποριζομένων. Ὥςπερ οὖν ἐχίδνας
καὶ κανθαρίδας καὶ φαλάγγια μᾶλλον προβαλλόμεθα
καὶ δυςχεραίνομεν ἄρκτων καὶ λεόντων, ὅτι κτείνει
καὶ ἀπόλλυσιν ἀνθρώπους, μηδὲν χρώμενα τοῖς ἀπολ-
λυμένοις ὑπ' αὐτῶν· οὕτω δεῖ μᾶλλον δυςχεραίνειν
τῶν δι' ἀσωτίαν τοὺς διὰ μικρολογίαν καὶ ἀνελευ-
θερίαν πονηρούς. Ἀφαιροῦνται γὰρ ἄλλων, οἷς αὐτοὶ
χρῆσθαι μὴ δύνανται, μηδὲ πεφύκασιν. Ὅθεν ἐκεῖνοι
μὲν ἐκεχειρίαν ἄγουσιν, ἐν ἀφθόνοις γενόμενοι, καὶ
χορηγίαν ἔχοντες· ὥςπερ ὁ Δημοσθένης ἔλεγε πρὸς
τοὺς νομίζοντας, τῆς πονηρίας τὸν Δημάδην πεπαῦ-
σθαι· « Νῦν γὰρ (ἔφη) μεστὸν ὁρᾶτε, καθάπερ τοὺς
λέοντας· » τοῖς δ' εἰς μηδὲν ἡδὺ μηδὲ χρήσιμον
πολιτευομένοις οὐκ ἔστιν ἀνακωχὴ τοῦ πλεονεκτεῖν,
οὐδ' ἀσχολία, κενοῖς οὖσιν ἀεὶ καὶ προςδεομένοις
ἁπάντων.   (Désir des richesses.)

51. *Il ne faut point se laisser dominer par une fausse
honte*

Διογένης τοὺς ἀνδριάντας ᾔτει περιιὼν ἐν Κερα-
μεικῷ, καὶ πρὸς τοὺς θαυμάζοντας ἔλεγεν « ἀπο-
τυγχάνειν μελετᾶν.» Ἡμῖν δὲ πρῶτον ἐμμελετητέον
ἐστὶ τοῖς φαύλοις, καὶ γυμναστέον περὶ τὰ μικρά,
πρὸς τὸ ἀρνεῖσθαι τοῖς αἰτοῦσιν οὐ προςηκόντως
ληψομένοις, ὡς ἂν μείζοσιν ἀποτεύξεσιν ἐπικουρεῖν
ἔχωμεν. « Οὐδεὶς γὰρ (ὡς ὁ Δημοσθένης φησὶν)
εἰς ἃ μὴ δεῖ καταναλώσας τὰ παρόντα, τῶν μὴ

παρόντων εὐπορήσει πρὸς ἃ δεῖ. » Γίγνεται δὲ ἡμῖν
πολλαπλάσιον τὸ αἰσχρόν, ὅταν ἐλλίπωμεν εἰς τὰ
καλά, πλεονάσαντες τοῖς περιττοῖς. Ἐπεὶ δ' οὐ χρη-
μάτων μόνον ἡ δυςωπία κακὴ καὶ ἀγνώμων ἐστὶν
οἰκονόμος, ἀλλὰ καὶ περὶ τὰ μείζονα παραιρεῖται
τὸ συμφέρον τοῦ λογισμοῦ. Καὶ γὰρ ἰατρὸν νοσοῦντες
οὐ παρακαλοῦμεν τὸν ἔμπειρον, αἰσχυνόμενοι τὸν
συνήθη· καὶ παισὶ διδασκάλους ἀντὶ τῶν χρηστῶν
τοὺς παρακαλοῦντας αἰρούμεθα· καὶ δίκην ἔχοντες
πολλάκις οὐκ ἐῶμεν εἰπεῖν τὸν ὠφέλιμον καὶ ἀγο-
ραῖον, ἀλλ' οἰκείου τινὸς ἢ συγγενοῦς υἱῷ χαριζόμενοι,
παρεδώκαμεν ἐμπανηγυρίσαι· τέλος δὲ πολλοὺς ἔστιν
ἰδεῖν καὶ τῶν φιλοσοφεῖν λεγομένων, Ἐπικουρείους
καὶ Στωϊκοὺς ὄντας, οὐχ ἑλομένους, οὐδὲ κρίναντας·
ἀλλὰ προςθεμένους δυςωποῦσιν οἰκείοις καὶ φίλοις.
Φέρε δὴ καὶ πρὸς ταῦτα πόρρωθεν ἐν τοῖς ἐπιτυχοῦσι
καὶ μικροῖς γυμνάζωμεν ἑαυτούς, ἐθίζοντες μήτε
κουρεῖ, μήτε γναφεῖ, κατὰ δυςωπίαν χρῆσθαι, μήτε
καταλύειν ἐν φαύλῳ πανδοκείῳ, βελτίονος παρόντος,
ὅτι πολλάκις ὁ πανδοκεὺς ἠσπάσατο ἡμᾶς· ἀλλ'
ἔθους ἕνεκα, κἂν ᾖ παρὰ μικρόν, αἱρεῖσθαι τὸ βέλ-
τιον. Ὥςπερ οἱ Πυθαγορικοὶ παρεφύλαττον ἀεὶ μη-
δέποτε τῷ δεξιῷ μηρῷ τὸν εὐώνυμον [1] ἐπιτιθέναι,
μηδὲ τὸν ἄρτιον ἀντὶ τοῦ περιττοῦ [2] λαβεῖν, τῶν

1. Chez les Latins, la gauche était de mauvais augure.
   Sæpe sinistra cava prædixit ab ilice cornix.
   . . . . *Si mens non* læva *fuisset.*

Chez les Grecs, au contraire, la gauche était appelée εὐώνυ-
μος, *de bon augure.* Quand Virgile a dit *intonuit lævum*, il
s'est conformé à l'usage des Grecs.

2. . . . . . . *Numero Deus* impare *gaudet.*

Lorsque l'on joue à *pair* ou *non*, si le nombre est indéter-

ἄλλων ἐπίσης ἐχόντων. Ἐθιστέον δέ, καὶ θυσίαν ποιούμενον, ἢ γάμον, ἢ τινα ἄλλην τοιαύτην ὑποδοχήν, μὴ τὸν ἀσπασάμενον καλεῖν, ἢ προςδραμόντα, μᾶλλον, ἢ τὸν εὔνουν καὶ χρηστόν. Ὁ γὰρ οὕτως ἐθισθεὶς καὶ ἀσκήσας, δυσάλωτος ἔσται, μᾶλλον δὲ ὅλως ἀνεπιχείρητος ἐν τοῖς μείζοσι.

(De la fausse honte.)

52. *L'envie et la haine, différentes dans leur objet, se fortifient par les mêmes causes.*

Μισοῦσι μέν γε μᾶλλον τοὺς μᾶλλον εἰς πονηρίαν ἐπιδιδόντας, φθονοῦσι δὲ μᾶλλον τοῖς μᾶλλον ἐπ' ἀρετῇ προϊέναι δοκοῦσι. Διὸ καὶ Θεμιστοκλῆς, ἔτι μειράκιον ὤν, « οὐδὲν ἔφη πράττειν λαμπρόν· οὔπω γὰρ φθονεῖσθαι. » Καθάπερ γὰρ αἱ κανθαρίδες ἐμφύονται μάλιστα τῷ ἀκμάζοντι σίτῳ, καὶ τοῖς εὐθαλέσι ῥόδοις· οὕτως ὁ φθόνος ἅπτεται μάλιστα τῶν χρηστῶν καὶ αὐξομένων πρὸς ἀρετὴν καὶ δόξαν ἠθῶν καὶ προςώπων. Καὶ τοὐναντίον αὖ πάλιν αἱ μὲν ἄκρατοι πονηρίαι συνεπιτείνουσι τὸ μῖσος. Τοὺς γοῦν Σωκράτη συκοφαντήσαντας, ὡς εἰς ἔσχατον κακίας ἐληλακότας, οὕτως ἐμίσησαν οἱ πολῖται καὶ ἀπεστράφησαν, ὡς μήτε πῦρ αὔειν, μήτ' ἀποκρίνεσθαι πυνθανομένοις, μὴ λουομένοις κοινωνεῖν ὕδατος, ἀλλ' ἀναγκάζειν ἐκχεῖν ἐκεῖνο τοὺς παραχύτας, ὡς μεμιασμένον, ἕως ἀπήγξαντο μὴ φέροντες τὸ μῖσος. Αἱ δὲ τῶν εὐτυχημάτων ὑπεροχαὶ καὶ λαμπρότητες πολλάκις τὸν φθόνον κατασβεννύουσιν. Οὐ γὰρ εἰκὸς Ἀλεξάνδρῳ τινὰ φθονεῖν, οὐδὲ Κύρῳ, κρατήσασι καὶ γενομένοις κυρίοις ἁπάντων. Ἀλλ' ὥςπερ ὁ ἥλιος,

miné, il y a une chance de plus pour *non*, parce que la série de ce nombre peut commencer et finir par *impair*.

ὧν ἂν ὑπὲρ κορυφῆς γένηται καταχεόμενος τὸ φῶς
ἢ παντάπασι τὴν σκιὰν ἀνεῖλεν, ἢ μικρὰν ἐποίησεν,
οὕτω πολὺ τῶν εὐτυχημάτων ὕψος λαβόντων, καὶ
γενομένων κατὰ κεφαλῆς τοῦ φθόνου, συστέλλεται
καὶ ἀναχωρεῖ καταλαμπόμενος. Τὸ μέντοι μῖσος οὐκ
ἀνίησιν ἡ τῶν ἐχθρῶν ὑπεροχὴ καὶ δύναμις. Ὁ γοῦν
Ἀλέξανδρος φθονοῦντα μὲν οὐδένα εἶχε, μισοῦντας
δὲ πολλούς, ὑφ' ὧν τέλος ἐπιβουλευθεὶς [1] ἀπέθανεν.
Ὁμοίως τοίνυν καὶ τὰ δυστυχήματα τοὺς μὲν φθο-
νοῦντας παύει, τὰς δ' αὖ ἔχθρας οὐκ ἀναιρεῖ. Μισοῦσι
γὰρ καὶ ταπεινοὺς τοὺς ἐχθροὺς γενομένους · φθονεῖ
δ' οὐδεὶς τῷ δυστυχοῦντι. Ἀλλὰ καὶ τὸ ῥηθὲν ὑπό
τινος τῶν καθ' ἡμᾶς σοφιστῶν, ὅτι ἥδιστα οἱ φθο-
νοῦντες ἐλεοῦσιν, ἀληθές ἐστιν. Ὥστε καὶ ταύτην
μεγάλην εἶναι τῶν παθῶν διαφοράν, ὡς τὸ μὲν
μῖσος οὔτ' εὐτυχούντων, οὔτε δυστυχούντων, ἀφ-
ίστασθαι πέφυκεν· ὁ δὲ φθόνος πρὸς τὴν ἀμφοῖν ὑπερ-
βολὴν ἀπαγορεύει. (L'envie et la haine.)

53. *Comment nous devons nous conduire envers les personnes qui nous louent.* — *Démosthène, Périclès.*

Μᾶλλον εὐτυχίας οἱ ἄνθρωποι, ἢ ἀρετῆς ἡττᾶ-
σθαι βούλονται· τὸ μὲν ἀλλότριον ἀγαθὸν ἡγούμενοι,
τὸ δ' οἰκεῖον ἔλλειμμα καὶ παρ' αὐτοὺς γενόμενον.
Οὐχ ἥκιστα γοῦν λέγουσιν ἀρέσαι Λοκροῖς τὴν Ζα-
λεύκου νομοθεσίαν, ὅτι τὴν Ἀθηνᾶν ἔφασκεν αὐτῷ
φοιτῶσαν εἰς ὄψιν ἑκάστοτε, τοὺς νόμους ὑφηγεῖσθαι

---

1. Plutarque, dans la *Vie d'Alexandre*, ne s'explique pas
d'une manière aussi affirmative sur les causes de la mort de ce
prince.

καὶ διδάσκειν, αὐτοῦ δὲ μηδὲν εἶναι διανόημα, μηδὲν
βούλευμα τῶν εἰςφερομένων. Ἀλλὰ ταῦτα μὲν ἴσως
πρὸς τοὺς παντάπασι χαλεποὺς καὶ βασκάνους ἀνάγκη
τὰ φάρμακα καὶ τὰ παρηγορήματα μηχανᾶσθαι. Πρὸς
δὲ τοὺς μετρίους οὐκ ἄτοπόν ἐστι χρῆσθαι καὶ ταῖς
ἐπανορθώσεσι τῶν ἐπαίνων· εἴ τις ὡς λόγιον, ἢ πλού-
σιον, ἢ δυνατὸν ἐπαινοίη, κελεύοντα μὴ ταῦτα περὶ
αὐτοῦ λέγειν, ἀλλὰ μᾶλλον, εἰ χρηστὸς καὶ ἀβλαβὴς
καὶ ὠφέλιμος. Οὐ γὰρ εἰςφέρει τὸν ἔπαινον ὁ τοῦτο
ποιῶν, ἀλλὰ μετατίθησιν· οὐδὲ χαίρειν δοκεῖ τοῖς
ἐγκωμιάζουσιν αὐτόν, ἀλλὰ μᾶλλον ὅτι μὴ προς-
ηκόντως, μηδ’ ἐφ’ οἷς δεῖ, δυςχεραίνειν, καὶ ἀπο-
κρύπτειν τὰ φαυλότερα τοῖς βελτίοσιν, οὐκ ἐπαινεῖ-
σθαι βουλόμενος, ἀλλ’ ἐπαινεῖν, ὡς χρή, διδάσκων.
Τὸ γὰρ τοῦ Δημοσθένους · « Οὐ λίθοις ἐτείχισα τὴν
πόλιν, οὐδὲ πλίνθοις ἐγώ· ἀλλ’ ἐὰν τὸν ἐμὸν τει-
χισμὸν βούλῃ σκοπεῖν, εὑρήσεις καὶ ὅπλα καὶ ἵππους
καὶ συμμάχους, » τοιούτου τινὸς ἔοικεν ἅπτεσθαι·
καὶ τὸ τοῦ Περικλέους ἔτι μᾶλλον. Ὀλοφυρόμενοι γάρ,
ὡς ἔοικεν, ἤδη καταστρέφοντος αὐτοῦ, καὶ δυςφο-
ροῦντες, οἱ ἐπιτήδειοι τῶν στρατηγιῶν ἐμέμνηντο καὶ
τῆς δυνάμεως, καὶ ὅσα δὴ τρόπαια καὶ νίκας καὶ
πόλεις Ἀθηναίοις κτησάμενος ἀπολέλοιπεν· ὁ δέ,
μικρὸν ἐπαναστάς, ἐμέμψατο αὐτούς, « ὡς κοινὰ
πολλῶν, καὶ τῆς τύχης ἔνια μᾶλλον, ἢ τῆς ἀρετῆς,
ἐγκώμια λέγοντας· τὸ δὲ κάλλιστον καὶ μέγιστον
καὶ ἴδιον αὐτοῦ παραλιπόντας, ὅτι δι’ αὐτὸν οὐδεὶς
Ἀθηναίων μέλαν ἱμάτιον ἀνείληφε. » Τοῦτο δὴ τὸ
παράδειγμα καὶ ῥήτορι δίδωσιν, ἄνπερ ᾖ χρηστός,
ἐπαινουμένῳ περὶ λόγου δεινότητα, μεταθεῖναι τὸν
ἔπαινον ἐπὶ τὸν βίον καὶ τὸ ἦθος· καὶ στρατηγῷ
θαυμαζομένῳ δι’ ἐμπειρίαν πολεμικὴν ἢ δι’ εὐτυχίαν,

περὶ πρᾳότητός τε καὶ δικαιοσύνης αὐτοῦ παρρη-
σιάσασθαι· καὶ τοὐναντίον αὖ πάλιν, ὑπερφυῶν
τινων λεγομένων ἐπαίνων (οἶα πολλοὶ κολακεύοντες
ἐπίφθονα λέγουσιν), εἰπεῖν·

Οὗτις τοι θεός εἰμι· τί μ' ἀθανάτοισιν ἐΐσκεις¹;
(Louange de soi-même.)

54. Il n'appartient pas à l'homme de sonder la profondeur des jugements de Dieu.

Οὐκ ἰατροῦ μέν, ἰδιώτην ὄντα, συμβαλεῖν λο-
γισμόν, ὡς πρότερον οὐκ ἔτεμεν, ἀλλ' ὕστερον, οὐδὲ
χθὲς ἔλουσεν, ἀλλὰ σήμερον, ἔργον ἐστί· περὶ Θεοῦ
δέ, θνητὸν ῥᾴδιον ἢ βέβαιον εἰπεῖν ἄλλο, πλὴν ὅτι
τὸν καιρὸν εἰδὼς ἄριστα τῆς περὶ τὴν κακίαν ἰατρείας,
ὡς φάρμακον ἑκάστῳ προσφέρει τὴν κόλασιν, οὔτε
μεγέθους μέτρον κοινόν, οὔτε χρόνον ἕνα καὶ τὸν
αὐτὸν ἐπὶ πάντων ἔχουσαν. Ὅτι γὰρ ἡ περὶ τὴν
ψυχὴν ἰατρεία, δίκη δὲ καὶ δικαιοσύνη προσαγο-
ρευομένη, πασῶν ἐστι τεχνῶν μεγίστη, πρὸς μυρίοις
ἑτέροις καὶ Πίνδαρος ἐμαρτύρησεν, ἀριστοτέχναν
ἀνακαλούμενος τὸν ἄρχοντα καὶ κύριον ἁπάντων
Θεόν, ὡς δὴ δίκης ὄντα δημιουργόν, ᾗ προσήκει, τὸ
πότε καὶ πῶς καὶ μέχρι πόσου κολαστέον ἕκαστον
τῶν πονηρῶν, ὁρίζειν. Καὶ ταύτης φησὶ τῆς τέχνης
ὁ Πλάτων υἱὸν ὄντα τοῦ Διὸς γεγονέναι τὸν Μίνω
μαθητήν, ὡς οὐ δυνατὸν ἐν τοῖς δικαίοις κατορθοῦν,
οὐδ' αἰσθάνεσθαι τοῦ κατορθοῦντος, τὸν μὴ μαθόντα,
μηδὲ κτησάμενον τὴν ἐπιστήμην. Οὐδὲ γὰρ οὓς ἄν-

---

1. Quelqu'un s'étant approché de Jésus, lui dit : Διδάσκαλε
ἀγαθέ, bon maître! etc. Mais Jésus lui répondit : Τί με λέγεις
ἀγαθόν; οὐδεὶς ἀγαθὸς εἰ μὴ εἷς, ὁ Θεός.
(Μ ττη. XIX, 16.)

θρωποι νόμους τίθενται, τὸ εὔλογον ἁπλῶς ἔχουσι
καὶ πάντοτε φαινόμενον, ἀλλ' ἔνια καὶ δοκεῖ κομιδῇ
γελοῖα τῶν προσταγμάτων. Οἷον, ἐν Λακεδαίμονι
κηρύττουσιν οἱ Ἔφοροι παριόντες εὐθὺς εἰς τὴν ἀρχήν,
μὴ τρέφειν μύστακα, καὶ πείθεσθαι τοῖς νόμοις, ὡς
μὴ χαλεποὶ ὦσιν αὐτοῖς. Παραλογώτατον δὲ τὸ τοῦ
Σόλωνος, ἄτιμον εἶναι τὸν ἐν στάσει πόλεως μηδε-
τέρᾳ μερίδι προςθέμενον ¹, μηδὲ συστασιάσαντα.
Καὶ ὅλως πολλὰς ἄν τις ἐξείποι νόμων ἀτοπίας,
μήτε τὸν λόγον ἔχων τοῦ νομοθέτου, μήτε τὴν αἰτίαν
συνιεὶς ἑκάστου τῶν γραφομένων. Τί δὴ θαυμαστόν,
εἰ, τῶν ἀνθρωπίνων οὕτως ἡμῖν ὄντων δυςθεωρή-
των, οὐκ εὔπορόν ἐστι τὸ περὶ τῶν θεῶν εἰπεῖν,
ᾧτινι λόγῳ τοὺς μὲν ὕστερον, τοὺς δὲ πρότερον τῶν
ἁμαρτανόντων κολάζουσιν;

(Lenteur de la justice divine.)

**55. La destinée peut s'accorder avec notre liberté. —
Du possible t du contingent.**

Ἐξῆς ῥητέον, ὡς τό γ' ἐφ' ἡμῖν καὶ ἡ τύχη, τό τε
δυνατὸν καὶ τὸ ἐνδεχόμενον ², καὶ τὰ τούτων συγ-

1. Le but de cette loi était, qu'aucun citoyen ne fût indif-
férent aux malheurs publics, et que, content de mettre sa
personne et ses biens en sûreté, il ne pût se vanter de n'avoir
point ressenti les maux de sa patrie; mais que, se joignant
tout de suite au meilleur parti, il en partageât les périls, plu-
tôt que d'attendre, sans aucun risque, à voir de quel côté
pencherait la victoire.

2. Le possible, τὸ δυνατόν, comprend tout ce qui peut exi-
ster ou non; le contingent, τὸ ἐνδεχόμενον, peut être ou ne
pas être; mais l'une des deux actions qu'il renferme existera.
Par exemple, il est possible qu'un simple particulier devienne
un grand prince; mais cet événement, quoique possible,

*4

γενῆ ταχθέντα ἐν τοῖς προηγουμένοις, αὐτά τε
σώζοιτ' ἄν, καὶ τὴν εἱμαρμένην σώζοι. Ἡ μὲν γὰρ
εἱμαρμένη πάντα περιέχει, καθάπερ καὶ δοκεῖ· τὰ
δ' οὐκ ἐξ ἀνάγκης γενήσεται, ἀλλ' ἕκαστον αὐτῶν,
οἷον καὶ πέφυκεν εἶναι. Πέφυκε δὲ τὸ δυνατόν, ὡς
γένος, προϋφεστάναι τοῦ ἐνδεχομένου· τὸ δ' ἐνδε-
χόμενον, ὡς ὕλη τῶν ἐφ' ἡμῖν, προϋποκεῖσθαι· τὸ
δ' ἐφ' ἡμῖν, ὡς κύριον χρῆσθαι τῷ ἐνδεχομένῳ· ἡ
δὲ τύχη παρεμπίπτει τῷ ἐφ' ἡμῖν, διὰ τὴν ἐφ'
ἑκάτερα ῥοπὴν τοῦ ἐνδεχομένου. Μάθοις δ' ἂν τὸ
λεγόμενον σαφῶς ἐννοήσας, ὡς τὸ γινόμενον ἅπαν
καὶ ἡ γένεσις αὐτή, οὐ δίχα δυνάμεως, ἡ δὲ δύνα-
μις, οὐκ ἄνευ οὐσίας. Οἷον, ἀνθρώπου εἴτε γένεσις,
εἴτε γενητόν, οὐκ ἄνευ τῆς δυνάμεως· αὕτη δὲ περὶ
ἄνθρωπον, οὐσία δὲ ὁ ἄνθρωπος. Ἀπὸ δὲ τῆς δυνά-
μεως μεταξὺ οὔσης, ἡ μὲν οὐσία δυνάμενον, ἡ δὲ
γένεσις καὶ τὸ γινόμενον, ἄμφω δυνατά. Τριῶν τοί-
νυν τούτων, δυνάμεως καὶ δυναμένου καὶ δυνατοῦ,
δυνάμεως μὲν ὡς τὸ εἶναι προϋπόκειται τὸ δυνάμε-
νον, δυνατοῦ δὲ ἡ δύναμις προϋφίσταται.

(De la destinée.)

56. *L'enflure et la vanité ne sont que la fumée de la*
philosophie.

Ὦ Ἡράκλεις! ὡς ἔργον ἐστὶν εὑρεῖν ἄνδρα καθα-
ρεύοντα τύφου καὶ δεισιδαιμονίας! Οἱ μὲν γὰρ ἄκον-
τες ὑπὸ τῶν παθῶν τούτων ἁλίσκονται δι' ἀπειρίαν
ἢ δι' ἀσθένειαν· οἱ δέ, ὡς θεοφιλεῖς καὶ περιττοί

n'arrivera peut-être jamais. Mon ami viendra me voir, ou il
ne viendra pas : voilà deux choses contingentes, dont l'une ou
l'autre sera. Le possible est donc un genre, par rapport au
contingent.   RICARD.)

τινες εἶναι δοκοῖεν, ἐπιθειάζουσι τὰς πράξεις, ὀνεί-
ρατα καὶ φάσματα, καὶ τοιοῦτον ἄλλον ὄγκον προ-
ϊστάμενοι τῶν ἐπὶ νοῦν ἰόντων. Ὁ πολιτικοῖς μὲν
ἀνδράσι, καὶ πρὸς αὐθάδη καὶ ἀκόλαστον ὄχλον
ἠναγκασμένοις ζῆν, οὐκ ἄχρηστον ἴσως ἐστίν, ὥσπερ
ἐκ χαλινοῦ τῆς δεισιδαιμονίας πρὸς τὸ συμφέρον
ἀντισπάσαι καὶ μεταστῆσαι τοὺς πολλούς· φιλοσο-
φίας δ' οὐ μόνον ἔοικεν ἀσχήμων ὁ τοιοῦτος εἶναι
σχηματισμός, ἀλλὰ καὶ πρὸς τὴν ἐπαγγελίαν ἐναν-
τίος, ἢ πᾶν ἐπαγγειλαμένη λόγῳ τἀγαθὸν καὶ τὸ
συμφέρον διδάσκειν, εἰς θεοὺς ἐπαναχωρεῖ τῆς τῶν
πράξεων ἀρχῆς, ὡς τοῦ λόγου καταφρονοῦσα, καὶ
τὴν ἀπόδειξιν, ᾗ δοκεῖ διαφέρειν, ἀτιμάσασα, πρὸς
μαντεύματα τρέπεται καὶ ὀνειράτων ὄψεις· ἐν οἷς ὁ
φαυλότατος οὐχ ἧττον τῷ κατατυγχάνειν πολλάκις
φέρεται τοῦ κρατίστου. Διὸ καὶ Σωκράτης [1] δοκεῖ
μοι φιλοσοφώτερον χαρακτῆρα παιδείας καὶ λόγου
περιβάλλεσθαι, τὸ ἀφελὲς τοῦτο καὶ ἄπλαστον, ὡς
ἐλευθέριον καὶ μάλιστα φίλον ἀληθείας ἑλόμενος·
τὸν δὲ τύφον, ὥσπερ τινὰ καπνὸν φιλοσοφίας, εἰς
τοὺς σοφιστὰς ἀποσκεδάσας.

(Génie de Socrate.)

57. *L'imagination grossit souvent l'idée de nos maux.*

Τῶν λόγων ἀρίστους καὶ βεβαιοτάτους, ὥσπερ
τῶν φίλων, φασὶν εἶναι τοὺς ἐν ταῖς συμφοραῖς
παρόντας ὠφελίμως καὶ βοηθοῦντας· ἐπεὶ πάρεισί

1. Socrate fut le premier qui, des discussions physiques et
métaphysiques, qui jusqu'à lui avaient presque fait le seul
objet de la philosophie, la tourna du côté de la morale, et la
fit servir à l'emploi bien plus noble et bien plus utile, de don-
ner aux hommes des leçons de sagesse et de vertu.

γε πολλοὶ καὶ προςδιαλέγονται τοῖς ἐπταικόσιν, ἀλλ' ἀχρήστως, μᾶλλον δὲ βλαβερῶς· καθάπερ ἀκόλυμβοι πνιγομένοις ἐπιχειροῦντες βοηθεῖν, περιπλεκόμενοι καὶ συγκαταδύνοντες. Δεῖ δὲ τὸν παρὰ τῶν φίλων καὶ τῶν βοηθούντων λόγον παρηγορίαν εἶναι, μὴ συνηγορίαν, τοῦ λυποῦντος. Οὐ γὰρ συνδακρυόντων καὶ συνεπιθρηνούντων, ὥςπερ χορῶν τραγικῶν [1], ἐν τοῖς ἀβουλήτοις, χρείαν ἔχομεν, ἀλλὰ παρρησιαζομένων, καὶ διδασκόντων, ὅτι τὸ λυπεῖσθαι καὶ τὸ ταπεινοῦν ἑαυτόν, ἐπὶ παντὶ μὲν ἄχρηστόν ἐστι καὶ γινόμενον κενῶς καὶ ἀνοήτως· ὅπου δ' αὐτὰ τὰ πράγματα δίδωσιν, ὑπὸ τοῦ λόγου ψηλαφηθέντα καὶ ἀνακαλυφθέντα, πρὸς ἑαυτὸν εἰπεῖν·

Οὐδὲν πέπονθας δεινόν, ἂν μὴ προςποιῇ·

κομιδῇ γελοῖόν ἐστιν, μὴ τῆς σαρκὸς πυνθάνεσθαι, τί πέπονθε, μηδὲ τῆς ψυχῆς, εἰ διὰ τὸ σύμπτωμα τοῦτο χείρων γέγονεν, ἀλλὰ τοῖς ἔξωθεν συναγθομένοις καὶ συναγανακτοῦσι, διδασκάλοις χρῆσθαι τῆς λύπης. Ὅθεν αὐτοὶ καθ' αὐτοὺς γινόμενοι περὶ τῶν συμπτωμάτων, ὥςπερ φορτίων, ἑκάστου τὸν θυμὸν ἐξετάζομεν. Τὸ μὲν γὰρ σῶμα πιέζεται τῷ τοῦ βαρύνοντος ἄχθει, ἡ δὲ ψυχὴ τοῖς πράγμασι πολλάκις τὸ βάρος ἐξ αὐτῆς προςτίθησιν. Ὁ λίθος φύσει σκληρός, ὁ κρύσταλλος φύσει ψυχρός ἐστιν, οὐκ ἔξωθεν εἰκῆ ταύτας τὰς ἀντιτυπίας ἐπιφέροντες καὶ τὰς πήξεις· φυγὰς δὲ καὶ ἀδοξίας καὶ τιμῶν ἀποβολάς,

1. Les fonctions des chœurs, dans les tragédies, étaient d'entrer dans les sentiments et dans les situations de ceux dont ils défendaient les intérêts. *Voyez* Horace, *Art poét.* 290.— *Ille bonis faveat*, etc.

ὥςπερ αὖ τἀναντία, στεφάνους καὶ ἀρχὰς καὶ προ-
εδρίας, οὐ τὴν αὐτῶν φύσιν, ἀλλὰ τὴν ἡμετέραν κρί-
σιν μέτρον ἔχοντα τοῦ λυπεῖν καὶ εὐφραίνειν, ἕκαστος
ἑαυτῷ κοῦφα καὶ βαρέα καὶ ῥᾴδια φέρειν ποιεῖ· καί
τοὐναντίον.   (Dc l'exil.)

58. *Il ne faut pas se laisser abattre par l'adversité.*

Ἀεὶ μὲν ἡ περὶ τὸ Θεῖον εὐφημία καὶ τὸ πρὸς
τὴν τύχην ἵλεων καὶ ἀμεμφές, καλὸν καὶ ἡδὺν ἀπο-
δίδωσι καρπόν· ἐν δὲ τοῖς τοιούτοις, ὁ μάλιστα
τῆς μνήμης τῶν ἀγαθῶν ἀπαρυτόμενος, καὶ τοῦ
βίου πρὸς τὰ φωτεινὰ καὶ λαμπρὰ μεταστρέφων
καὶ μεταφέρων ἐκ τῶν σκοτεινῶν καὶ ταρακτικῶν
τὴν διάνοιαν, ἢ παντάπασιν ἔσβεσε τὸ λυποῦν, ἢ τῇ
πρὸς τοὐναντίον μίξει μικρὸν καὶ ἀμαυρὸν ἐποίησεν.
Ὥςπερ γὰρ τὸ μύρον αἰεὶ μὲν εὐφραίνει τὴν ὄσφρη-
σιν, πρὸς δὲ τὰ δυςώδη φάρμακόν ἐστιν· οὕτως ἡ
ἐπίνοια τῶν ἀγαθῶν, ἐν τοῖς κακοῖς καὶ βοηθήματος
ἀναγκαίου παρέχεται χρείαν, τοῖς μὴ φεύγουσι τὸ
μεμνῆσθαι τῶν χρηστῶν, μηδὲ πάντα καὶ πάντως
μεμφομένοις τὴν τύχην. Ὅπερ ἡμῖν παθεῖν οὐ προς-
ήκει, συκοφαντοῦσι τὸν ἑαυτῶν βίον, εἰ μίαν ἔσχηκεν
ὥςπερ βιβλίον ἀλοιφὴν ἐν πᾶσι καθαροῖς καὶ ἀκε-
ραίοις τοῖς ἄλλοις. Ὅτι μὲν γὰρ ἐξ ὀρθῶν ἐπιλογι-
σμῶν εἰς εὐσταθῆ διάθεσιν τελευτώντων ἤρτηται τὸ
μακάριον, αἱ δ' ἀπὸ τῆς τύχης τροπαὶ μεγάλας
ἀποκλίσεις οὐ ποιοῦσιν, οὐδ' ἐπιφέρουσι συντυχικὰς
ὀλισθήσεις τοῦ βίου, πολλάκις ἀκήκοας. Εἰ δὲ δεῖ
καὶ ἡμᾶς, καθάπερ οἱ πολλοί, τοῖς ἔξωθεν κυβερ-
νᾶσθαι πράγμασι, καὶ τὰ παρὰ τῆς τύχης ἀπαρι-
θμεῖν, καὶ κριταῖς χρῆσθαι πρὸς εὐδαιμονίαν τοῖς

ἐπιτυγοῦσιν ἀνθρώποις, μὴ σκόπει τὰ νῦν δάκρυα καὶ τὰς ἐπιθρηνήσεις τῶν εἰςιόντων, ἔθει τινὶ φαύλῳ περαινομένας πρὸς ἕκαστον, ἀλλ᾽ ἐννόει μᾶλλον, ὡς ζηλουμένη διατελεῖς ὑπὸ τούτων, ἐπὶ τέκνοις, καὶ οἴκῳ καὶ βίῳ. Καὶ δεινόν ἐστιν, ἑτέρους μὲν ἡδέως ἂν ἑλέσθαι τὴν σὴν τύχην, καὶ τούτου προσόντος, ἐφ᾽ ᾧ νῦν ἀνιώμεθα ¹, σὲ δ᾽ ἐγκαλεῖν καὶ δυςφορεῖν παρούσης, καὶ μηδ᾽ ἀπ᾽ αὐτοῦ τοῦ δάκνοντος αἰσθάνεσθαι, πηλίκας ἔχει τὰ σωζόμενα χάριτας ἡμῖν· ἀλλ᾽ ὥςπερ οἱ τοὺς ἀκεφάλους καὶ μειούρους Ὁμήρου στίχους ἐκλέγοντες, τὰ δὲ πολλὰ καὶ μεγάλα τῶν πεποιημένων ὑπερευπαρορῶντες, οὕτως ἐξακριβοῦν καὶ συκοφαντεῖν τοῦ βίου τὰ φαῦλα, τοῖς δὲ χρηστοῖς ἀνάρθρως καὶ συγκεχυμένως ἐπιβάλλουσαν, ὅμοιόν τι τοῖς ἀνελευθέροις καὶ φιλαργύροις πάσχειν, οἱ πολλὰ συνάγοντες οὐ χρῶνται παροῦσιν, ἀλλὰ θρηνοῦσι καὶ δυςφοροῦσιν ἀπολομένων.

(Consolation à sa femme.)

59. *L'imitation de la colère et de la douleur nous cause du plaisir, tandis qu'une colère et une douleur véritables nous affligent.*

Φύσει λογικοὶ καὶ φιλότεχνοι γεγονότες, πρὸς τὸ λογικῶς καὶ τεχνικῶς πραττόμενον οἰκείως διακείμεθα, καὶ θαυμάζομεν, ἂν ἐπιτυγχάνηται. Καθάπερ γὰρ ἡ μέλιττα τῷ φιλόγλυκυς εἶναι, πᾶσαν ὕλην, ἥ τι μελιτῶδες ἐγκέκραται περιέπει καὶ διώκει· οὕτως ὁ ἄνθρωπος, γεγονὼς φιλότεχνος καὶ φιλόκαλος, πᾶν ἀποτέλεσμα καὶ πρᾶγμα νοῦ καὶ λόγου μετέχον, ἀσπάζεσθαι καὶ ἀγαπᾶν πέφυκεν. Εἰ γοῦν παιδίῳ μικρῷ προςθείη τις ὁμοῦ μικρὸν μὲν ἄρτον,

1. Plutarque cherche ici à consoler une femme qui vient de perdre une fille chérie ; et cette mère est sa propre femme.

ὁμοῦ δὲ πεπλασμένον ἐκ τῶν ἀλεύρων κυνίδιον, ἢ
βοΐδιον, ἐπὶ τοῦτ᾽ ἂν ἴδοις φερόμενον· καὶ ὁμοίως εἴ
τις ἀργύριον ἄσημον, ἕτερος δὲ ζώδιον ἀργυροῦν, ἢ
ἔκπωμα, παρασταίη διδούς, τοῦτ᾽ ἂν λάβοι μᾶλλον,
ᾧ τὸ τεχνικὸν καὶ λογικὸν ἐνορᾷ καταμεμιγμένον.
Ὅθεν καὶ τῶν λόγων τοῖς ᾐνιγμένοις χαίρουσι μᾶλ-
λον οἱ τηλικοῦτοι, καὶ τῶν παιδιῶν ταῖς περιπλοκήν
τινα καὶ δυσκολίαν ἐχούσαις· ἕλκει γὰρ ὡς οἰκεῖον
ἀδιδάκτως τὴν φύσιν τὸ γλαφυρὸν καὶ πανοῦργον.
Ἐπεὶ τοίνυν ὁ μὲν ἀληθῶς ὀργιζόμενος, ἢ λυπούμε-
νος, ἔν τισι κοινοῖς πάθεσι καὶ κινήμασιν ὁρᾶται, τῇ
δὲ μιμήσει πανουργία τις ἐμφαίνεται καὶ πιθανότης,
ἄν περ ἐπιτυγχάνηται· τούτοις μὲν ἥδεσθαι πεφύ-
καμεν, ἐκείνοις δ᾽ ἀχθόμεθα. Καὶ γὰρ ἐπὶ τῶν θεα-
μάτων ὅμοια πεπόνθαμεν, ἀνθρώπους μὲν γὰρ ἀπο-
θνήσκοντας καὶ νοσοῦντας ἀνιαρῶς ὁρῶμεν· τὸν δὲ
γεγραμμένον Φιλοκτήτην [1], καὶ τὴν πεπλασμένην
Ἰοκάστην, ἧς φασιν εἰς τὸ πρόσωπον ἀργύρου τι συμ-
μῖξαι τὸν τεχνίτην, ὅπως ἐκλιπόντος ἀνθρώπου καὶ
μαραινομένου λάβη περιφάνειαν ὁ χαλκός, ἡδόμεθα
ὁρῶντες καὶ θαυμάζομεν. Τοῦτο δὲ καὶ τεκμήριόν
ἐστι μέγα τοῖς Κυρηναϊκοῖς [2] πρὸς τοὺς Ἐπικου-
ρείους, τοῦ μὴ περὶ τὴν ὄψιν εἶναι, μηδὲ περὶ τὴν
ἀκοήν, ἀλλὰ περὶ τὴν διάνοιαν ἡμῶν, τὸ ἡδόμενον
ἐπὶ τοῖς ἀκούσμασι καὶ θεάμασιν. Ἀλεκτορὶς γὰρ
βοῶσα συνεχῶς καὶ κορώνη, λυπηρὸν ἄκουσμα καὶ
ἀηδές ἐστιν· ὁ δὲ μιμούμενος ἀλεκτορίδα βοῶσαν

1. Le tableau de Philoctète, peint par Aristophon, et la
Jocaste expirante, ouvrage du statuaire Silanion.

2. Les Cyrénaïques étaient les disciples d'Aristippe, natif
de Cyrène en Afrique. C'étaient les plus grands adversaires
des Épicuriens.

καὶ κορώνην, εὐφραίνει. Καὶ φθισικοὺς μεν ὁρῶντες,
δυςχεραίνομεν · ἀνδριάντας δὲ καὶ γραφὰς φθισικῶν
ἡδέως θεώμεθα, τῷ τὴν διάνοιαν ὑπὸ τῶν μιμημά-
των ἄγεσθαι κατὰ τὸ οἰκεῖον. Ἐπεὶ τί πάσχοντες, ἢ
τίνος ἔξωθεν γενομένου πάθους, τὴν Παρμένοντος
ὗν ¹ οὕτως ἐθαύμασαν, ὥστε παροιμιώδη γενέσθαι;
Καίτοι φασὶ τοῦ Παρμένοντος εὐδοκιμοῦντος ἐπὶ τῇ
μιμήσει, ζηλοῦντας ἑτέρους ἀντεπιδείκνυσθαι · προ-
κατειλημμένων δὲ τῶν ἀνθρώπων καὶ λεγόντων ·
« Εὖ μέν, ἀλλ' οὐδὲν πρὸς τὴν Παρμένοντος ὗν · » ἕνα
λαβόντα δελφάκιον ὑπὸ μάλης, προελθεῖν · ἐπεὶ δὲ
καὶ τῆς ἀληθινῆς φωνῆς ἀκούοντες ὑπεφθέγγοντο ·
« Τί οὖν αὕτη πρὸς τὴν Παρμένοντος; » συναφεῖναι
τὸ δελφάκιον εἰς τὸ μέσον, ἐξελέγχοντα τῆς κρίσεως
τὸ πρὸς δόξαν, οὐ πρὸς ἀλήθειαν · ᾧ μάλιστα δῆλόν
ἐστιν, ὅτι τὸ αὐτὸ τῆς αἰσθήσεως πάθος οὐχ ὁμοίως
διατίθησι τὴν ψυχήν, ὅταν μὴ προσῇ δόξα τοῦ λογι-
κῶς ἢ φιλοτίμως περαίνεσθαι τὸ γενόμενον.

(Symposiaques.)

60. *Propriétés et fonctions des Muses.*

Πλάτων, ὥσπερ ἴχνεσι, τοῖς ὀνόμασι τῶν θεῶν
ἀνευρίσκειν οἴεται τὰς δυνάμεις · καὶ ἡμεῖς ὁμοίως
μὲν τιθῶμεν ἐν οὐρανῷ καὶ περὶ τὰ οὐράνια μίαν τῶν
Μουσῶν, ἢ Οὐρανία ² φαίνεται · καὶ εἰκὸς ἐκεῖνα μὴ
πολλῆς μηδὲ ποικίλης κυβερνήσεως δεῖσθαι, μίαν

1. *Voir* la fable de Phèdre intitulée *Scurra et Rusticus*,
Livre V, fable 5.
2. Dans la dénomination des neuf livres dont se compose
l'histoire d'Hérodote, les neuf Muses sont classées ainsi qu'il
suit : Κλειώ, Εὐτέρπη, Θάλεια, Μελπομένη, Τερψιχόρη,
Ἐρατώ, Πολύμνεια, Οὐρανία, Καλλιόπη.

ἔχοντα καὶ ἁπλῆν αἴτιον φύσιν· ὅπου δὲ πολλαὶ
πλημμέλειαι, πολλαὶ δ᾽ ἀμετρίαι καὶ παραβάσεις,
ἐνταῦθα τὰς ὀκτὼ μετοικιστέον, ἄλλην ἄλλο κακίας
καὶ ἀναρμοστίας εἶδος ἐπανορθουμένας. Ἐπεὶ δὲ τοῦ
βίου τὸ μὲν σπουδῇ, τὸ δὲ παιδιᾷ μέρος ἐστί, καὶ
δεῖται τοῦ μουσικῶς καὶ μετρίως, τὸ μὲν σπουδάζον
ἡμῶν ἥ τε Καλλιόπη, καὶ ἡ Κλειώ, καὶ ἡ Θάλεια
τῆς περὶ Θεοὺς ἐπιστήμης καὶ Θέας ἡγεμὼν οὖσα,
δόξουσιν ἐπιστρέφειν καὶ συγκατορθοῦν· αἱ δὲ λοι-
παὶ τὸ μεταβάλλον ἐφ᾽ ἡδονὴν καὶ παιδιάν, ὑπ᾽
ἀσθενείας μὴ περιορᾶν ἀνιέμενον ἀκολάστως καὶ
θηριωδῶς, ἀλλ᾽ ὀρχήσει καὶ ᾠδῇ καὶ χορείᾳ ῥυθμὸν
ἐχούσῃ, καὶ ἁρμονίᾳ καὶ λόγῳ κεραννύμενον, εὐσχη-
μόνως καὶ κοσμίως ἐκδέχεσθαι καὶ παραπέμπειν.
Ἐγὼ μέντοι, τοῦ Πλάτωνος ἐν ἑκάστῳ δύο πράξεων
ἀπολείποντος ἀρχάς, τὴν μέν, ἔμφυτον ἐπιθυμίαν
ἡδονῶν, τὴν δέ, ἐπείσακτον δόξαν ἐφιεμένην τοῦ
ἀρίστου, καὶ τὸ μὲν λόγον, τὸ δὲ πάθος ἐστὶν ὅτε κα-
λοῦντος, ἑτέρας δ᾽ αὖ πάλιν τούτων ἑκατέρου διαφο-
ρὰς ἔχοντος, ἑκάστην ὁρῶ μεγάλης καὶ Θείας ὡς
ἀληθῶς παιδαγωγίας δεομένην. Αὐτίκα, τοῦ λόγου
τὸ μέν ἐστι πολιτικὸν καὶ βασιλικόν, ἐφ᾽ ᾧ τὴν Καλ-
λιόπην τετάχθαι φησὶν ὁ Ἡσίοδος· τὸ φιλότιμον δὲ
ἡ Κλειὼ μάλιστα κυδαίνειν καὶ συνεπιγαυροῦν εἴλη-
χεν· ἡ δὲ Πολύμνεια τοῦ φιλομαθοῦς ἐστι καὶ μνη-
μονικοῦ τῆς ψυχῆς· διὸ καὶ Σικυώνιοι τῶν τριῶν
Μουσῶν μίαν Πολυμάθειαν καλοῦσι. Εὐτέρπῃ δὲ πᾶς
ἄν τις ἀποδοίη τὸ Θεωρητικὸν τῆς περὶ φύσιν ἀλη-
θείας, οὔτε καθαρωτέρας, οὔτε καλλίους ἑτέρῳ γένει
παραλιπὼν εὐπαθείας καὶ τέρψεις· τῆς δ᾽ ἐπιθυμίας
τὸ μὲν περὶ ἐδωδὴν καὶ πόσιν ἡ Θάλεια κοινωνητι-
κὸν ποιεῖ καὶ συμποτικὸν ἐξ ἀπανθρώπου καὶ Θη-

ριώδους· διὸ τοὺς φιλοφρόνως καὶ ἱλαρῶς συνιόντας
ἀλλήλοις ἐν οἴνῳ θαλιάζειν λέγομεν, οὐ τοὺς ὑβρί-
ζοντας καὶ παροινοῦντας. Ταῖς δὲ περὶ συνουσίαν
σπουδαῖς ἡ Ἐρατὼ παροῦσα μετὰ πειθοῦς, ὡς λόγου
ἐχούσης καὶ καιρόν, ἐξαίρει καὶ κατασβέννυσι τὸ
μαλακὸν τῆς ἡδονῆς καὶ οἰστρῶδες, εἰς φιλίαν καὶ
πίστιν, οὐχ ὕβριν οὐδ' ἀκολασίαν τελευτώσης. Τὴν
δὲ τῶν ὤτων καὶ ὀφθαλμῶν ἡδονήν (εἴτε τῷ λόγῳ
μᾶλλον, εἴτε τῷ πάθει προςῆκον, εἴτε κοινὸν ἀμφοῖν
ἐστιν), αἱ λοιπαὶ δύο, Μελπομένη καὶ Τερψιχόρη,
παραλαβοῦσαι κοσμοῦσιν· ὥστε τὴν μὲν εὐφροσύνην,
μὴ κήλησιν, εἶναι, τὴν δὲ μὴ γοητείαν, ἀλλὰ τέρψιν.

(Symposiaques.)

61. *Dévouement héroïque.* — *Sabinus et Empone.*

Ἰούλιος, ὁ τὴν ἐν Γαλατίᾳ κινήσας ἀπόστασιν,
ἄλλους τε πολλοὺς (ὡς εἰκὸς) ἔσχε κοινωνούς, καὶ
Σαβῖνον, ἄνδρα νέον, οὐκ ἀγεννῆ, πλούτῳ δὲ καὶ
δόξῃ ἀνθρώπων πάντων ἐπιφανέστατον. Ἁψάμενοι δὲ
πραγμάτων μεγάλων ἐσφάλησαν, καὶ δίκην δώσειν
προςδοκῶντες, οἱ μὲν αὑτοὺς ἀνήρουν, οἱ δὲ φεύγον-
τες ἡλίσκοντο· τῷ δὲ Σαβίνῳ τὰ μὲν ἄλλα πράγματα
ῥᾳδίως παρεῖχεν ἐκ ποδῶν γενέσθαι καὶ καταφυγεῖν
εἰς τοὺς βαρβάρους· ἦν δὲ γυναῖκα πασῶν ἀρίστην
ἡγμένος, ἣν ἐκεῖ μὲν Ἐμπονὴν ἐκάλουν, Ἑλληνιστὶ
δ' ἄν τις Ἡρωΐδα προςαγορεύσειε· ταύτην οὔτ' ἀπο-
λιπεῖν δυνατὸς ἦν, οὔτε μεθ' ἑαυτοῦ κομίζειν. Ἔχων
οὖν κατ' ἀγρὸν ἀποθήκας χρημάτων ὀρυκτὰς ὑπο-
γείους, ἃς δύο μόνοι τῶν ἀπελευθέρων συνήδεισαν,
τοὺς μὲν ἄλλους ἀπήλλαξεν οἰκέτας, ὡς μέλλων
φαρμάκοις ἀναιρεῖν ἑαυτόν· δύο δὲ πιστοὺς παραλα-
βών, εἰς τὰ ὑπόγεια κατέβη· πρὸς δὲ τὴν γυναῖκα

Μαρτάλιον ἔπεμψεν, ἀπελεύθερον, ἀπαγγελοῦντα τε-
θνᾶναι μὲν ὑπὸ φαρμάκων, συμπεφλέχθαι δὲ μετὰ
τοῦ σώματος τὴν ἔπαυλιν· ἐβούλετο γὰρ τῷ τῆς
γυναικὸς ἀληθινῶς πενθεῖν πρὸς πίστιν τῆς λεγομέ-
νης τελευτῆς χρῆσθαι· ὃ καὶ συνέβη. Ῥίψασα γὰρ,
ὅπως ἔτυχε, τὸ σῶμα μετὰ οἴκτων καὶ ὀλοφυρμῶν,
ἡμέρας τρεῖς καὶ νύκτας ἄσιτος διεκαρτέρησε. Ταῦτα
δὲ ὁ Σαβῖνος πυνθανόμενος, καὶ φοβηθείς, μὴ δια-
φθείρῃ παντάπασιν ἑαυτήν, ἐκέλευσε φράσαι κρύφα
τὸν Μαρτάλιον πρὸς αὐτήν, ὅτι ζῇ καὶ κρύπτεται,
δεῖται δ᾽ αὐτῆς ὀλίγον ἐμμεῖναι τῷ πένθει, καὶ μηδὲ
κωλύειν τὴν αὐτοῦ τελευτὴν πιθανὴν ἐν τῇ προσ-
ποιήσει γενέσθαι. Τὰ μὲν οὖν ἄλλα παρὰ τῆς γυναι-
κὸς ἐναγωνίως συνετραγῳδεῖτο τῇ δόξῃ τοῦ πάθους·
ἐκεῖνον δ᾽ ἰδεῖν ποθοῦσα, νυκτὸς ᾤχετο, καὶ πάλιν
ἐπανῆλθεν. Ἐκ δὲ τούτου λανθάνουσα τοὺς ἄλλους,
ὀλίγον ἀπέδει συζῆν ἐν ᾅδου τῷ ἀνδρὶ πλέον ἑξῆς
ἑπτὰ μηνῶν· ἐν οἷς κατασκευάσασα τὸν Σαβῖνον
ἐσθῆτι καὶ κουρᾷ καὶ καταδέσει τῆς κεφαλῆς ἄγνω-
στον, εἰς Ῥώμην ἐκόμισε μεθ᾽ ἑαυτῆς, ἐλπίδων τινῶν
ἐνδεδομένων· πράξασα δ᾽ οὐδέν, αὖθις ἐπανῆλθε. Τὰς
δὲ ὠδῖνας αὐτὴ καθ᾽ ἑαυτὴν ἐκεῖ διήνεγκεν, ὥσπερ
ἐν φωλεῷ λέαινα καταδῦσα πρὸς τὸν ἄνδρα, καὶ
τοὺς γενομένους ὑπεθρέψατο σκύμνους ἄρρενας· δύο
γὰρ ἔτεκε. Τῶν δὲ υἱῶν ὁ μὲν ἐν Αἰγύπτῳ πεσὼν
ἐτελεύτησεν, ὁ δὲ ἕτερος ἄρτι καὶ πρώην γέγονεν ἐν
Δελφοῖς παρ᾽ ἡμῖν, ὄνομα Σαβῖνος. Ἀποκτείνει μὲν
οὖν αὐτὴν ὁ Καῖσαρ· ἀποκτείνας δὲ δίδωσι δίκην,
ἐν ὀλίγῳ χρόνῳ τοῦ γένους παντὸς ἄρδην ἀναιρεθέν-
τος [1]. Οὐδὲν γὰρ ἤνεγκεν ἡ τότε ἡγεμονία σκυθρω-

---

1. Il paraît par cet endroit que ce récit a été écrit après la
mort de Domitien, le dernier des fils de Vespasien. — Tacite

πότερον, οὐδὲ μᾶλλον ἑτέραν εἰκὸς ἦν καὶ θεοὺς
καὶ δαίμονας ὄψιν ἀποστραφῆναι. Καίτοι τὸν οἶ-
κτον ἐξῄρει τῶν θεωμένων τὸ θαῤῥαλέον αὐτῆς
καὶ μεγαλήγορον, ᾧ καὶ μάλιστα παρώξυνε τὸν
Οὐεσπασιανόν, ὡς ἀπέγνω τῆς σωτηρίας πρὸς αὐ-
τὸν ἀλλαγὴν κελεύουσα· βεβιωκέναι γὰρ ὑπὸ σκότῳ
κατὰ γῆς ἥδιον, ἢ βασιλεύοντα ἐκεῖνον.

(Sur l'amour.)

62. *Il n'est pas de soin plus important pour un phi-
losophe que d'instruire un prince.*

Ἐμοὶ μὲν δοκεῖ καὶ λυροποιὸς ἀνὴρ ἥδιον λύραν
ἐργάσασθαι καὶ προθυμότερον, μαθών, ὡς ὁ ταύτην
κτησάμενος τὴν λύραν μέλλει τὸ Θηβαίων ἄστυ
τειχίζειν, ὡς ὁ Ἀμφίων, ἢ τὴν Λακεδαιμονίων στάσιν
παύειν ἐπάδων καὶ παραμυθούμενος, ὡς Θαλῆς·
καὶ τέκτων ὁμοίως, πηδάλιον δημιουργῶν ἡσθῆναι,
πυθόμενος, ὅτι τοῦτο τὴν Θεμιστοκλέους ναυαρχίδα
κυβερνήσει προπολεμοῦσαν τῆς Ἑλλάδος, ἢ τὴν Πομ-
πηίου τὰ πειρατικὰ καταναυμαχοῦντος. Τί οὖν οἴει
περὶ τοῦ λόγου τὸν φιλόσοφον, διανοούμενον, ὡς ὁ
τοῦτον παραλαβὼν πολιτικὸς ἀνὴρ καὶ ἡγεμονικός,
κοινὸν ὄφελος ἔσται, δικαιοδοτῶν, νομοθετῶν, κολά-
ζων τοὺς πονηρούς, αὔξων τοὺς ἐπιεικεῖς καὶ ἀγα-
θούς; Ἐμοὶ δὲ δοκεῖ καὶ ναυπηγὸς ἀστεῖος ἥδιον
ἐργάσασθαι πηδάλιον, πυθόμενος, ὅτι τοῦτο τὴν
Ἀργὼ κυβερνήσει πᾶσι μέλουσαν· καὶ τεκτονικὸς
οὐκ ἂν οὕτω κατασκευάσαι ἄροτρον προθύμως ἢ
ἅμαξαν, ὡς τοὺς ἄξονας ¹ οἷς ἔμελλε Σόλων τοὺς

(*Hist.* IV, 67) appelle l'épouse de Sabinus *Eponine*; et Xiphi-
lin lui donne le nom de *Péponile*.

1. Solon fit graver ses lois sur des tablettes de bois sem-

νόμους ἐγχαράξειν. Καὶ μὴν οἱ λόγοι τῶν φιλοσό-
φων, ἐὰν ψυχαῖς ἡγεμονικῶν καὶ πολιτικῶν ἀνδρῶν
ἐγγραφῶσι βεβαίως καὶ κρατήσωσι, νόμων δύνα-
μιν λαμβάνουσιν. Ἦ καὶ Πλάτων εἰς Σικελίαν ἔπλευ-
σεν, ἐλπίζων, τὰ δόγματα νόμους καὶ ἔργα ποιή-
σειν ἐν τοῖς Διονυσίου πράγμασιν · ἀλλ' εὗρε Διο-
νύσιον, ὥσπερ βιβλίον παλίμψηστον, ἤδη μολυσμῶν
ἀνάπλεων, καὶ τὴν βαφὴν οὐκ ἀνιέντα τῆς τυραν-
νίδος, ἐν πολλῷ χρόνῳ δευσοποιὸν οὖσαν καὶ δυς-
έκπλυτον · δρομαίους δ' ὄντας ἔτι δεῖ τῶν χρηστῶν
ἀντιλαμβάνεσθαι λόγων.

(Le philosophe et les princes.)

63. *C'est la philosophie qui forme les bons rois.*

Οὐκ εἰκὸς οὐδὲ πρέπον (ὥσπερ ἔνιοι φιλόσοφοι
λέγουσι) τὸν Θεὸν ἐν ὕλῃ πάντα πασχούσῃ καὶ πρά-
γμασι μυρίας δεχομένοις ἀνάγκας καὶ τύχας καὶ
μεταβολάς, ὑπάρχειν ἀναμεμιγμένον. Ἀλλ' ἡμῖν ἄνω
που περὶ τὴν ἀεὶ κατὰ ταὐτὰ οὕτω φύσιν ἔχουσαν
ἱδρυμένος ἐν βάθροις ἁγίοις, ἢ (φησὶ Πλάτων) εὐ-
θέα περαίνει κατὰ φύσιν περιπορευόμενος. Οἷον δὲ
ἥλιον ἐν οὐρανῷ μήνυμα τὸ περικαλλὲς αὐτοῦ δι'
ἐσόπτρου εἴδωλον ἀναφαίνεται τοῖς ἐκεῖνον ἐνορᾷν δι'
αὐτοῦ δυνατοῖς · οὕτω τὸ ἐν πόλεσι φέγγος εὐδικίας
καὶ λόγου τοῦ περὶ αὐτὸν ὥσπερ εἰκόνα κατέστησεν,
ἣν οἱ μακάριοι καὶ σώφρονες ἐκ φιλοσοφίας ἀπογρά-
φονται, πρὸς τὸ κάλλιστον τῶν πραγμάτων πλάτ-
τοντες ἑαυτούς. Ταύτην δ' οὐδὲν ἐμποιεῖ τὴν διάθε-

blable à des essieux carrés (ἄξονες, κύρβεις). On en voyait
encore des restes, du temps de Plutarque, dans le prytanée
d'Athènes.

σιν, ἢ λόγος ἐκ φιλοσοφίας παραγενόμενος · ἵνα μὴ
πάσχωμεν τὸ τοῦ Ἀλεξάνδρου, ὃς ἐν Κορίνθῳ Διο-
γένην θεασάμενος, καὶ δι' εὐφυΐαν ἀγαπήσας καὶ
θαυμάσας τὸ φρόνημα καὶ τὸ μέγεθος τοῦ ἀνδρός,
εἶπεν · « εἰ μὴ Ἀλέξανδρος ἤμην, Διογένης ἂν ἤμην · »
ὀλίγου δέων εἰπεῖν τὴν περὶ αὐτὸν εὐτυχίαν καὶ λαμ-
πρότητα καὶ δύναμιν, ὡς κώλυσιν ἀρετῆς καὶ ἀσχο-
λίαν βαρυνόμενος, καὶ ζηλοτυπῶν τὸν τρίβωνα καὶ
τὴν πήραν, ὅτι τούτοις ἦν ἀνίκητος καὶ ἀνάλωτος
Διογένης, οὐχ, ὡς ἐκεῖνος, ὅπλοις καὶ ἵπποις καὶ
σαρίσσαις. Ἐξῆν οὖν φιλοσοφοῦντα καὶ τῇ διαθέσει
γίνεσθαι Διογένην, καὶ τῇ τύχῃ μένειν Ἀλέξανδρον,
καὶ διὰ τοῦτο γενέσθαι Διογένην μᾶλλον, ὅτι ἦν
Ἀλέξανδρος, ὡς πρὸς τύχην μεγάλην πολὺ πνεῦμα
καὶ σάλον ἔχουσαν, ἕρματος πολλοῦ καὶ κυβερνήτου
μεγάλου δεόμενον. Ἐν μὲν γὰρ τοῖς ἀσθενέσι καὶ τοῖς
ταπεινοῖς καὶ ἰδιώταις, τῷ ἀδυνάτῳ μιγνύμενον τὸ
ἀνόητον εἰς τὸ ἀναμάρτητον τελευτᾷ · ὥσπερ ὀνείρασι
φαύλοις τοῖς πάθεσι τὴν ψυχὴν διαταράττει, συν-
εξαναστῆναι ταῖς ἐπιθυμίαις μὴ δυναμένην · ἡ δ'
ἐξουσία παραλαβοῦσα τὴν κακίαν, νεῦρα τοῖς πάθεσι
προςτίθησι · καὶ τὸ τοῦ Διονυσίου ἀληθές ἐστιν. Ἔφη
γάρ, ἀπολαύειν μάλιστα τῆς ἀρχῆς, ὅταν ταχέως,
ἃ βούλεται, ποιῇ. Μέγας οὖν ὁ κίνδυνος, βούλεσθαι
ἃ μὴ δεῖ, τόν, ἃ βούλεται, ποιεῖν δυνάμενον.

Αὐτίκ' ἔπειτά γε μῦθος ἔην, τετέλεστο δὲ ἔργον [1].

1. Ce vers de l'Iliade (XIX, 242) exprime la rapidité avec
laquelle s'exécuta l'ordre du roi des rois. Moïse me paraît en-
core plus sublime qu'Homère, lorsqu'il veut peindre la facilité
avec laquelle l'Être suprême créa la lumière. Dieu dit : « Soit
la lumière ! » et la lumière fut ; *iehi or ! va-iehi or.*

Ὀξὺν ἡ κακία διὰ τῆς ἐξουσίας δρόμον ἔχουσα, πᾶν
πάθος ἐξωθεῖ, ποιοῦσα τὴν ὀργήν, φόνον· τὴν πλεον-
εξίαν, δήμευσιν.

Αὐτίκ' ἔπειθ' ἅμα μῦθος ἔην —

καὶ ἀπόλωλεν ὁ προςκρούσας· ὑπόνοια, καὶ τέθνηκεν
ὁ διαβληθείς. (Le prince ignorant.)

64. *La fin la plus glorieuse est de mourir dans une
utile activité.*

Οὐχ ἡ τυραννὶς (ὥς τις εἶπε [1] Διονυσίῳ) καλὸν
ἐντάφιον· ἀλλ' ἐκείνῳ γε τὴν μοναρχίαν μετὰ τῆς
ἀδικίας τόγε μὴ παύσασθαι, συμφορὰν τελεωτέραν
ἐποίησε· καὶ καλῶς Διογένης ὕστερον ἐν Κορίνθῳ τὸν
υἱὸν αὐτοῦ θεασάμενος ἰδιώτην ἐκ τυράννου γεγε-
νημένον· « Ὡς ἀναξίως (ἔφη), Διονύσιε, σεαυτοῦ
πράττεις ! οὐ γὰρ ἐνταῦθά σε μεθ' ἡμῶν ἔδει ζῆν
ἐλευθέρως καὶ ἀδεῶς, ἀλλ' ἐκεῖ τοῖς τυραννείοις
ἐγκατῳκοδομημένον, ὥσπερ ὁ πατήρ, ἄχρι γήρως
ἐγκαταβιῶσαι. » Πολιτεία δὲ δημοκρατικὴ καὶ νό-
μιμος ἀνδρὸς εἰθισμένου παρέχειν αὐτὸν οὐχ ἧττον
ἀρχόμενον ὠφελίμως ἢ ἄρχοντα, καλὸν ἐντάφιον,
ὡς ἀληθῶς, τὴν ἀπὸ τοῦ βίου δόξαν τῷ θανάτῳ
προςτίθησι. Τοῦτο γὰρ « ἔσχατον δύεται κατὰ γᾶς, »
ὥς φησι Σιμωνίδης, πλὴν ὧν προαποθνήσκει τὸ
φιλάνθρωπον καὶ φιλόκαλον, καὶ προαπαυδᾷ τῆς
τῶν ἀναγκαίων ἐπιθυμίας ὁ τῶν καλῶν ζῆλος, ὡς
τὰ πρακτικὰ μέρη καὶ θεῖα τῆς ψυχῆς ἐξιτηλότερα
τῶν παθητικῶν καὶ σωματικῶν ἐχούσης. Ὅπερ οὐδὲ

1. Reiske propose de lire : ὡς εἶπε Διονύσιος, *comme le
disait Denys*; et c'est ainsi qu'a traduit Ricard.

λέγειν καλόν, οὐδ' ἀποδέχεσθαι τῶν λεγόντων, « ὡς κερδαίνοντες μόνον οὐ κοπιῶμεν · » ἀλλὰ καὶ τὸ τοῦ Θουκυδίδου παράγειν ἐπὶ τὸ βέλτιον, μὴ τὸ φιλότιμον ἀγήρων μόνον ἡγουμένους, ἀλλὰ μᾶλλον τὸ κοινωνικὸν καὶ πολιτικόν. Ὁ καὶ μύρμηξιν ἄχρι τέλους παραμένει καὶ μελίτταις · οὐδεὶς γὰρ εἶδεν ὑπὸ γήρως κηφῆνα γενομένην μέλιτταν, ὥσπερ ἔνιοι τοὺς πολιτικοὺς ἀξιοῦσιν, ὅταν παρακμάσωσιν, οἴκοι σιτουμένους καθῆσθαι καὶ ἀποκεῖσθαι, καθάπερ ἰῷ σίδηρον, ὑπ' ἀργίας τὴν πρακτικὴν ἀρετὴν σβεννυμένην περιορῶντας. Ὁ γὰρ Κάτων ἔλεγεν, ὅτι πολλὰς ἰδίας ἔχοντι τῷ γήρᾳ κῆρας οὐ δεῖ τὴν ἀπὸ τῆς κακίας ἑκόντας ἐπάγειν αἰσχύνην. Πολλῶν δὲ κακιῶν οὐδεμιᾶς ἧττον ἀπραξία καὶ δειλία καὶ μαλακία καταισχύνουσιν ἄνδρα πρεσβύτην, ἐκ πολιτικῶν ἀρχείων καταδυόμενον εἰς οἰκουρίαν γυναικῶν, ἢ κατ' ἀγρὸν ἐφορῶντα καλαμητρίας καὶ θεριστάς ·

'Ὁ δ' Οἰδίπους ποῦ, καὶ τὰ κλείν' αἰνίγματα [1];
(Le vieillard politique.)

65. Portraits comparés des Athéniens, des Carthaginois, des Thébains et des Spartiates.

Ὁ Ἀθηναίων δῆμος [2] εὐκίνητός ἐστι πρὸς ὀργήν, εὐμετάθετος πρὸς ἔλεον, μᾶλλον ὀξέως ὑπονοεῖν ἢ διδάσκεσθαι καθ' ἡσυχίαν βουλόμενος · ὥσπερ τῶν

1. Allusion aux derniers vers de l'OEdipe Roi de Sophocle, où le chœur s'écrie :

— Οἰδίπους ὅδε,
Ὃς τὰ κλειν' αἰνίγματ' ᾔδη, —
Εἰς ὅσον κλύδωνα δεινῆς ξυμφορᾶς ἐλήλυθεν !

2. On peut rapprocher de ce portrait du caractère des Athéniens celui qu'en avait fait le célèbre peintre d'Éphèse, l'ar-

ἀνδρῶν τοῖς ἀδόξοις καὶ ταπεινοῖς βοηθεῖν προθυμό-
τερος, οὕτως τῶν λόγων τοὺς παιγνιώδεις καὶ γε-
λοίους ἀσπάζεται καὶ προτιμᾷ · τοῖς μὲν ἐπαινοῦσιν
αὐτὸν μάλιστα χαίρει, τοῖς δὲ σκώπτουσιν ἥκιστα
δυσχεραίνει · φοβερός ἐστιν ἄχρι τῶν ἀρχόντων, εἶτα
φιλάνθρωπος ἄχρι τῶν πολεμίων. Ἕτερον ἦθος τοῦ
Καρχηδονίων δήμου · πικρόν, σκυθρωπόν, ὑπήκοον
τοῖς ἄρχουσι, βαρὺ τοῖς ὑπηκόοις, ἀγεννέστατον ἐν
φόβοις, ἀγριώτατον ἐν ὀργαῖς, ἐπίμονον τοῖς γνω-
σθεῖσι, πρὸς παιδιὰν καὶ χάριν ἀνήδυντον καὶ σκλη-
ρόν. Οὐκ ἂν οὗτοι, Κλέωνος ἀξιοῦντος αὐτούς, ἐπεὶ
τέθυκε, καὶ ξένους ἑστιᾷν μέλλει, τὴν ἐκκλησίαν
ὑπερθέσθαι, γελάσαντες ἂν καὶ κροτήσαντες ἀνέστη-
σαν · οὐκ Ἀλκιβιάδῃ, ὄρτυγος ἐν τῷ λέγειν διαφυ-
γόντος ἐκ τοῦ ἱματίου, φιλοτίμως συνθηρεύσαντες
ἀπέδωκαν · ἀλλὰ καὶ ἀπέκτειναν ἄν, ὡς ὑβρίζοντας
καὶ τρυφῶντας · ὅπου καὶ Ἄννωνα λέοντι χρώμενον
σκευοφόρῳ παρὰ τὰς στρατείας, αἰτιασάμενοι τυραν-
νικὰ φρονεῖν, ἐξήλασαν. Οἶμαι δ᾽ ἂν ἔγωγε μηδὲ
Θηβαίους ἀποσχέσθαι γραμμάτων πολεμίων κυρίους
γενομένους, ὡς Ἀθηναῖοι Φιλίππου γραμματοφόρους
λαβόντες ἐπιστολὴν ἐπιγεγραμμένην Ὀλυμπιάδι κο-
μίζοντας, οὐκ ἔλυσαν, οὐδ᾽ ἀπεκάλυψαν ἀπόρρητον
ἀνδρὸς ἀποδήμου πρὸς γυναῖκα φιλοφροσύνην. Οὐδέ
γ᾽ αὖ πάλιν Ἀθηναίους, Ἐπαμινώνδου πρὸς τὴν
κατηγορίαν ἀπολογεῖσθαι μὴ θέλοντος, ἀλλ᾽ ἀνα-
στάντος ἐκ τοῦ θεάτρου, καὶ διὰ τῆς ἐκκλησίας εἰς

rhasius : *Pinxit demon Atheniensium argumento quoque
ingenioso. Volebat namque varium, iracundum, injustum,
inconstantem : eumdem exorabilem, clementem, miseri-
cordem, excelsum, gloriosum, humilem, ferocem, fuga-
cemque, et omnia pariter ostendere.*

τὸ γυμνάσιον ἀπιόντος, εὐκόλως ἐνεγκεῖν τὴν ὑπερ-
οψίαν καὶ τὸ φρόνημα τοῦ ἀνδρός · πολλοῦ δ' ἂν ἔτι
καὶ Σπαρτιάτας δεῆσαι τὴν Στρατοκλέους ὕβριν ὑπο-
μεῖναι καὶ βωμολογίαν, πείσαντος μὲν αὐτοὺς εὐαγ-
γέλια θύειν, ὡς νενικηκότας, ἐπεὶ δέ, τῆς ἥττης
ἀληθῶς ἀπαγγελθείσης, ἠγανάκτουν, ἐρωτῶντος τὸν
δῆμον, « τί ἠδίκηται, τρεῖς ἡμέρας δι' αὐτὸν ἡδέως
γεγονώς; »   (P. Sceptes politiques.)

**66. _Trois sortes de gouvernement, la monarchie,
l'oligarchie, la démocratie : laquelle des trois est
préférable?_**

Λέγεται πολιτεία, ἡ τάξις καὶ κατάστασις πό-
λεως διοικοῦσα τὰς πράξεις · καθά φασι τρεῖς εἶναι
πολιτείας, μοναρχίαν, καὶ ὀλιγαρχίαν, καὶ δημο-
κρατίαν, ὧν καὶ Ἡρόδοτος ἐν τῇ τρίτῃ [1] σύγκρισιν
πεποίηται, καὶ δοκοῦσι γενικώταται εἶναι. Τὰς γὰρ
ἄλλας, ὥσπερ ἐν τοῖς μουσικοῖς διαγράμμασι τῶν
πρώτων τρόπων ἀνιεμένων ἢ ἐπιτεινομένων, συμ-
βέβηκε παρακρούσεις καὶ διαφθορὰς κατ' ἔλλειψιν ἢ
ὑπερβολὴν εἶναι. Ταύτας δὲ καὶ πλεῖστον καὶ μέγι-
στον ἐν ἡγεμονίαις δυνηθείσας τῶν ἐθνῶν ἀπεκλη-
ρώσαντο τὰς πολιτείας · Πέρσαι μὲν αὐτοκρατῆ
βασιλείαν καὶ ἀνυπεύθυνον, Σπαρτιᾶται δ' ἀριστο-
κρατικὴν ὀλιγαρχίαν καὶ αὐθέκαστον, Ἀθηναῖοι δ'
αὐτόνομον καὶ ἄκρατον δημοκρατίαν. Ὧν ἁμαρτα-
νομένων παρατροπαὶ καὶ ὑπερχύσεις εἰσὶν αἱ λεγό-

---

[1]. Otanès opina le premier pour la démocratie; Mégabyze
pour l'oligarchie; et Darius, fils d'Hystaspe, pour la monar-
chie; l'avis de ce dernier l'emporta. — Polybe a aussi com-
paré (liv. 6) les trois formes de gouvernement, et s'est décidé
pour celui de Rome.

μεναι τυραννίδες, καὶ δυναστεῖαι, καὶ ὀχλοκρατίαι·
ὅταν βασιλεία μὲν ὕβριν ἐντέκῃ ἀνυπεύθυνον, ὀλιγ-
αρχία δὲ ὑπερφροσύνην καὶ τὸ αὔθαδες, δημοκρα-
τία δ' ἀναρχίαν, ἰσότης δ' ἀμετρίαν, πᾶσαι δὲ τὸ
ἀνόητον. Ὥσπερ οὖν ὁ ἁρμονικὸς καὶ μουσικὸς ἀνὴρ
παντὶ μὲν ὀργάνῳ χρήσεται προςῳδῶ τεχνικῶς ἁρ-
μοσάμενος, καὶ λόγῳ κρούων ἕκαστον, ὡς πέφυκεν
ἐμμελὲς ὑπηχεῖν· ἤδη μέντοι συμβούλῳ Πλάτωνι
χρησάμενος, πηκτίδας, σαμβύκας, καὶ ψαλτήρια
πολύφθογγα, καὶ βαρβίτους, καὶ τρίγωνα παρα-
πέμψας, τὴν λύραν καὶ τὴν κιθάραν προτιμήσει·
τὸν αὐτὸν τρόπον, ὁ πολιτικὸς ἀνὴρ εὖ μὲν ὀλιγ-
αρχίαν Λακωνικὴν καὶ Λυκούργειον μεταχειρεῖται,
συναρμοσάμενος αὐτῷ τοὺς ἰσοκρατεῖς καὶ ὁμοτίμους
ἄνδρας, ἡσυχῇ προςβιαζόμενος. Εὖ δὲ πολυφθόγγῳ
καὶ πολυχόρδῳ συνοίσεται δημοκρατία, τὰ μὲν
ἀνιείς, τὰ δ' ἐπιτείνων τῆς πολιτείας, χαλάσας τ'
ἐν καιρῷ, καὶ καρτερῶς αὖθις ἐμφύς, ἀντιβῆναι καὶ
ἀντισχεῖν ἐπιστάμενος. Εἰ δ' αἵρεσις αὐτῷ δοθείη,
καθάπερ ὀργάνων, τῶν πολιτειῶν, οὐκ ἂν ἄλλην
ἕλοιτο, πλὴν τὴν μοναρχίαν, Πλάτωνι πειθόμενος,
τὴν μόνην δυναμένην τὸν ἐντελῆ καὶ ὄρθιον ἐκεῖνον
ὡς ἀληθῶς τῆς ἀρετῆς τόνον ἀνασχέσθαι, καὶ μήτε
πρὸς ἀνάγκην μήτε πρὸς χάριν ἁρμόσαι τοῦ συμφέ-
ροντος. Αἱ μὲν γὰρ ἄλλαι πολιτεῖαι τρόπον τινὰ κρα-
τούμεναι κρατοῦσι, καὶ φερόμεναι φέρουσι τὸν πολι-
τικόν, οὐκ ἔχοντα τὴν ἰσχὺν βέβαιον ἐπὶ τούτους, παρ'
ὧν ἔχει τὸ ἰσχύον, ἀλλὰ πολλάκις ἀναγκαζόμενον τὸ
Αἰσχύλειον ἀναφωνεῖν, ᾧ πρὸς τὴν Τύχην ἐχρῆτο Δη-
μήτριος ὁ Πολιορκητής, ἀποβαλὼν τὴν ἡγεμονίαν·

Σύ τοι με φυσᾷς, σύ με καθαίρειν μοι δοκεῖς.

(Gouvernements comparés.)

67. *De quelles horreurs les usuriers se rendent coupables.*

Λέγεται μὲν παρὰ Μεσσηνίοις·

Ἔστι Πύλος πρὸ Πύλοιο[1], Πύλος γε μέν ἐστι καὶ ἄλλος·

λεχθήσεται δὲ πρὸς τοὺς δανειστάς·

Ἔστι τόκος πρὸ τόκοιο, τόκος γε μέν ἐστι καὶ ἄλλος.

Εἶτα τῶν φυσικῶν δήπου καταγελῶσι, λεγόντων, μηδὲν ἐκ τοῦ μὴ ὄντος γενέσθαι· παρὰ τούτοις γὰρ ἐκ τοῦ μηδ' ἔτ' ὄντος, μηδὲ ὑφεστῶτος, γεννᾶται τόκος. Καὶ τὸ τελωνεῖν ὄνειδος ἡγούμενοι, τοῦ νόμου διδόντος, αὐτοὶ παρανόμως δανείζουσι τελωνοῦντες, μᾶλλον δ', εἰ δεῖ τἀληθὲς εἰπεῖν, ἐν τῷ δανείζειν χρεωκοποῦντες. Ὁ γὰρ οὐ γράφει λαμβάνων ἔλαττον, χρεωκοπεῖται. Καίτοι Πέρσαι γε τὸ ψεύδεσθαι δεύτερον ἡγοῦνται τῶν ἁμαρτημάτων, πρῶτον δὲ τὸ ὀφείλειν· ὅτι καὶ τὸ ψεύδεσθαι τοῖς ὀφείλουσι συμβαίνει πολλάκις. Ψεύδονται δὲ μᾶλλον οἱ δανείζοντες, καὶ ῥᾳδιουργοῦσιν ἐν ταῖς ἑαυτῶν ἐφημερίσι, γράφοντες, ὅτι τῷ δεῖνι τοσοῦτον διδόασιν, ἔλαττον διδόντες· καὶ τὸ ψεῦδος αἰτίαν ἔχει πλεονεξίαν, οὐκ ἀνάγκην, οὐδ' ἀπορίαν, ἀλλ' ἀπληστίαν, ἧς ἀναπόλαυστόν ἐστιν αὐτοῖς τὸ τέλος καὶ ἀνωφελές, ὀλέθριον δὲ τοῖς ἀδικουμένοις. Οὔτε γὰρ ἀγρούς, οὓς ἀφαιροῦνται τῶν χρεωστῶν, γεωργοῦσιν, οὔτ' οἰκίας αὐτῶν ἐκβάλλοντες ἐκείνους οἰκοῦσιν, οὔτε τραπέζας παρατίθενται, οὔτ' ἐσθῆτας ἐκείνων. Ἀλλὰ πρῶτός

---

1. Il y avait dans le Péloponnèse trois villes de Pylos : une dans l'Élide, une dans la Messénie, et une troisième dans la Triphylie, qu'on appelait aussi Pylos d'Arcadie.

τις ἀπόλωλε, καὶ δεύτερος κυνηγεῖται ὑπ' ἐκείνου
δελεαζόμενος. Νέμεται γὰρ ὡς πῦρ τὸ ἄγριον αὐξό-
μενον ὀλέθρῳ καὶ φθορᾷ τῶν ἐμπεσόντων, ἄλλον ἐξ
ἄλλου καταναλίσκον · ὁ δὲ τοῦτο ῥιπίζων καὶ τρέφων
ἐπὶ πολλοὺς δανειστής, οὐδὲν ἔχει πλέον, ἢ διὰ
χρόνου λαβὼν ἀναγνῶναι, πόσους πέπρακε, καὶ
πόσους ἐκβέβληκε, καὶ πόθεν που κυλινδόμενον καὶ
σωρευόμενον διαβέβηκε τὸ ἀργύριον.

(Eviter d'emprunter.)

68. Pureté de la diction de Ménandre.

Ἡ Μενάνδρου [1] φράσις οὕτω συνέξεσται καὶ συμ-
πέπνευκε κεκραμένη πρὸς ἑαυτήν, ὥςτε διὰ πολλῶν
ἀγομένη παθῶν καὶ ἠθῶν, καὶ προσώποις ἐφαρμότ-
τουσα παντοδαποῖς, μία τε φαίνεσθαι, καὶ τὴν
ὁμοιότητα τηρεῖν ἐν τοῖς κοινοῖς καὶ συνήθεσι καὶ
ὑπὸ τὴν χρείαν ὀνόμασιν· ἐὰν δέ τινος ἄρα τερατείας
εἰς τὸ πρᾶγμα καὶ ψόφου δεήσῃ, καθάπερ αὐλοῦ
πάντρητον ἀνασπάσας, ταχὺ πάλιν καὶ πιθανῶς
ἐπέβαλε, καὶ κατέστησε τὴν φωνὴν εἰς τὸ οἰκεῖον.
Πολλῶν δὲ γεγονότων εὐδοκίμων τεχνιτῶν, οὔτε
ὑπόδημα δημιουργός, οὔτε προςωπεῖον σκευοποιός,
οὔτε τις ἱμάτιον ἅμα ταὐτὸν ἀνδρὶ καὶ γυναικὶ καὶ
μειρακίῳ καὶ γέροντι καὶ οἰκότριβι πρέπον ἐποίησεν·
ἀλλὰ Μένανδρος οὕτως ἔδειξε τὴν λέξιν, ὥςτε πάσῃ
καὶ φύσει καὶ διαθέσει καὶ ἡλικίᾳ σύμμετρον εἶναι·
καὶ ταῦτανέος μὲν ἔτι τοῦ πράγματος ἁψάμενος, ἐν
ἀκμῇ δὲ τοῦ ποιεῖν καὶ διδάσκειν τελευτήσας, ὅτε

---

1. Ménandre ne nous est connu que par des fragments;
mais nous avons quatre de ses comédies traduites en latin par
Térence, en qui César ne reconnaît toutefois qu'un demi-
Ménandre : — ô dimidiate Menander !

μάλιστα καὶ πλείστην ἐπίδοσιν (ὡς Ἀριστοτέλης
φησὶ) λαμβάνει τὰ περὶ τὴν λέξιν τοῖς γράφουσιν. Εἰ
οὖν πρὸς τὰ πρῶτα τῶν Μενάνδρου δραμάτων τὰ
μέσα καὶ τὰ τελευταῖα παραβάλοι τις, ἐξ αὐτῶν
ἐπιγνώσεται, ὅσα ἔμελλεν, εἰ ἐπεβίω, καὶ τούτοις
ἕτερα προςθήσειν.

(Aristophane et Ménandre.)

69 Règles pour distinguer une narration équitable d'un récit partial.

Τοῖς μὲν σοφισταῖς ἐφεῖται πρὸς ἐργασίαν ἢ δό-
ξαν ἔστιν ὅτε τῶν λόγων κοσμεῖν τὸν ἥττονα παρα-
λαμβάνοντας· οὐ γὰρ ἐμποιοῦσι πίστιν ἰσχυρὰν περὶ
τοῦ πράγματος, οὐδ' ἀρνοῦνται πολλάκις εἰς τὸ πα-
ράδοξον ἐπιχειρεῖν ὑπὲρ τῶν ἀπίστων· ὁ δὲ ἱστορίαν
γράφων, ἃ μὲν οἶδεν ἀληθῆ, λέγειν δίκαιός ἐστι,
τῶν δ' ἀδήλων τὰ βελτίονα δοκεῖν ἀληθῶς λέγεσθαι
μᾶλλον ἢ τὰ χείρονα. Πολλοὶ δὲ ὅλως τὰ χείρονα
παραλείπουσιν· ὥσπερ ἀμέλει περὶ Θεμιστοκλέους,
Ἔφορος μὲν εἰπών, ὅτι τὴν Παυσανίου προδοσίαν
ἀνέγνω, καὶ τὰ πρασσόμενα πρὸς τοὺς βασιλέως
στρατηγούς· « Ἀλλ' οὐκ ἐπείσθη (φησὶν) οὐδὲ προς-
εδέξατο κοινουμένου καὶ παρακαλοῦντος αὐτὸν ἐπὶ
τὰς ἐλπίδας. » Θουκυδίδης δὲ καὶ τοπαράπαν τὸν
λόγον τοῦτον, ὡς κατεγνωκώς, παρῆκεν. Ἔτι τοίνυν
ἐπὶ τῶν ὁμολογουμένων πεπρᾶχθαι, τὴν δ' αἰτίαν,
ἀφ' ἧς πέπρακται, καὶ τὴν διάνοιαν ἐχόντων ἄδη-
λον, ὁ πρὸς τὸ χεῖρον εἰκάζων, δυσμενής ἐστι καὶ
κακοήθης· ὥσπερ οἱ κωμικοὶ τὸν πόλεμον ὑπὸ τοῦ
Περικλέους ἐκκεκαῦσθαι δι' Ἀσπασίαν ἢ διὰ Φειδίαν
ἀποφαίνοντες, οὐ φιλοτιμίᾳ τινὶ καὶ φιλονεικίᾳ
μᾶλλον στορέσαι τὸ φρόνημα Πελοποννησίων, καὶ

μηδενὸς ὑφεῖσθαι Λακεδαιμονίων ἐθελήσαντος. Εἰ
μὲν γάρ τις εὐδοκιμοῦσιν ἔργοις καὶ πράγμασιν
ἐπαινουμένοις αἰτίαν φαύλην ὑποτίθησι, καὶ κατ-
άγεται ταῖς διαβολαῖς εἰς ὑποψίας ἀτόπους περὶ τῆς
ἐν ἀφανεῖ προαιρέσεως τοῦ πράξαντος αὐτοῦ, τὸ
πεπραγμένον ἐμφανῶς οὐ δυνάμενος ψέγειν (ὥσπερ
οἱ τὸν ὑπὸ Θήβας Ἀλεξάνδρου, τοῦ τυράννου, φόνον,
οὐ μεγαλονοίας, οὐδὲ μισοπονηρίας, ζήλου δέ τινος
ἔργον καὶ πάθους γυναικείου τιθέμενοι· καὶ Κάτωνα
λέγοντες ἑαυτὸν ἀνελεῖν, δείσαντα τὸν μετ᾽ αἰκίας
θάνατον ὑπὸ Καίσαρος)· εὔδηλον, ὅτι φθόνου καὶ
κακοηθείας ὑπερβολὴν οὐ λέλοιπε. Δέχεται δὲ καὶ
παρὰ τὸν τρόπον τοῦ ἔργου διήγησις ἱστορικὴ κακο-
ήθειαν, ἂν χρήμασι φάσκῃ, μὴ δι᾽ ἀρετῆς, κατ-
ειργάσθαι τὴν πρᾶξιν, ὡς Φίλιππον ἔνιοι φάσκουσιν·
ἂν σὺν οὐδενὶ πόνῳ καὶ ῥαδίως, ὡς Ἀλέξανδρον· ἂν
μὴ φρονίμως, ἀλλ᾽ εὐτυχῶς, ὡς Τιμόθεον οἱ ἐχθροί,
γράφοντες πίναξιν εἰς κύρτον τινὰ τὰς πόλεις αὐτά;,
ἐκείνου καθεύδοντος, ὑποδυομένας. Δῆλον γάρ, ὅτι
τῶν πράξεων ἐλαττοῦσι τὸ μέγεθος καὶ τὸ κάλλος οἱ
τὸ γενναίως καὶ φιλοπόνως καὶ κατ᾽ ἀρετὴν καὶ δι᾽
αὐτῶν ἀφαιροῦντες. Ἔξεστι τοίνυν τοῖς ἀπ᾽ εὐθείας,
ἃ βούλονται, κακῶς λέγουσι δυσκολίαν ἐπικαλεῖν,
καὶ θρασύτητα, καὶ μανίαν, ἐὰν μὴ μετριάζωσιν·
οἱ δὲ πλαγίως, οἷον ἐξ ἀφανοῦς βέλεσι, χρώμενοι
ταῖς διαβολαῖς, εἶτα περιϊόντες ὀπίσω καὶ ἀναδυό-
μενοι, τῷ φάσκειν ἀπιστεῖν, ἃ πάνυ πιστεύεσθαι
θέλουσιν, ἀρνούμενοι κακοήθειαν, ἀνελευθερίαν τῇ
κακοηθείᾳ προσοφλισκάνουσιν. Ἐγγὺς δὲ τούτων εἰσὶν
οἱ τοῖς ψόγοις ἐπαίνους τινὰς παρατιθέντες· ὡς ἐπὶ
Σωκράτους Ἀριστόξενος, ἀπαίδευτον καὶ ἀμαθῆ καὶ
ἀκόλαστον εἰπών, ἐπήνεγκεν· « Ἀδικία δ᾽ οὐ προς-

ἦν. » Ὥσπερ γὰρ οἱ σύν τινι τέχνῃ καὶ δεινότητι
κολακεύοντες, ἔστιν ὅτε πολλοῖς καὶ μακροῖς ἐπαί
νοις ψόγους παραμιγνύουσιν ἐλαφρούς, οἷον ἥδυσμα
τῇ κολακείᾳ τὴν παῤῥησίαν ἐμβάλλοντες, οὕτω τὸ
κακόηθες εἰς πίστιν, ὧν ψέγει, προαποτίθεται τὸν
ἔπαινον. Ἦν δὲ καὶ πλείονας καταριθμεῖσθαι τῶν
χαρακτήρων· ἀρκοῦσι δὲ οὗτοι κατανόησιν τοῦ ἀν-
θρώπου ¹ τῆς προαιρέσεως καὶ τοῦ τρόπου παρασχεῖν.

(Malignité d'Hérodote.)

70. *Comment le monde a été formé.*

Ὁ τοίνυν κόσμος συνέστηκε περικεκλασμένῳ σχή-
ματι ἐσχηματισμένος τὸν τρόπον τοῦτον ². Τῶν
ἀτόμων σωμάτων ἀπρονόητον καὶ τυχαίαν ἐχόντων
τὴν κίνησιν, συνεχῶς τε καὶ τάχιστα κινουμένων
εἰς τὸ αὐτό, πολλὰ σώματα συνηθροίσθη, καὶ διὰ
τοῦτο ποικιλίαν ἔχοντα καὶ σχημάτων καὶ μεγεθῶν.
Ἀθροιζομένων δ' ἐν ταὐτῷ τούτων, τὰ μέν, ὅσα μεί-
ζονα ἦν καὶ βαρύτατα, πάντως ὑπεκάθιζεν· ὅσα δὲ
μικρὰ καὶ περιφερῆ καὶ λεῖα καὶ εὐόλισθα, ταῦτα
καὶ ἐξεθλίβετο κατὰ τὴν τῶν σωμάτων σύνοδον, εἴς
τε τὸ μετέωρον ἀνεφέρετο. Ὡς δ' οὖν ἐξέλιπε μὲν ἡ
πληκτικὴ δύναμις μετεωρίζουσα, οὐκέτι δ' ἦγεν ἡ
πληγὴ πρὸς τὸ μετέωρον, ἐκωλύετο δὲ ταῦτα κάτω

1. Hérodote avait dit, en écrivain fidèle et impartial, que
les Béotiens avaient lâchement trahi les intérêts de la Grèce,
en faisant alliance avec Xerxès. — Plutarque était Béotien ;
inde iræ.

2. Quoique Plutarque ne nomme pas Épicure, c'est cepen-
dant d'après la doctrine de ce philosophe qu'il présente ici
la formation du monde. — *Voyez* Lucrèce, liv. V, vers 420
et suivants.

φέρεσθαι, ἐπιέζετο πρὸς τοὺς τόπους τοὺς δυναμέ-
νους δέξασθαι. Οὗτοι δ' ἦσαν οἱ πέριξ, καὶ πρὸς
τούτοις τὸ πλῆθος τῶν σωμάτων περιεκλᾶτο, περι-
πλεκόμενα δ' ἀλλήλοις κατὰ τὴν περίκλασιν τὸν
οὐρανὸν ἐγέννησαν · τῆς δ' αὐτῆς ἐχόμεναι φύσεως
αἱ ἄτομοι, ποικίλαι οὖσαι, καθὼς εἴρηται, πρὸς τὸ
μετέωρον ἐξωθούμεναι, τὴν τῶν ἀστέρων φύσιν ἀπ-
ετέλουν · τὸ δὲ πλῆθος τῶν ἀναθυμιωμένων σωμάτων
ἔπληττε τὸν ἀέρα, καὶ τοῦτον ἐξέθλιβε · πνευματού-
μενος δὲ οὗτος κατὰ τὴν κίνησιν, καὶ συμπεριλαμ-
βάνων τὰ ἄστρα, συμπεριῆγε ταῦτα, καὶ τὴν νῦν
περιφορὰν αὐτῶν μετέωρον ἐφύλαττε. Κἄπειτα ἐκ
μὲν τῶν ὑποκαθιζόντων ἐγεννήθη ἡ γῆ, ἐκ δὲ τῶν
μετεωριζομένων οὐρανός, πῦρ, ἀήρ. Πολλῆς δὲ ὕλης
ἔτι περιειλημμένης ἐν τῇ γῇ, πυκνουμένης τε ταύτης
κατὰ τὰς ἀπὸ τῶν πνευμάτων πληγάς, καὶ τὰς
ἀπὸ τῶν ἀστέρων αὔρας, προσεθλίβετο πᾶς ὁ μικρο-
μερὴς σχηματισμὸς ταύτης, καὶ τὴν ὑγρὰν φύσιν
ἐγέννα · ῥευστικῶς δὲ αὕτη διακειμένη κατεφέρετο
πρὸς τοὺς κοίλους τόπους, καὶ δυναμένους χωρῆσαί
τε καὶ στέξαι, ἢ καθ' αὑτὸ τὸ ὕδωρ ὑποστάν, ἐκοί-
λανε τοὺς ὑποκειμένους τόπους. Τὰ μὲν οὖν κυριώ-
τατα μέρη τοῦ κόσμου τὸν τρόπον τοῦτον ἐγεννήθη.

(Opinions des philosophes.)

71. D'où les hommes ont tiré la connaissance de Dieu.

Ὁρίζονται δὲ τὴν τοῦ Θείου οὐσίαν οἱ Στωϊκοὶ
οὕτω · πνεῦμα νοερὸν καὶ πυρῶδες, οὐκ ἔχον μὲν
μορφήν, μεταβάλλον δ' εἰς ἃ βούλεται, καὶ συνεξ-
ομοιούμενον πᾶσιν. Ἔσχον δ' ἔννοιαν τούτου πρῶτον
μὲν ἀπὸ τοῦ κάλλους τῶν ἐμφαινομένων προςλαμ-

* 5

θάνοντες · οὐδὲν γὰρ τῶν καλῶν εἰκῆ, καὶ ὡς ἔτυχε,
γίνεται, ἀλλὰ μετά τινος τέχνης δημιουργούσης.
Καλὸς δὲ ὁ κόσμος · δῆλον δ᾽ ἐκ τοῦ σχήματος, καὶ
τοῦ χρώματος, καὶ τοῦ μεγέθους, καὶ τῆς περὶ τὸν
κόσμον τῶν ἀστέρων ποικιλίας. Σφαιροειδὴς δὲ ὁ
κόσμος · ὁ πάντων τῶν σχημάτων πρωτεύει · μόνον
γὰρ τοῦτο τοῖς ἑαυτοῦ μέρεσιν ὁμοιοῦται · περιφερὴς
δ᾽ ὢν, ἔχει τὰ μέρη περιφερῆ · διὰ τοῦτο γάρ, κατὰ
τὸν Πλάτωνα, ἐν τῇ κεφαλῇ τὸ ἱερώτατον συν-
έστηκε, νοῦς. Καὶ τὸ χρῶμα δὲ καλόν. Κυανώσει
γὰρ κέχρωσται, ὃ πορφύρας μέν ἐστι μελάντερον,
στίλβουσαν δ᾽ ἔχει τὴν ποιότητα · καὶ διὰ ταύτην
τὴν αἰτίαν τῷ τῆς χροιᾶς συντόνῳ διακόπτων τηλικ-
αύτην τοῦ ἀέρος ἀπόστασιν, ἐκ τοσούτων διαστη-
μάτων θεωρεῖται. Καὶ ἐκ τοῦ μεγέθους καλός · πάν-
των γὰρ τῶν ὁμογενῶν τὸ περιέχον, καλόν, ὡς ζῶον
καὶ δένδρον. Ἐπιτελεῖ τὸ κάλλος τοῦ κόσμου καὶ τὰ
φαινόμενα · ὁ μὲν γὰρ λοξὸς κύκλος ἐν οὐρανῷ δια-
φόροις εἰδώλοις πεποίκιλται ·

Τῷ ἔνι Καρκίνος ἐστί, Λέων δ᾽ ἐπὶ τῷ, μετὰ δ᾽ αὐτὸν
Παρθένος · αἱ δ᾽ ἐπὶ οἱ Χηλαί, καὶ Σκορπίος αὐτός ·
Τοξευτής τε, καὶ Αἰγόκερως · ἐπὶ δ᾽ Αἰγοκέρηϊ
Ὑδροχόος · δύο δ᾽ αὐτῷ ἐπ᾽ Ἰχθύες ἀστερόεντες ·
Τοὺς δὲ μέτα Κριός [1] · Ταῦρος δ᾽ ἐπὶ τῷ, Δίδυμοί τε.

Μυρία δ᾽ ἄλλα καθ᾽ ὁμοίας τοῦ κόσμου περικλάσεις
πεποίηκεν. Ὅθεν καὶ Εὐριπίδης φησί ·

— Τό τ᾽ ἀστερωπὸν οὐρανοῦ δέμας,
  Χρόνου καλὸν ποίκιλμα, τέκτονος σοφοῦ.

1. *Sunt aries, taurus, gemini, cancer, leo, virgo,*
Libraque, scorpius, arcitenens, caper, amphora, pisces.

Ἐλάβομεν δ' ἐκ τούτου ἔννοιαν Θεοῦ· ἀεί τε γὰρ
ἥλιος καὶ σελήνη καὶ τὰ λοιπὰ τῶν ἄστρων τὴν
ὑπόγειον φορὰν ἐνεχθέντα, ὅμοια μὲν ἀνατέλλει τοῖς
χρώμασιν, ἴσα δὲ τοῖς μεγέθεσι, καὶ κατὰ τόπους
καὶ κατὰ χρόνους τοὺς αὐτούς. Διόπερ οἱ τὸν περὶ
τῶν Θεῶν παραδόντες σεβασμόν, διὰ τριῶν ἡμῖν
ἐξέθηκαν εἰδῶν· πρῶτον μὲν τοῦ φυσικοῦ, δεύτερον
δὲ τοῦ μυθικοῦ, τρίτον δὲ τοῦ τὴν μαρτυρίαν ἐκ τῶν
νόμων εἰληφότος, διοικεῖσθαι· διδάσκεται δὲ τὸ μὲν
φυσικὸν ὑπὸ τῶν φιλοσόφων, τὸ δὲ μυθικὸν ὑπὸ τῶν
ποιητῶν, τὸ δὲ νομικὸν ὑφ' ἑκάστης ἀεὶ πόλεως
συνίσταται. Διαιρεῖται μὲν δὴ πᾶσα διδαχὴ εἰς εἴδη
ἑπτά· καὶ πρῶτον μέν, τὸ ἐκ τῶν φαινομένων καὶ
μετεώρων· Θεοῦ γὰρ ἔννοιαν ἔσχον ἀπὸ τῶν φαινο-
μένων ἀστέρων, ὁρῶντες τούτους μεγάλης συμφωνίας
ὄντας αἰτίους, καὶ τεταγμένας ἀνατολάς τε καὶ δυ-
σμάς, ἡμέραν τε καὶ νύκτα, χειμῶνά τε καὶ θέρος,
καὶ τὰ ὑπὸ τῆς γῆς ζωογονούμενα καὶ καρπογονού-
μενα. Διὸ πατὴρ μὲν ἔδοξεν αὐτοῖς ὁ οὐρανὸς ὑπάρ-
χειν, μήτηρ δὲ ἡ γῆ· τούτων δὲ ὁ μὲν οὐρανός,
πατήρ, διὰ τὸ τὰς τῶν ὑδάτων ἐκχύσεις, σπερμάτων
ἔχειν τάξιν, ἡ δὲ γῆ μήτηρ, διὰ τὸ δέχεσθαι ταῦτα
καὶ τίκτειν· βλέποντες δ' ἀεὶ τοὺς ἀστέρας θέοντας,
αἰτίους τε τοῦ θεωρεῖν ἡμᾶς ἥλιόν τε καὶ σελήνην,
Θεοὺς προσηγόρευσαν. Εἰς δεύτερον δὲ καὶ τρίτον
τόπον τοὺς Θεοὺς διεῖλον, εἴς τε τὸ βλάπτον καὶ τὸ
ὠφελοῦν· καὶ τοὺς μὲν ὠφελοῦντας, Δία, Ἥραν,
Ἑρμῆν, Δήμητραν· τοὺς δὲ βλάπτοντας, Ποινάς,
Ἐριννύας, Ἄρην, τούτους ἀφοσιούμενοι χαλεποὺς ὄν-
τας καὶ βιαίους. Τέταρτον καὶ πέμπτον προςτεθεί-
κασι τοῖς πράγμασι, καὶ τοῖς πάθεσι· παθῶν μέν,
Ἔρωτα, Ἀφροδίτην, Πόθον· πραγμάτων δέ, Ἐλπίδα,

Δίκην, Εὐνομίαν. Ἕκτον δὲ τόπον προςέλαβε τὸ ὑπὸ τῶν ποιητῶν πεπλασμένον· Ἡσίοδος γὰρ, βουλόμενος τοῖς γεννητοῖς Θεοῖς πατέρας συστῆσαι, εἰςήγαγε τοιούτους αὐτὸς γεννήτορας·

Κοῖόν τε, Κρεῖόν θ', Ὑπερίονά τ', Ἰαπετόν τε.

Διὰ τοῦτο καὶ μυθικὸν κέκληται. Ἕβδομον δὲ καὶ ἐπὶ πᾶσι, τὸ διὰ τὰς εἰς τὸν κοινὸν βίον εὐεργεσίας ἐκτετιμημένον, ἀνθρωπίνως δὲ γεννηθέντας, ὡς Ἡρακλέα, ὡς Διοςκούρους, ὡς Διόνυσον. Ἀνθρωποειδεῖς δ' αὐτοὺς ἔφασαν εἶναι, διότι τῶν μὲν ἁπάντων τὸ θεῖον κυριώτατον, τῶν δὲ ζώων ἄνθρωπος κάλλιστον, καὶ κεκοσμημένον ἀρετῇ διαφόρως κατὰ τὴν τοῦ νοῦ σύστασιν, τὸ κράτιστον. Τοῖς οὖν ἀριστεύουσι τὸ κράτιστον ὁμοίως καὶ καλῶς ἔχειν διενοήθησαν.

(Opinions des philosophes.)

72. *Il n'est pas impossible que la lune soit habitée.*

Τοὺς δ' ἐπὶ τῆς σελήνης, εἴπερ εἰσίν, εὐσταλεῖς εἶναι τοῖς σώμασι, καὶ διαρκῶς ὑπὸ τῶν τυχόντων τρέφεσθαι πιθανόν ἐστι. Καὶ γὰρ αὐτὴν τὴν σελήνην, ὥσπερ τὸν ἥλιον, ζῶον ὄντα πύρινον, καὶ τῆς γῆς ὄντα πολλαπλάσιον, ἀπὸ τῶν ὑγρῶν φησι τῶν ἀπὸ τῆς γῆς τρέφεσθαι, καὶ τοὺς ἄλλους ἀστέρας, ἀπείρους ὄντας· οὕτως ἐλαφρὰ καὶ λιτὰ τῶν ἀναγκαίω φέρειν ζῶα τὸν ἄνω τόπον ὑπολαμβάνουσιν. Ἀλλ' οὔτε ταῦτα συνορῶμεν, οὔτε ὅτι καὶ χώρα καὶ φύσις καὶ κρᾶσις ἄλλη πρόσφορός ἐστιν αὐτοῖς. Ὥσπερ οὖν, εἰ, τῇ θαλάττῃ μὴ δυναμένων ἡμῶν προσελθεῖν, μηδὲ ἄψασθαι, μόνον δὲ τὴν θέαν αὐτῆς πόρρωθεν ἀφορώντων, καὶ πυνθανομένων, ὅτι πικρὸν καὶ ἄπο-

τον καὶ ἁλμυρὸν ὕδωρ ἐστίν, ἔλεγέ τις, ὡς ζῶα
πολλὰ καὶ μεγάλα καὶ παντοδαπὰ ταῖς μορφαῖς
τρέφει κατὰ βάθους, καὶ θηρίων ἐστὶ πλήρης ὕδατι
χρωμένων, ὅσαπερ ἡμεῖς ἀέρι, μύθοις ἂν ὅμοια καὶ
τέρασιν ἐδόκει περαίνειν· οὕτως ἐοίκαμεν ἔχειν, καὶ
τούτους ἀσκεῖν πρὸς τὴν σελήνην, ἀπιστοῦντες, ἐκεῖ
τινας ἀνθρώπους κατοικεῖν. Ἐκείνους δ᾽ ἂν οἴμαι
πολὺ μᾶλλον ἀποθαυμάσαι τὴν γῆν, ἀφορῶντας οἷον
ὑποστάθμην καὶ ἰλὺν τοῦ παντός, ἐν ὑγροῖς καὶ
ὁμίχλαις καὶ νέφεσι διαφαινομένην, ἀλαμπὲς καὶ
ταπεινὸν καὶ ἀκίνητον χωρίον, εἰ ζῶα φύει καὶ τρέ-
φει, μετέχοντα κινήσεως, ἀναπνοῆς, θερμότητος·
κἂν εἰ ποθεν αὐτοῖς ἐγγένοιτο τῶν Ὁμηρικῶν τούτων
ἀκοῦσαι·

Σμερδαλέ᾽, εὐρώεντα, τά τε στυγέουσι θεοίπερ [1]·

καί·

Τόσσον ἔνερθ᾽ ἀΐδα, ὅσον οὐρανός ἐστ᾽ ἀπὸ γαίη.

ταῦτα φήσουσιν ἀτεχνῶς περὶ τοῦ χωρίου τούτου
λέγεσθαι, καὶ τὸν ᾅδην ἐνταῦθα καὶ τὸν τάρταρον
ἀποχεῖσθαι, γῆν δὲ μίαν εἶναι τὴν σελήνην, ἴσον
ἐκείνων τῶν ἄνω καὶ τῶν κάτω τούτων ἀπέχουσαν.

(Face lunaire.)

73. La chasse endurcit le cœur de l'homme.

Καὶ μὲν ἐκ τῆς κυνηγεσίας φασὶν ἥκειν ἐπ᾽ ἀν-
θρώπους τὴν ἀπάθειαν καὶ τὴν ἀγριότητα γευσαμέ-

[1] Il s'agit, dans ce passage et dans le suivant, du séjour
des enfers, de ce séjour

Abhorré des mortels, et craint même des dieux.

(BOILEAU.)

την φόνου, καὶ προεθισθεῖσαν αἷμα καὶ τραύματα
ζώων μὴ δυςχεραίνειν, ἀλλὰ χαίρειν σφαττομένοις
καὶ ἀποθνήσκουσιν. Εἶθ', ὥσπερ ἐν Ἀθήναις πρῶτός
τις ὑπὸ τῶν Τριάκοντα [1] συκοφάντης ἀποθανὼν ἐπι-
τήδειος ἐλέχθη, καὶ δεύτερος ὁμοίως καὶ τρίτος·
ἐκ τούτου δὲ καταμικρὸν ἤδη προϊόντες, ἥπτοντο
τῶν ἐπιεικῶν, καὶ τέλος οὐδὲ τῶν ἀρίστων ἀπέσχοντο
πολιτῶν· οὕτως ὁ πρῶτος ἄρκτον ἀνελὼν ἢ λύκον,
εὐδοκίμησε· καὶ βοῦς τις, ἢ σῦς, αἰτίαν ἔσχε προ-
κειμένων ἱερῶν γευσάμενος, ἐπιτήδειος ἀποθανεῖν.
Ἔλαφοι δὲ τοὐντεῦθεν ἤδη καὶ λαγωοὶ καὶ δόρκες
ἐσθιόμενοι, προβάτων, καὶ κυνῶν ἐνιαχοῦ καὶ ἵππων,
κρέα προὐξένησαν· τιθασσὸν δὲ χῆνα καὶ « περιστε-
ρὰν ἐφέστιον οἰκέτιν τε » οὐχ ὡς γαλαῖ καὶ αἴλουροι
τροφῆς ἕνεκα διὰ λιμόν, ἀλλ' ἐφ' ἡδονῇ καὶ ὄψῳ
διασπῶντες καὶ κατακόπτοντες, ὅσον ἔνεστι τῇ φύσει
φονικὸν καὶ θηριῶδες ἔρρωσαν, καὶ πρὸς οἶκτον
ἀκαμπὲς ἀπειργάσαντο, τοῦ δὲ ἡμέρου τὸ πλεῖστον
ἀπήμβλυναν. Ὥσπερ αὖ πάλιν οἱ Πυθαγορικοὶ τὴν
πρὸς τὰ θηρία πραότητα μελέτην ἐποιήσαντο, πρὸς
τὸ φιλάνθρωπον καὶ φιλοικτίρμον. Ἡ γὰρ συνήθεια
δεινή, τοῖς κατὰ μικρὸν ἐνοικειουμένη πάθεσι, πόρρω
προαγαγεῖν τὸν ἄνθρωπον.

(Animaux de terre et de mer.)

1. Comparez avec ces réflexions celles que Salluste met
dans la bouche de César : *Lacedæmonii, devictis Athenien-
sibus, triginta viros imposuere, qui rempublicam tracta-
rent. Hi primo cœpere pessumum quemque, et omnibus
invisum, indemnatum necare : eo populus lætari, et me-
rito dicere fieri ; post*, etc.

74. *Est-il vrai que le sentiment suppose la raison?*

Εἰ δ' ἄτοπος ὁ ζητῶν τοῦ ἐμψύχου τὸ μὲν αἰσθητικόν, τὸ δ' ἀναίσθητον εἶναι, καὶ τὸ μὲν φαντασιούμενον, τὸ δ' ἀφαντασίωτον, ὅτι πᾶν τὸ ἔμψυχον αἰσθητικὸν εὐθὺς εἶναι καὶ φανταστικὸν πέφυκεν· οὐδὲ οὗτος ἐπιεικῶς ἀπαιτήσει τὸ μὲν λογικὸν εἶναι τοῦ ἐμψύχου, τὸ δ' ἄλογον, πρὸς ἀνθρώπους διαλεγόμενος, μηδὲ ἓν οἰομένους αἰσθήσεως μετέχειν, ὃ μὴ καὶ συνέσεως, μηδ' εἶναι ζῶον, ᾧ μὴ δόξα τις καὶ λογισμός, ὥςπερ αἴσθησις καὶ ὁρμὴ κατὰ φύσιν πάρεστιν. Ἡ γὰρ φύσις, ἣν ἕνεκά του καὶ πρός τι πάντα ποιεῖν ὀρθῶς λέγουσιν, οὐκ ἐπὶ ψιλῷ τῷ πάσχον τι αἰσθάνεσθαι τὸ ζῶον αἰσθητικὸν ἐποίησεν· ἀλλ' ὄντων μὲν οἰκείων πρὸς αὐτὸ πολλῶν, ὄντων δ' ἀλλοτρίων, οὐδ' ἀκαρὲς ἦν περιεῖναι, μὴ μαθόντι τὰ μὲν φυλάττεσθαι, τοῖς δὲ συμφέρεσθαι. Τὴν μὲν οὖν γνῶσιν ἀμφοῖν ὁμοίως ἡ αἴσθησις ἑκάστῳ παρέχει· τὰς δὲ ἐπομένας τῇ αἰσθήσει, τῶν μὲν ὠφελίμων λήψεις καὶ διώξεις, διακρούσεις δὲ καὶ φυγὰς τῶν ὀλεθρίων καὶ λυπηρῶν, οὐδεμία μηχανὴ παρεῖναι τοῖς μὴ λογίζεσθαί τι καὶ κρίνειν καὶ μνημονεύειν καὶ προσέχειν πεφυκόσιν· ἀλλὰ ὧν ἂν ἀφέλῃς παντάπασι προςδοκίαν, μνήμην, πρόθεσιν, παρασκευήν, τὸ ἐλπίζειν, τὸ δεδοικέναι, τὸ ἐπιθυμεῖν, τὸ ἀσχάλλειν, οὔτ' ὀμμάτων ὄφελος οὐδὲν αὐτοῖς παρόντων, οὔτ' ὤτων· αἰσθήσεώς τε πάσης καὶ φαντασίας, τὸ χρώμενον οὐκ ἐχούσης, ἀπηλλάχθαι βέλτιον, ἢ πονεῖν καὶ λυπεῖσθαι καὶ ἀλγεῖν, ᾧ διακρούσεται ταῦτα μὴ παρόντος. Καίτοι Στράτωνός γε, τοῦ φυσικοῦ, λόγος ἐστίν, ἀποδεικνύων, ὡς οὐδ' αἰσθάνεσθαι τοπαράπαν ἄνευ τοῦ νοεῖν

ὑπάρχει· καὶ γὰρ γράμματα πολλάκις ἐπιπορευομέ-
νους τῇ ὄψει, καὶ λόγοι προςπίπτοντες τῇ ἀκοῇ δια-
λανθάνουσιν ἡμᾶς καὶ διαφεύγουσι πρὸς ἑτέροις τὸν
νοῦν ἔχοντας· εἶτ' αὖθις ἐπανῆλθε καὶ μεταθεῖ καὶ
μεταδιώκει τῶν προϊεμένων ἕκαστον ἀναλεγόμενος.
Ἧ καὶ λέλεκται·

> Νοῦς ὁρῇ, καὶ νοῦς ἀκούει,
> Τὰ δὲ ἄλλα κωφὰ καὶ τυφλά·

ὡς τοῦ περὶ τὰ ὄμματα καὶ ὦτα πάθους, ἂν μὴ
παρῇ τὸ φρονοῦν, αἴσθησιν οὐ ποιοῦντος. Διὸ καὶ
Κλεομένης ὁ βασιλεὺς παρὰ πότον εὐδοκιμοῦντος
ἀκροάματος, ἐρωτηθείς, εἰ οἱ φαίνεται σπουδαῖον,
ἐκέλευσεν ἐκείνους σκοπεῖν, « αὐτὸν γὰρ ἐν Πελο-
ποννήσῳ τὸν νοῦν ἔχειν. » Ὅθεν ἀνάγκη πᾶσιν, οἷς
τὸ αἰσθάνεσθαι, καὶ τὸ νοεῖν ὑπάρχειν, εἰ τῷ νοεῖν
αἰσθάνεσθαι πεφύκαμεν.

(Animaux de terre et de mer.)

75. *Les animaux sont susceptibles de passions.*

Ἔστω δὲ μὴ δεῖσθαι τοῦ νοῦ τὴν αἴσθησιν πρὸς
τὸ αὐτῆς ἔργον· ἀλλ' ὅταν γε τῷ ζώῳ πρὸς τὸ οἰ-
κεῖον καὶ τὸ ἀλλότριον ἡ αἴσθησις ἐνεργασαμένη
διαφορὰν ἀπέλθῃ, τί τὸ μνημονεῦόν ἐστιν ἤδη, καὶ
δεδιὸς τὰ λυποῦντα, καὶ ποθοῦν τὰ ὠφέλιμα, καί,
μη παρόντων, ὅπως παρέσται μηχανώμενον ἐν
αὐτοῖς, καὶ παρασκευαζόμενον ὁρμητήρια καὶ κατα-
φυγάς, καὶ θήρατρα πάλιν αὖ τοῖς ἁλωσομένοις, καὶ

1. Porphyre dit, d'après Pythagore, que toute âme qui a
des sensations et de la mémoire, est, par cela seul, rai-
sonnable.

ἀποδράσεις τῶν ἐπιτιθεμένων; Καίτοι γε κἀκεῖνοι
λέγοντες ἀποκναίουσιν, ἐν ταῖς εἰσαγωγαῖς ἑκάστοτε
τὴν πρόθεσιν ὁριζόμενοι σημείωσιν ἐπιτελειώσεως,
τὴν δ' ἐπιβολὴν ὁρμὴν πρὸ ὁρμῆς, παρασκευὴν δὲ
πρᾶξιν πρὸ πράξεως, μνήμην δὲ κατάληψιν ἀξιώμα-
τος παρεληλυθότος, οὖ τὸ παρὸν ἐξ αἰσθήσεως κατ-
ελήφθη · τούτων γὰρ οὐδέν, ὅ τι μὴ λογικόν ἐστι,
καὶ πάντα τοῖς ζῴοις ὑπάρχει πᾶσιν. Ὥσπερ ἀμέλει
καὶ τὰ περὶ τὰς νοήσεις, ἃς ἐναποκειμένας μὲν ἐν-
νοίας καλοῦσι, κινουμένας δὲ διανοήσεις · τὰ δὲ
πάθη σύμπαντα κοινῶς κρίσεις φαύλας καὶ δόξας
ὁμολογοῦντες εἶναι, θαυμαστόν, ὅτι δὴ παρορῶσιν
ἐν τοῖς θηρίοις ἔργα καὶ κινήματα, πολλὰ μὲν θυ-
μῶν, πολλὰ δὲ φόβων, καὶ ναὶ μὰ Δία φθόνων καὶ
ζηλοτυπιῶν. Αὐτοὶ δὲ καὶ κύνας ἁμαρτάνοντας καὶ
ἵππους κολάζουσιν, οὐ διακενῆς, ἀλλ' ἐπὶ σωφρο-
νισμῷ, λύπην δι' ἀλγηδόνος ἐμποιοῦντες αὐτοῖς, ἣν
μετάνοιαν ὀνομάζομεν. Ἡδονῆς δὲ τῷ μὲν δι' ὤτων
ὄνομα κήλησίς ἐστι, τῷ δὲ δι' ὀμμάτων γοητεία ·
χρῶνται δὲ ἑκατέροις ἐπὶ τὰ θηρία · καλοῦνται μὲν
ἔλαφοι καὶ ἵπποι σύριγξι καὶ αὐλοῖς, καὶ τοὺς παγού-
ρους ἐκ τῶν χηραμῶν ἀνακαλοῦνται βιαζόμενοι ταῖς
φώτιγξι · καὶ τὴν θρίσσαν ἀδόντων καὶ κροτούντων
ἀναδύεσθαι καὶ προϊέναι λέγουσιν · ὁ δ' ὦτος αὖ
πάλιν ἁλίσκεται γοητευόμενος, ὀρχουμένων ἐν ὄψει
μεθ' ἡδονῆς ἅμα ῥυθμῷ γλιχόμενος τοὺς ὤμους εὖ
διαφέρειν. Οἱ δὲ περὶ τούτων ἀβελτέρως λέγοντες,
μήτε ἥδεσθαι, μήτε θυμοῦσθαι, μήτε φοβεῖσθαι,
μήτε παρασκευάζεσθαι τὴν ἀηδόνα, μήτε μνημονεύειν
τὴν μέλιτταν, καὶ ὡσανεὶ θυμοῦσθαι τὸν λέοντα, καὶ
ὡσανεὶ φοβεῖσθαι τὴν ἔλαφον, οὐκ οἶδα, τί χρήσονται
τοῖς λέγουσι, μηδὲ βλέπειν, μηδ' ἀκούειν, ἀλλ' ὡς-

ανεὶ βλέπειν αὐτά, καὶ ὡςανεὶ ἀκούειν· μηδὲ φωνεῖν,
ἀλλ' ὡςανεὶ φωνεῖν· μηδὲ ὅλως ζῆν, ἀλλ' ὡςανεὶ
ζῆν [1]· ταῦτα γὰρ οὐ μᾶλλον ἐκείνων ἐστὶ λεγόμενα
παρὰ τὴν ἐνάργειαν, ὡς ἐγὼ πείθομαι.

(Animaux de terre et de mer.)

76. *Qualités distinctives de plusieurs animaux.*

Πρῶτον οὖν ὅρα προθέσεις καὶ παρασκευὰς ταύρων
ἐπὶ μάχῃ κονιομένων, καὶ κάπρων θηγόντων ὀδόν-
τας. Ἐλέφαντες δέ, τῆς ὕλης, ἣν ὀρύττοντες ἢ κεί-
ροντες ἐσθίουσιν, ἀμβλὺν τὸν ὀδόντα ποιούσης ἀπο-
τριβόμενον, τῷ ἑτέρῳ πρὸς ταῦτα χρῶνται, τὸν δ'
ἕτερον ἔπακμον ἀεὶ καὶ ὀξὺν ἐπὶ τὰς ἀμύνας φυλάτ-
τουσιν. Ὁ δὲ λέων ἀεὶ βαδίζει συνεστραμμένοις τοῖς
ποσίν, ἐντὸς ἀποκρύπτων τοὺς ὄνυχας, ἵνα μὴ τρι-
βόμενοι τὴν ἀκμὴν ἀπαμβλύνωσι, μήτε καταλίπωσιν
εὐπορίαν τοῖς στιβεύουσιν· οὐ γὰρ ῥαδίως εὑρίσκε-
ται ὄνυχος λεοντείου σημεῖον, ἀλλὰ μικροῖς καὶ
τυφλοῖς ἴχνεσιν ἐντυγχάνοντες, ἀποπλανῶνται καὶ
διαμαρτάνουσιν. Ὁ δ' ἰχνεύμων [2] ἀκηκόατε δήπου-
θεν ὡς οὐδὲν ἀπολείπει θωρακιζομένου πρὸς μάχην
ὁπλίτου· τοσοῦτον ἰλύος περιβάλλεται καὶ περι-
πήγνυσι τῷ σώματι χιτῶνα, μέλλων ἐπιτίθεσθαι τῷ
κροκοδείλῳ. Τὰς δὲ χελιδόνων πρὸ τῆς τεκνοποιΐας

---

1. C'est aussi jusque-là que les partisans de l'automatisme
poussent les conséquences de leur système.　　(RICARD.)

2. L'ichneumon, que Buffon appelle mangouste, est un
animal très-commun en Egypte, où on l'appelle aujourd'hui
rat de Pharaon; il brise les œufs des crocodiles, et les dé-
truit par là d'une manière plus prompte et plus sûre.

παρασκευὰς ὁρῶμεν, ὡς εὖ τὰ στερεὰ κάρφη πρῶπο-
βάλλονται δίκην θεμελίων, εἶτα περιπλάττουσι τὰ
κουφότερα · κἂν πηλοῦ τινος ἐγκόλλου δεομένην
αἴσθωνται τὴν νεοττίαν, λίμνης ἢ θαλάττης ἐν χρῷ
παραπετόμεναι ψαύουσι τοῖς πτίλοις ἐπιπολῆς, ὅσον
νοτεραί, μὴ βαρεῖαι γενέσθαι τῇ ὑγρότητι, συλλα-
βοῦσαι δὲ κονιορτόν, ἐπαλείφουσιν οὕτως καὶ συν-
δέουσι τὰ χαλῶντα καὶ διολισθαίνοντα · τῷ δὲ σχή-
ματι τὸ ἔργον οὐ γωνιῶδες, οὐδὲ πολύπλευρον, ἀλλὰ
ὁμαλὸν ὡς ἔνεστι μάλιστα καὶ σφαιροειδὲς ἀποτε-
λοῦσι · καὶ γὰρ μόνιμον καὶ χωρητικὸν τὸ ■οιοῦτο,
καὶ τοῖς ἐπιβουλεύουσι θηρίοις ἔξωθεν ἀντιλήψεις
οὐ πάνυ δίδωσι. Τὰ δ' ἀράχνης ἔργα κοινὸν ἱστῶν
γυναιξί, καὶ θήρας σαγηνευταῖς, ἀρχέτυπον, οὐ καθ'
ἓν ἄν τις θαυμάσειε · καὶ γὰρ ἡ τοῦ νήματος ἀκρί-
βεια, καὶ τῆς ὑφῆς τὸ μὴ διεχὲς μηδὲ στημονῶδες,
ἀλλὰ συνέχειαν ὑμένος, καὶ κόλλησιν ὑπό τινος ἀδή-
λως παραμεμιγμένης γλισχρότητος ἀπειργασμένον,
ἥ τε βαφὴ τῆς χρόας ἐνάερον καὶ ἀχλυώδη ποιοῦσα
τὴν ἐπιφάνειαν, ὑπὲρ τοῦ λαθεῖν, αὐτή τε μάλιστα
πάντων ἡ τῆς μηχανῆς αὐτῆς ἡνιοχεία καὶ κυβέρ-
νησις, ὅταν ἐνσχεθῇ τι τῶν ἁλωσίμων, ὥσπερ δεινοῦ
σαγηνευτοῦ, ταχὺ συναιρεῖν εἰς ταῦτα καὶ συνάγειν
τὸ θήρατρον, αἰσθανομένης καὶ φρονούσης τῇ καθ'
ἡμέραν ὄψει καὶ θέᾳ τοῦ γενομένου, πιστὸν ἔσχε
τὸν λόγον. Ἄλλως δ' ἂν ἐδόκει μῦθος · ὥσπερ ἡμῖν
ἐδόκει τὸ τῶν ἐν Λιβύῃ κοράκων, οἳ ποτοῦ δεόμενοι,
λίθους ἐμβάλλουσιν ἀναπληροῦντες καὶ ἀνάγοντες
τὸ ὕδωρ, μέχρις ἂν ἐν ἐφικτῷ γένηται. Εἶτα μέντοι
κύνα θεασάμενος ἐν πλοίῳ, τῶν ναυτῶν μὴ παρόν-
των, εἰς ἔλαιον ἀμφορέως ἀποδεοῦς ἐμβάλλοντα τῶν

χαλίκων, ἐθαύμασα [1], πῶς νοεῖ καὶ συνίησι τὴν γινομένην ἔκθλιψιν ὑπὸ τῶν βαρυτέρων τοῖς κουφοτέροις ὑφισταμένων. Ὅμοια δὲ καὶ τὰ τῶν Κρητικῶν μελισσῶν, καὶ τὰ τῶν ἐν Κιλικίᾳ γηνῶν· ἐκεῖναι μὲν γὰρ ἀνεμῶδές τι μέλλουσαι κάμπτειν ἀκρωτήριον, ἑρματίζουσιν ἑαυτάς, ὑπὲρ τοῦ μὴ παραφέρεσθαι, μικροῖς λιθιδίοις· οἱ δὲ γῆνες τοὺς ἀετοὺς δεδοικότες, ὅταν ὑπερβάλλωσι τὸν Ταῦρον, εἰς τὸ στόμα λίθον εὐμεγέθη λαμβάνουσιν, οἷον ἐπιστομίζοντες αὐτῶν καὶ χαλινοῦντες τὸ φιλόφωνον καὶ λάλον, ὅπως λάθωσι σιωπῇ παρελθόντες. Τῶν δὲ γεράνων καὶ τὸ περὶ τὴν πτῆσιν εὐδοκιμεῖ· πέτανται γάρ, ὅταν ᾖ πνεῦμα πολὺ καὶ τραχὺς ἀήρ, οὐχ, ὥσπερ εὐδίας οὔσης μετωπηδόν, ἢ κόλπῳ μηνοειδοῦς περιφερείας, ἀλλ' εὐθὺς εἰς τρίγωνον συνάγουσαι σχίζουσι τῇ κορυφῇ τὸ πνεῦμα περιρρέον, ὥστε μὴ διασπᾶσθαι τὴν τάξιν· ὅταν δὲ κατάρωσιν ἐπὶ γῆν αἱ προφυλακὴν ἔχουσαι νυκτός, ἐπὶ θατέρου σκέλους ὀχοῦνται τὸ σῶμα, τῷ δ' ἑτέρῳ ποδὶ λίθον περιλαβοῦσαι κρατοῦσι· συνέχει γὰρ ὁ τῆς ἀφῆς τόνος ἐν τῷ μὴ καθεύδειν πολὺν χρόνον· ὅταν δ' ἀνῶσιν, ἐκπεσὼν ὁ λίθος ταχὺ διήγειρε τὴν προεμένην. Ὥστε μὴ πάνυ θαυμάζειν τοῦ Ἡρακλέους, εἰ τόξα μασχάλῃ ὑποθείς, καὶ κραταιῷ περιβαλὼν βραχίονι,

Εὕδει πιέζων χειρὶ δεξιᾷ ξύλον·

μηδ' αὖ πάλιν τοῦ πρώτου ὑπονοήσαντος ὀστρέου μεμυκότος ἀνάπτυξιν, ἐντυγχάνοντα τοῖς ἐρωδιῶν

---

1. Il est difficile de révoquer ce fait en doute, puisque Plutarque le cite comme en ayant été lui-même témoin.

σοφίσμασιν· ὅταν γὰρ τὴν κόγχην καταπίῃ μεμυ-
κυῖαν, ἐνοχλούμενος ἐγκαρτερεῖ, μέχρις ἂν αἴσθη-
ται μαλασσομένην καὶ χαλῶσαν ὑπὸ τῆς θερμό-
τητος· τότε δ' ἐκβαλὼν κεχηνυῖαν καὶ ἀνεσπασμέ-
νην, ἐξεῖλε τὸ ἐδώδιμον.

(Animaux de terre et de mer.)

77. *Les hommes peuvent prendre quelques leçons à l'école des animaux.*

Τίνος μὲν οὖν ἀρετῆς οὐχὶ μᾶλλον μέτεστι τοῖς
θηρίοις, ἢ τῷ σοφωτάτῳ τῶν ἀνθρώπων; Σκόπει δὲ
πρῶτον, εἰ βούλει, τὴν ἀνδρείαν, ἐφ' ᾗ σὺ φρονεῖς
μέγα, καὶ οὐκ ἐγκαλύπτῃ θρασὺς καὶ πτολίπορθος
ἀποκαλούμενος· ὅστις, ὦ σχετλιώτατε! δόλοις καὶ
μηχαναῖς ἀνθρώπους ἁπλοῦν καὶ γενναῖον εἰδότας
πολέμου τρόπον, ἀπάτης δὲ καὶ ψευδῶν ἀπείρους,
παρακρουσάμενος, ὄνομα τῇ πανουργίᾳ προςτίθης
τῆς ἀρετῆς, ἥκιστα πονουργίαν προςιεμένης. Ἀλλὰ
τῶν γε θηρίων τοὺς πρὸς ἄλληλα καὶ πρὸς ὑμᾶς
ἀγῶνας ὁρᾷς, ὡς ἄδολοι καὶ ἄτεχνοι, καὶ μετ' ἐμ-
φανοῦς γυμνοῦ τε τοῦ θαῤῥεῖν πρὸς ἀληθινῆς ἀλκῆς
ποιοῦνται τὴν ἄμυναν· καὶ οὔτε νόμου καλοῦντος,
οὔτ' ἀστρατείας δεδοικότα γραφήν, ἀλλὰ φύσει φεύ-
γοντα τὸ κρατεῖσθαι, μέχρι τῶν ἐσχάτων ἐγκαρτε-
ρεῖ καὶ διαφυλάττει τὸ ἀήττητον. Οὐ γὰρ ἥττᾶται
κρατούμενα τοῖς σώμασιν, οὐδ' ἀπαγορεύει ταῖς ψυ-
χαῖς, ἀλλὰ ταῖς μάχαις ἐναποθνήσκει· πολλῶν δὲ
θνησκόντων ἡ ἀλκὴ μετὰ τοῦ θυμοειδοῦς ἀποχωρή-
σασά που καὶ συναθροισθεῖσα περὶ ἕν τι τοῦ σώμα-
τος μόριον, ἀνθίσταται τῷ κτείνοντι, καὶ πηδᾷ καὶ
ἀγανακτεῖ, μέχρις ἂν ὥσπερ πῦρ ἐγκατασβεσθῇ
παντάπασι καὶ ἀπόληται· δέησις δ' οὐκ ἔστιν, οὐδ'

οἴκτου παραίτησις, οὐδ' ἐξομολόγησις ἥττης. Οὐδὲ δουλεύει λέων λέοντι, καὶ ἵππος ἵππῳ, δι' ἀνανδρείαν, ὥσπερ ἄνθρωπος ἀνθρώπῳ, τὴν τῆς δειλίας ἐπώνυμον, εὐκόλως ἀσπαζόμενος. Ὅσα δ' ἄνθρωποι πάγαις ἢ δόλοις ἐχειρώσαντο, τὰ μὲν ἤδη τέλεια, καὶ τροφὴν ἀπωσάμενα, καὶ πρὸς δίψαν ἐγκαρτερήσαντα, τὸν πρὸ δουλείας ἐπάγεται καὶ ἀγαπᾷ θάνατον· νεοσσοῖς δὲ καὶ σκύμνοις τούτων, δι' ἡλικίαν εὐαγώγοις καὶ ἁπαλοῖς οὖσιν, πολλὰ καὶ ἀπατηλὰ μειλίγματα καὶ ὑποπεττεύματα προςφέροντες καὶ καταφαρμάττοντες, ἡδονῶν παρὰ φύσιν γευόμενα καὶ διαίτης, ἀδρανῆ χρόνῳ κατειργάσαντο καὶ προςεδέξαντο· καὶ ὑπέμειναν τὴν καλουμένην ἐξημέρωσιν, ὥσπερ ἀπογυναίκωσιν τοῦ θυμοειδοῦς. Οἷς δὲ μάλιστα δῆλον ὅτι τὰ θηρία πρὸς τὸ θαῤῥεῖν εὖ πέφυκε, τοῖς δ' ἀνθρώποις ἡ παῤῥησία καὶ παρὰ φύσιν ἐστίν. (Gryllus [1].)

78. Répugnance qu'eurent à vaincre les premiers hommes qui mangèrent de la chair d'animaux. — Magnifique prosopopée.

Ἀλλὰ σὺ μὲν ἐρωτᾷς, τίνι λόγῳ Πυθαγόρας ἀπείχετο σαρκοφαγίας; ἐγὼ δὲ θαυμάζω, καὶ τίνι πάθει

---

1. Gryllus signifie en latin *grunnitus* ; c'est le cri du porc. Ce traité, dont Rousseau semble avoir emprunté plusieurs idées dans son Ode au marquis de La Fare (II, 9), est en forme de dialogue. Les interlocuteurs sont : Circé, Ulysse, et un de ses compagnons, métamorphosé en pourceau. — Voyez la belle imitation qu'en a faite La Fontaine dans sa fable (XII, 1) intitulée *les Compagnons d'Ulysse*. Le fragment qu'on vient de lire est une réponse de Gryllus à Ulysse, qui lui avait dit : « Et quelle est donc, mon cher Gryllus, la vertu dont les animaux sont doués ? » — « Demande plutôt, » répond Gryllus, etc.

καὶ ποίᾳ ψυχῇ ἢ λόγῳ ὁ πρῶτος ἄνθρωπος ἥψατο
φόνου στόματι, καὶ τεθνηκότος ζῴου χείλεσι προς-
ήψατο σαρκός· καὶ νεκρῶν σωμάτων καὶ εἰδώλων
προέθετο τραπέζαις ὄψα καὶ τροφήν, τὰ προςέτι εἰ-
πεῖν μικρὸν ἔμπροσθεν βρυχόμενα μέρη καὶ φθεγγό-
μενα καὶ κινούμενα καὶ βλέποντα; πῶς; ἡ ὄψις ὑπ-
έμεινε τὸν φόνον σφαζομένων, δερομένων, διαμελιζο-
μένων, πῶς; ἡ ὄσφρησις ἤνεγκε τὴν ἀποφοράν· πῶς;
τὴν γεῦσιν οὐκ ἀπέστρεψεν ὁ μολυσμός, ἑλκῶν ψαύ-
ουσαν ἀλλοτρίων, καὶ τραυμάτων θανασίμων χυμοὺς
καὶ ἰχῶρας ἀπολαμβάνουσαν;

Εἷρπον μὲν ῥινοί, κρέα δ' ἀμφ' ὀβελοῖσ' ἐμεμύκει
Ὀπταλέα τε καὶ ὠμά, βοῶν δ' ὡς γίνετο φωνή.

Τοῦτο πλάσμα καὶ μῦθός ἐστι, τὸ δέ γε δεῖπνον
ἀληθῶς τερατῶδες, πεινᾶν τινα τῶν μυκωμένων ἔτι,
καὶ διδάσκοντα ἀφ' ὧν δεῖ τρέφεσθαι ζώντων ἔτι
καὶ λαλούντων, διαταττόμενον ἀρτύσεις τινὰς καὶ
ὀπτήσεις καὶ παραθέσεις· τοῦτον ἔδει ζητεῖν τὸν
πρῶτον ἀρξάμενον, οὐ τὸν ὀψὲ παυσάμενον. Ἢ τοῖς
μὲν πρώτοις ἐκείνοις, ἐπιχειρήσασι σαρκοφαγεῖν, τὴν
αἰτίαν ἄν εἴποι τις πᾶσαν τὴν ἀπορίαν. Οὐ γὰρ ἐπι-
θυμίαις ἀνόμοις συνδιάγοντες, οὐδ' ἐν περιουσίᾳ
τινὶ ἀναγκαίων ὑβρίσαντες εἰς ἡδονὰς παρὰ φύσιν
ἀσυμφύλους ἐπὶ ταῦτ' ἦλθον· ἀλλ' εἴποιεν ἄν, αἴ-
σθησιν ἐν τῷ παρόντι καὶ φωνὴν λαβόντες· — Ὦ
μακάριοι καὶ θεοφιλεῖς οἱ νῦν ὄντες ὑμεῖς! οἷον βίου
λαχόντες αἰῶνα καρποῦσθε καὶ νέμεσθε κλῆρον ἀγα-
θῶν ἄφθονον! ὅσα φύεται ὑμῖν! ὅσα τρυγᾶται! ὅσον
πλοῦτον ἐκ πεδίων, ὅσας ἀπὸ φυτῶν ἡδονὰς δρέπε-
σθαι πάρεστιν! ἔξεστιν ὑμῖν καὶ τρυφᾶν μὴ μιαινο-

μένοις. Ἡμᾶς δὲ σκυθρωπότατον καὶ φοβερώτατον
ἐδέξατο βίου καὶ χρόνου μέρος, εἰς πολλὴν καὶ ἀμή-
χανον ἐκπεσόντας ὑπὸ τῆς πρώτης γενέσεως ἀπορίαν.
Ἔτι μὲν οὐρανὸν ἔκρυπτεν ἀήρ, καὶ ἄστρα θολερῷ
καὶ δυςδιαστατοῦντι πεφυρμένα ὑγρῷ καὶ πυρί, καὶ
ζάλαις ἀνέμων· οὐδέπω δὲ ὁ ἥλιος ἵδρυτο ἀπλανῆ
καὶ βέβαιον ἔχων δρόμον, ἠῶ καὶ δύσιν ἔκρινε, περί
τε ἤγαγεν αὖθις ὀπίσω, καρποφόροισιν ἐπιστέψας
κάλυκος στεφάνοισιν, ὥρας· γῆ δὲ ὕβριστο ποταμῶν
ἐκβολαῖς ἀτάκτων, καὶ πολλὰ λίμναισιν ἄμορφα,
καὶ πηλοῖς βαθέσι καὶ λόχμαις ἀφόροις καὶ ὕλαις
ἐξηγρίωτο· φορὰ δὲ ἡμέρων καρπῶν, καὶ τέχνης
ὄργανον οὐδέν, οὐδὲ μηχανὴ σοφίας· ὁ δὲ λιμὸς οὐκ
ἐδίδου χρόνον, οὐδὲ ὥρας ἐτησίους σπόρος ὧν τότε
ἀνέμενε. Τί θαυμαστόν, εἰ ζώων ἐχρησάμεθα σαρκὶ
παρὰ φύσιν, ὅτ' ἰλὺς ἠσθίετο καὶ φλοιὸς ἐβρώθη
ξύλου, καὶ ἄγρωστιν εὑρεῖν βλαστάνουσαν, ἢ φλοιοῦ
τινα ῥίζαν, εὐτυχὲς ἦν· βαλάνου δὲ γευσάμενοι καὶ
φαγόντες, ἐχόρευσαν ὑφ' ἡδονῆς περὶ δρῦν τινα καὶ
φηγόν, ζείδωρόν τε καὶ μητέρα καὶ τροφὸν ἀποκα-
λοῦντες ἐκείνην, ἣν ὁ τότε βίος ἑορτὴν ἔγνω, τὰ δ'
ἄλλα φλεγμονῆς ἦν ἅπαντα μεστὰ καὶ στυγνότητος.
Ὑμᾶς δὲ τοὺς νῦν τίς λύσσα καὶ τίς οἶστρος ἄγει
πρὸς μιαιφονίαν, οἷς τοσαῦτα περίεστι τῶν ἀναγκαίων;
Τί καταψεύδεσθε τῆς γῆς ὡς τρέφειν μὴ δυναμένης;
Τί τὴν θεσμοφόρον ἀσεβεῖτε Δήμητραν, καὶ τὸν ἡμε-
ρίδην καὶ μειλίγιον αἰσχύνετε Διόνυσον, ὡς οὐχ ἱκανὰ
παρὰ τούτων λαμβάνοντες; Οὐκ αἰδεῖσθε τοὺς ἡμέ-
ρους καρποὺς αἵματι καὶ φόνῳ μιγνύοντες; Ἀλλὰ
δράκοντας ἀγρίους καλεῖτε καὶ παρδάλεις καὶ λέον-
τας, αὐτοὶ δὲ μιαιφονεῖτε εἰς ὠμότητα καταλιπόντες

ἐκείνοις οὐδέν · ἐκείνοις μὲν γὰρ ὁ φόνος τροφή, ὑμῖν δ' ὄψον ἐστίν. »   (Sarcophagie[1].)

79. *Le verbe et le nom sont toujours*
L'essentiel de tout discours.
(Cl. LANCELOT de P.-R.)

Διὰ τί Πλάτων εἶπε, τὸν λόγον ἐξ ὀνομάτων καὶ ῥημάτων κεράννυσθαι; Δοκεῖ γὰρ πάντα, πλὴν δυεῖν τούτων, τὰ μέρη τοῦ λόγου μηθέν · Ὅμηρον δὲ καὶ νεανιευσάμενον [2] εἰς ἕνα στίχον ἐμβαλεῖν ἅπαντα τοῦτον ·

Αὐτὸς ἰὼν κλισίηνδε, τὸ σὸν γέρας, ὄφρ' εὖ εἰδῇς ·

καὶ γὰρ ἀντωνυμία, καὶ μετοχή, καὶ ὄνομα, καὶ ῥῆμα, καὶ πρόθεσις, καὶ ἄρθρον, καὶ σύνδεσμος, καὶ ἐπίρρημα ἔνεστι. Τὸ γὰρ Δε μόριον νῦν ἀντὶ τῆς Εἰς

1. Voyez dans l'*Emile* (liv. 2e) la traduction libre du début de ce traité : *S'il est loisible de manger de la chair.*

« Tu me demandes, dit Rousseau d'après Plutarque, pourquoi Pythagore s'abstenait de manger de la chair des bêtes ; mais moi je te demande, au contraire, quel courage d'homme eut le premier qui approcha de sa bouche, etc. » Cette *déclamation* de Plutarque est le sujet d'un ouvrage plus étendu de Porphyre, philosophe pythagoricien qui vivait au troisième siècle. C'est un traité divisé en quatre livres, sur l'abstinence de la chair des animaux.

2. Plutarque me semble lui-même νεανιεύεσθαι, lorsqu'il prête à Homère une intention aussi puérile. Ce grand poète ne songeait probablement pas plus à emballer (ἐμβαλεῖν) ou entasser (ἐντάσσειν), dans le 185e vers du Ier chant de son *Iliade*, tous les éléments du discours, qu'à créer un vers rhopalique (*sic vocat et laudat Eustathius, Rom. edit.,* pag. 401), en faisant dire à Priam, *Iliad.* III, 182 :

Ὦ μάκαρ Ἀτρείδη, μοιρηγενές, ὀλβιόδαιμον!
  1   2   3   4   5
O felix Atrida, fortunate, beatissime!
Plutarque. Morales, grec.   6

προθέσεως τέτακται · τὸ γὰρ Κλισίηνδε, τοιοῦτόν
ἐστιν, οἷον τὸ Ἀθήναζε. Τί δὴ ῥητέον ὑπὲρ τοῦ Πλά-
τωνος; Ἢ ὅτι πρῶτον λόγον οἱ παλαιοί, τὴν τότε
καλουμένην πρότασιν, νῦν δ' ἀξίωμα, προςηγόρευον,
ὃ πρῶτον λέγοντες, ἀληθεύουσιν ἢ ψεύδονται; Τοῦτο
δ' ἐξ ὀνόματος καὶ ῥήματος συνέστηκεν, ὧν τὸ μὲν
πτῶσιν οἱ διαλέκτικοί, τὸ δὲ κατηγόρημα καλοῦσιν.
Ἀκούσαντες γάρ, ὅτι « Σωκράτης φιλοσοφεῖ, » καὶ πά-
λιν, ὅτι « Σωκράτης τρέπεται, » τὸν μέν, ἀληθῆ λόγον
εἶναι, τὸν δέ, ψευδῆ φήσομεν, οὐδενὸς ἄλλου προς-
δεηθέντες. Καὶ γὰρ εἰκός, ἀνθρώπους ἐν χρείᾳ λόγου
τὸ πρῶτον καὶ φωνῆς ἐνάρθρου γενέσθαι, τάς τε πρά-
ξεις καὶ τοὺς πράττοντας αὐτὰς καὶ τὰ πάθη καὶ τοὺς
πάσχοντας ἀλλήλοις διασαφεῖν καὶ ἀποσημαίνειν βου-
λομένους. Ἐπεὶ τοίνυν τῷ μὲν ῥήματι τὰ πράγματα
καὶ τὰ πάθη, τῷ δ' ὀνόματι τοὺς πράττοντας αὐτὰ
καὶ πάσχοντας ἀποχρώντως δηλοῦμεν, ὡς αὐτὸς
εἴρηκε, ταῦτα σημαίνειν ἔδοξε · τὰ δ' ἄλλα φαίη τις
ἂν οὐ σημαίνειν, οἷον οἱ στεναγμοὶ καὶ ὀλολυγμοὶ
τῶν ὑποκριτῶν · καὶ νὴ Δία πολλάκις ἐπιμειδίασις
καὶ ἀποσιώπησις ἐμφαντικώτερον ποιεῖ τὸν λόγον,
οὐ μὲν ἀναγκαίαν ἔχει πρὸς τὸ σημαίνειν, ὡς τὸ
ῥῆμα, καὶ τοὔνομα, δύναμιν, ἀλλ' ἐπίθετόν τινα
ποικίλλουσαν τὸν λόγον · ὥσπερ τὰ στοιχεῖα ποικίλ-
λουσιν οἱ τὰ πνεύματα καὶ τὰς δασύτητας αὐτῶν,
ἐκτάσεις τε καὶ συστολὰς ἐνίων αὐτὰ καθ' αὐτὰ
στοιχεῖα τιθέμενοι, πάθη μᾶλλον ὄντα καὶ συμβε-
βηκότα, καὶ διαφορὰς στοιχείων, ὡς ἐδήλωσαν οἱ
παλαιοί, διὰ τῶν ἐκκαίδεκα ' φράζοντες ἀποχρών-
τως καὶ γράφοντες.   (Questions platoniques.)

1. Les seize lettres cadméennes étaient : A. E. I. O. Y.
H. Γ. Δ. Η. Κ. Τ. Λ. Μ. Ν. Ρ. Σ.

80. *Dieu est la cause par excellence; le monde est l'ouvrage le plus parfait.*

Βέλτιον μὲν Πλάτωνι πειθομένους, τὸν μὲν κό-
σμον ὑπὸ Θεοῦ γεγονέναι λέγειν καὶ ᾄδειν· ὁ μὲν γὰρ
κάλλιστος τῶν γεγονότων, ὁ δ' ἄριστος τῶν αἰτιῶν·
τὴν δ' οὐσίαν καὶ ὕλην, ἐξ ἧς γέγονεν, οὐ γενομέ-
νην, ἀλλὰ ὑποκειμένην ἀεὶ τῷ δημιουργῷ, εἰς διά-
θεσιν καὶ τάξιν αὐτῆς, καὶ πρὸς αὐτὸν ἐξομοίωσιν,
ὡς δυνατὸν ἦν, ἐμπαρασχεῖν. Οὐ γὰρ [1] ἐκ τοῦ μὴ
ὄντος ἡ γένεσις, ἀλλ' ἐκ τοῦ μὴ καλῶς μηδ' ἱκανῶς
ἔχοντος ; ὡς οἰκίας καὶ ἱματίου καὶ ἀνδριάντος.
Ἀκοσμία γὰρ ἦν τὰ πρὸ τῆς τοῦ κόσμου γενέσεως·
ἀκοσμία δὲ οὐκ ἀσώματος, οὐδ' ἀκίνητος, οὐδ'
ἄψυχος· ἀλλ' ἄμορφον μὲν καὶ ἀσύστατον τὸ σωμα-
τικόν, ἔμπληκτον δὲ καὶ ἄλογον τὸ κινητικὸν ἔχουσα·
τοῦτο δ' ἦν ἀναρμοστία ψυχῆς οὐκ ἐχούσης λόγον.
Ὁ γὰρ Θεὸς οὔτε σῶμα τὸ ἀσώματον, οὔτε ψυχὴν
τὸ ἄψυχον ἐποίησεν· ἀλλ' ὥσπερ ἁρμονικὸν ἄνδρα
καὶ ῥυθμικὸν οὐ φωνὴν ποιεῖν οὐδὲ κίνησιν, ἐμμελῆ
δὲ φωνὴν καὶ κίνησιν εὔρυθμον ἀξιοῦμεν· οὕτως ὁ
Θεὸς οὔτε τοῦ σώματος τὸ ἁπτὸν καὶ ἀντίτυπον,

1. Justin martyr, Origène, Clément Alexandrin, n'étaient
pas fort éloignés des sentiments de Platon au sujet de la ma-
tière. On lit même dans l'*Épître aux Hébreux* (XI, 3), selon
la Vulgate : *Fide intelligimus aptata esse sæcula verbo
Dei, ut ex invisibilibus visibilia fierent.* De plus, le début
de la *Genèse* peut se traduire, d'après l'exégèse rationnelle :
Cum primum ἐποίησε *Deus cœlum et terram (terra autem
erat,* etc.), *tunc dixit Deus : Sit lux, et fuit lux.* — En
effet, dans le texte sacré, il n'y a pas *barichonah,* ἐν ἀρχῇ,
mais bien *berechith,* ἐν ἀρχῇ τοῦ (ποιεῖν). ☞ Cette explica-
tion, que nous proposions il y a neuf ans, M. l'abbé Glaire
l'a adoptée dans la traduction de la Genèse qu'il a publiée à
Paris, en 1835.

οὔτε τῆς ψυχῆς τὸ φανταστικὸν καὶ κινητικὸν αὐτὸς
ἐποίησεν· ἀμφοτέρας δὲ τὰς ἀρχὰς παραλαβών, τὴν
μέν, ἀμυδρὰν καὶ σκοτεινήν, τὴν δέ, ταραχώδη καὶ
ἀνόητον, ἀτελεῖς δὲ τοῦ προσήκοντος ἀμφοτέρας καὶ
ἀορίστους, ἔταξε καὶ διεκόσμησε καὶ συνήρμοσε, τὸ
κάλλιστον ἀπεργασάμενος καὶ τελειότατον ἐξ αὐτῶν
ζῶον.   (Psychogonie.)

81. *La conduite d'un philosophe doit être en harmo-
nie avec ses maximes.*

Πρῶτον ἀξιῶ τὴν τῶν δογμάτων ὁμολογίαν ἐν
τοῖς βίοις θεωρεῖσθαι. Δεῖ γὰρ οὐχ οὕτω τὸν ῥή-
τορα, κατ' Αἰσχίνην, τὸ αὐτὸ φθέγγεσθαι καὶ τὸν
νόμον, ὡς τὸν βίον τοῦ φιλοσόφου τῷ λόγῳ σύμφω-
νον εἶναι. Ὁ γὰρ λόγος τοῦ φιλοσόφου νόμος αὐθαί-
ρετος καὶ ἴδιός ἐστιν, εἴγε δὴ μὴ παιδιὰν καὶ εὑρησι-
λογίαν ἕνεκα δόξης, ἀλλ' ἔργον ἄξιον σπουδῆς τῆς
μεγίστης, ὥσπερ ἐστίν, ἡγοῦνται φιλοσοφίαν. Ἐπεὶ
τοίνυν πολλὰ μέν, ὡς ἐν λόγοις, αὐτῷ Ζήνωνι, πολλὰ
δὲ Κλεάνθει, πλεῖστα δὲ Χρυσίππῳ γεγραμμένα
τυγχάνει περὶ πολιτείας καὶ τοῦ ἄρχεσθαι καὶ ἄρ-
χειν, καὶ δικάζειν καὶ ῥητορεύειν· ἐν δὲ τοῖς βίοις
οὐδενός ἐστιν εὑρεῖν οὐ στρατηγίαν, οὐ νομοθεσίαν,
οὐ πάροδον εἰς βουλήν, οὐ συνηγορίαν ἐπὶ δικαστῶν,
οὐ στρατείαν ὑπὲρ πατρίδος, οὐ πρεσβείαν, οὐκ ἐπί-
δοσιν· ἀλλ' ἐπὶ ξένης, ὥσπερ τινὸς λωτοῦ, γευσά-
μενοι σχολῆς, τὸν πάντα βίον, οὐ βραχύν, ἀλλὰ
παμμήκη γενόμενον, διήγαγον ἐν λόγοις καὶ βιβλίοις
καὶ περιπάτοις· οὐκ ἄδηλον, ὅτι τοῖς ὑφ' ἑτέρων
γραφομένοις καὶ λεγομένοις, μᾶλλον ἢ τοῖς ὑφ' αὑ-
τῶν ὁμολογουμένως ἔζησαν, ἣν Ἐπίκουρος ἡσυχίαν
ἐπαινεῖ, ἐν ταύτῃ τὸ παράπαν καταβιώσαντες. Αὐ-

τὸς γοῦν Χρύσιππος ¹ οὐδὲν οἴεται τὸν σχολαστικὸν
βίον τοῦ ἡδονικοῦ διαφέρειν · αὐτὰς δὲ παραθήσομαι
τὰς λέξεις · « Ὅσοι δὲ ὑπολαμβάνουσι φιλοσόφοις
ἐπιβάλλειν μάλιστα τὸν σχολαστικὸν βίον ἀπ᾽ ἀρ-
χῆς, οὗτοί μοι δοκοῦσι διαμαρτάνειν, ὑπονοοῦντες,
διαγωγῆς τινος ἕνεκεν δεῖν τοῦτο ποιεῖν, ἢ ἄλλου
τινὸς τούτῳ παραπλησίου, καὶ τὸν ὅλον βίον οὕτω
πως διελκύσαι · τοῦτο δ᾽ ἔστιν, ἂν σαφῶς θεωρηθῇ,
ἡδέως · οὐ γὰρ δεῖ λανθάνειν τὴν ὑπόνοιαν αὐτῶν,
πολλῶν μὲν σαφῶς τοῦτο λεγόντων, οὐκ ὀλίγων δ᾽
ἀδηλότερον. » Τίς οὖν μᾶλλον ἐν τῷ σχολαστικῷ
βίῳ τούτῳ κατεγήρασεν, ἢ Χρύσιππος, καὶ Κλεάν-
θης, καὶ Ζήνων; οἵ γε καὶ τὰς αὐτῶν κατέλιπον
πατρίδας, οὐθὲν ἐγκαλοῦντες, ἀλλ᾽ ὅπως καθ᾽ ἡσυ-
χίαν ἐν τῷ ἡδίονι καὶ ἐπὶ ζωστῆρος ² σχολάζοντες
καὶ φιλολογοῦντες διάγωσιν.

(Contradictions des Stoïciens.)

82 Caractère du sage des Stoïciens.

Ὁ Πινδάρου Καινεὺς εὐθύνην ὑπεῖχεν, ἀπιθάνως
ἄῤῥηκτος σιδήρῳ καὶ ἀπαθὴς τὸ σῶμα πλασσόμενος,
εἶτα καταδὺς ἄτρωτος ὑπὸ γῆν,

Σχίσας ὀρθῷ ποδὶ γᾶν.

1. Le bon Plutarque ne fut pas toujours exempt de préven-
tion ni de partialité ; nous en avons des exemples frappants
dans les jugements qu'il a portés sur Hérodote et sur Aristo-
phane. Comme il était de l'école académique, il porta l'excès
de son zèle jusqu'à l'intolérance à l'égard des autres sectes. Il
faut bien se garder de juger Chrysippe ou Epicure d'après
l'idée qu'il nous en donne.

2. Ἐν τῷ ἡδίονι καὶ ἐπὶ ζωστῆρος ; littéralement : dans un
état plus doux et sur la ceinture ; c'est-à-dire, mener une
vie plus douce et loin des affaires. Reiske voudrait qu'on

Ὁ δὲ Στωϊκὸς Λαπίθης [1], ὥςπερ ἐξ ἀδαμαντίνης ὕλης ὑπ' αὐτῶν τῆς ἀπαθείας κεχαλκευμένος, οὐκ ἄτρωτός ἐστιν οὐδ' ἄνοσος, οὐδ' ἀναλγής, ἄφοβος δὲ μένει καὶ ἄλυπος καὶ ἀήττητος, καὶ ἀβίαστος, τιτρωσκόμενος, ἀλγῶν, στρεβλούμενος, ἐν κατασκαφαῖς πατρίδος, ἐν πάθεσι τοιούτοις. Καὶ ὁ μὲν Πινδάρου Καινεὺς βαλλόμενος οὐ τιτρώσκεται· ὁ δὲ τῶν Στωϊκῶν σοφὸς ἐγκλειόμενος οὐ κωλύεται, καὶ κατακρημνιζόμενος οὐκ ἀναγκάζεται, καὶ στρεβλούμενος οὐ βασανίζεται, καὶ πηρούμενος οὐ βλάπτεται· καὶ πίπτων ἐν τῷ παλαίειν ἀήττητός ἐστι, καὶ περιτειχιζόμενος ἀπολιόρκητος, καὶ πωλούμενος ὑπὸ τῶν πολεμίων ἀνάλωτος· οὐθὲν τῶν πλοίων διαφέρων, οἷς ἐπιγέγραπται μὲν Εὔπλοια, καὶ Πρόνοια Σώζουσα, καὶ Θεραπεία, χειμάζεται δὲ καὶ συντρίβεται καὶ ἀνατρέπεται. Ὁ Εὐριπίδου Ἰόλαος ἐξ ἀδρανοῦς καὶ παρήλικος εὐχῇ τινι νέος καὶ ἰσχυρὸς ἐπὶ τὴν μάχην ἄφνω γέγονεν· ὁ δὲ τῶν Στωϊκῶν σοφός, χθὲς μὲν ἦν ἔχθιστος ἅμα καὶ κάκιστος, τήμερον δ' ἄφνω μεταβέβληκεν εἰς ἀρετήν, καὶ γέγονεν ἐκ ῥυσσοῦ καὶ ὠχροῦ, καὶ κατ' Αἰσχύλον, ἐξ

Ὀσφυαλγοῦς κὠδυνοσπάδος λυγροῦ
Γέροντος,

lût πόῤῥω, au lieu de ἐπί. Effectivement, les expressions *discinctus*, ou *zonam solvere*, expriment la mollesse et une conduite peu sévère; et *cinctus* ou *cinctutus* se prennent dans le sens opposé: *cinctuti Cethegi*, Hor.

1. C'est le sage que Plutarque désigne ainsi, parce que Cénée était un des Lapithes qui, dans le fameux combat des Centaures et des Lapithes, fut accablé par un amas d'arbres, que les Centaures jetèrent sur lui. — *Comparez* les six paradoxes développés par Cicéron, et la troisième satire du 1er livre d'Horace.

εὐπρεπής, θεοειδής, καλλίμορφος. Καὶ τοῦ Ὀδυσσέως ἡ Ἀθηνᾶ τὴν ῥυσσότητα καὶ φαλακρότητα καὶ ἀμορφίαν ἀφῄρηκεν, ὅπως φανείη καλός· ὁ δὲ τούτων σοφός, οὐκ ἀπολείποντος τὸ σῶμα τοῦ γήρως, ἀλλὰ καὶ προςεπιθέντος καὶ προςεπιχώσαντος, μένων κυρτός, ἂν οὕτω τύχῃ, νωδός, ἑτερόφθαλμος, οὔτ' αἰσχρός, οὔτε δύσμορφος, οὔτε κακοπρόςωπός ἐστιν· ὁ γὰρ Στωϊκὸς ἔρως, ὥςπερ οἱ κάνθαροι λέγονται τὸ μὲν μύρον ἀπολιπεῖν, τὰ δὲ δυςώδη διώκειν· οὕτω τοῖς αἰσχίστοις καὶ ἀμορφοτάτοις ὁμιλῶν, ὅταν εἰς εὐμορφίαν καὶ κάλλος ὑπὸ σοφίας μεταβάλωσιν, ἀποτρέπεται. Ὁ παρὰ τοῖς Στωϊκοῖς κάκιστος, ἂν οὕτω τύχῃ, πρωΐ, δείλης ἄριστος· καὶ καταδαρθὼν ἔμπληκτος καὶ ἀμαθὴς καὶ ἄδικος καὶ ἀκόλαστος καὶ (ναὶ μὰ Δία) δοῦλος καὶ πένης καὶ ἄπορος, αὐθημερὸν ἀνίσταται καὶ βασιλεὺς καὶ πλούσιος καὶ ὄλβιος γεγονώς, σώφρων τε καὶ δίκαιος καὶ βέβαιος καὶ ἀδόξαστος· οὐ γένεια φύσας, οὐδ' ἥβην ἐν σώματι νέῳ καὶ ἁπαλῷ, ἀλλ' ἐν ἀσθενεῖ καὶ ἁπαλῇ ψυχῇ καὶ ἀνάνδρῳ καὶ ἀβεβαίῳ, νοῦν τέλειον, ἄκραν φρόνησιν, ἰσόθεον διάθεσιν, ἀδόξαστον ἐπιστήμην καὶ ἀμετάπτωτον ἕξιν ἐσχηκώς, οὐδὲν ἐνδούσης πρότερον αὐτῷ τῆς μοχθηρίας, ἀλλ' ἐξαίφνης, ὀλίγου δέω εἰπεῖν, ἥρως τις ἢ δαίμων ἢ θεὸς ἐκ θηρίων τοῦ κακίστου γενόμενος.

(Paradoxes stoïques.)

83. S'il y a un temps présent [1].

Χρύσιππος τίθησι τοῦ ἐνεστηκότος χρόνου τὸ μέν, μέλλον εἶναι, τὸ δέ, παρεληλυθός. Ὥςτε συμβαίνει

1. Le moment où je parle est déjà loin de moi.

(BOILEAU.)

τὸ ὑπάρχον αὐτῷ τοῦ χρόνου διαιρεῖν εἰς τὰ μὴ
ὑπάρχοντα τοῦ ὑπάρχοντος, μᾶλλον δὲ ὅλως τοῦ
χρόνου μηδὲν ἀπολιπεῖν ὑπάρχον, εἰ τὸ ἐνεστηκὸς
οὐδὲν ἔχει μέρος, ὃ μὴ μέλλον ἐστίν, ἢ παρῳχημέ-
νον. Ἡ μὲν οὖν τοῦ χρόνου νόησις αὐτοῖς, οἷον ὕδα-
τος περίδραξις, ὅσῳ μᾶλλον πιέζεται διαρρέοντος
καὶ διολισθαίνοντος · τὰ δὲ τῶν πράξεων [1] καὶ
κινήσεων τὴν πᾶσαν ἔχει σύγχυσιν τῆς ἐναργείας.
Ἀνάγκη γάρ, εἰ τοῦ νῦν τὸ μὲν εἰς τὸ παρῳχημένον,
τὸ δ' εἰς τὸ μέλλον διαιρεῖται, καὶ τοῦ κινουμένου
κατὰ τὸ νῦν, τὸ μὲν κεκινῆσθαι, τὸ δὲ κινήσεσθαι,
πέρας δὲ κινήσεως ἀνῃρῆσθαι καὶ ἀρχήν, μηδενὸς
ἔργου πρῶτον γεγονέναι, μηδ' ἔσχατον ἔσεσθαι μη-
δέν, τῷ χρόνῳ τῶν πράξεων συνδιανεμομένων. Ὡς
γὰρ τοῦ ἐνεστῶτος χρόνου τὸ μὲν παρῳχῆσθαι, τὸ
δὲ μέλλειν λέγουσιν, οὕτω τοῦ πραττομένου τὸ μὲν
πεπρᾶχθαι, τὸ δὲ πραχθήσεσθαι. Πότε τοίνυν ἔσχεν
ἀρχήν, πότε δ' ἕξει τελευτὴν τὸ ἀριστᾶν, τὸ γρά-
φειν, τὸ βαδίζειν; εἰ πᾶς μὲν ὁ ἀριστῶν ἠρίστησε
καὶ ἀριστήσει, πᾶς δὲ ὁ βαδίζων ἐβάδιζε καὶ βα-
διεῖται. Τὸ δὲ δεινῶν, φασί, δεινότατον, εἰ τῷ ζῶντι
τὸ ἐζηκέναι καὶ ζήσεσθαι συμβέβηκεν, οὔτ' ἀρχὴν

1. Le présent n'est autre chose qu'un point mathématique
entre le passé et le futur. La conjugaison hébraïque n'a que
ces deux temps, et n'a point de présent. Lorsque Moïse de-
mande à l'Eternel quel est son nom, l'Eternel lui répond : *ero
qui ero* (Exod. III, 14). Au livre appelé *Koheleth* ou Ecclé-
siaste, on lit (IX, 9) : Vis avec la femme que tu as aimée,
acher aha, ta, c'est-à-dire, que tu aimes. La Vulgate latine
traduit fort bien : *ego sum qui sum; quam diligis.* — Ho-
mère a dit de même :

Ὃς κε θεοῖς ἐπιπείθηται, μάλα τ' ἔκλυον αὐτοῦ·

et Horace : *Oderunt peccare boni virtutis amore.*

ἔσχε τὸ ζῆν, οὔτε ἕξει πέρας · ἀλλ' ἕκαστος ἡμῶν,
ὡς ἔοικε, γέγονε μὴ ἀρξάμενος τοῦ ζῆν, καὶ τεθνή-
ξεται μὴ παυσόμενος. Εἰ γὰρ οὐθέν ἐστιν ἔσχατον
μέρος, ἀλλ' ἀεί τι τῷ ζῶντι τοῦ παρόντος εἰς τὸ
μέλλον περίεστιν, οὐδέποτε γίνεται ψεῦδος τὸ ζήσε-
σθαι Σωκράτη, ὁσάκις ἀληθὲς τὸ ζῇ Σωκράτης, ἐπὶ
τοσοῦτον ψεῦδος τὸ τέθνηκε Σωκράτης · ὥστ', εἰ τὸ
ζήσεται Σωκράτης ἀληθές ἐστιν ἐν ἀπείροις χρόνου
μέρεσιν, ἐν οὐδενὶ χρόνου μέρει τὸ τέθνηκε Σωκράτης
ἀληθὲς ἔσται. Καίτοι τί πέρας ἂν ἔργου γένοιτο; ποῦ
δὲ λήξειε τὸ πραττόμενον, ἄν, ὁσάκις ἀληθές ἐστι τὸ
πράττεται, τοσαυτάκις ἀληθὲς ἢ καὶ τὸ πραχθήσε-
ται; ψεύσεται γὰρ ὁ λέγων πέρας τοῦ γράφοντος καὶ
διαλεγομένου Πλάτωνος, ὅτι παύσεταί ποτε Πλάτων
διαλεγόμενος ἢ γράφων, εἰ μηδέποτε ψεῦδός ἐστι τὸ
διαλεχθήσεται, περὶ τοῦ διαλεγομένου, καὶ τὸ γρά-
ψει, περὶ τοῦ γράφοντος. Ἔτι τοίνυν τοῦ γενομένου
μέρος οὐδέν ἐστιν, ὅπερ οὐκ ἤτοι γεγονός ἐστιν ἢ
γενησόμενον, καὶ παρεληλυθὸς ἢ μέλλον. Γεγονότος
δὲ καὶ γεγενημένου, καὶ παρῳχημένου καὶ μέλλον-
τος, αἴσθησις οὐκ ἔστιν · οὐδενὸς οὖν ἁπλῶς αἴσθη-
σίς ἐστιν. Οὔτε γὰρ ὁρῶμεν τὸ παρῳχημένον ἢ τὸ
μέλλον, οὔτ' ἀκούομεν, οὔτ' ἄλλην τινὰ λαμβάνομεν
αἴσθησιν τῶν γεγονότων ἢ γενησομένων · οὐδ' ἂν
παρῇ τι, αἰσθητόν ἐστιν, εἰ τοῦ παρόντος ἀεὶ τὸ μὲν
μέλλει, τὸ δὲ παρῴχηκε, καὶ τὸ μὲν γεγονός ἐστι,
τὸ δὲ γενησόμενον.   (Contre les Stoïciens.)

84. *Les plaisirs passent vite, et les douleurs durent
longtemps.*

Πᾶσα μὲν ἡδονὴ περὶ ἄρθρα καὶ νεῦρα καὶ πόδας
καὶ χεῖρας, οἷς ἐνοικίζεται τὰ πάθη δεινὰ καὶ σφέ-

*6

τλια, ποδαγρικὰ ῥεύματα καὶ φαγεδαινικά, καὶ
διαβρώσεις καὶ ἀποσήψεις. Ὀσμῶν δὲ καὶ χυμῶν τὰ
ἥδιστα προσαγαγὼν τῷ σώματι, μικρὸν εὑρήσεις
χωρίον ἐν αὐτῷ παντάπασι τὸ κινούμενον λείως καὶ
προσηνῶς, τὰ δ' ἄλλα πολλάκις δυςχεραίνει καὶ
ἀγανακτεῖ· πυρὶ δὲ καὶ σιδήρῳ καὶ δήγματι καὶ
ὑςτριχίσιν οὐδὲν ἀπαθές, οὐδ' ἀναίσθητον ἀλγηδόνος,
ἀλλὰ καὶ καῦμα καὶ ῥῖγος εἰς ἅπαντα καταδύεται
καὶ πυρετός· αἱ δὲ ἡδοναὶ καθάπερ αὖραι πρὸς ἑτέ-
ραις ἕτεραι τοῦ σώματος ἄκραις ἐπιγελῶσαι διαχέον-
ται· καὶ ὁ χρόνος ὁ μὲν τούτων οὐ πολύς, ἀλλ',
ὥσπερ οἱ διάττοντες [1], ἔξαψιν ἅμα καὶ σβέσιν ἐν τῇ
σαρκὶ λαμβάνουσιν. Ὀλισθείη ἀλγηδών [2], οὐδὲ ἕτερα
τοιαῦτα κινοῦσα καὶ γαργαλίζουσα τοῦ σώματος·
ἀλλ' ὥσπερ τὸ τῆς μηδικῆς σπέρμα [3] πολυκαμπὲς
καὶ σκαληνὸν ἐμφύεται τῇ γῇ, καὶ διαμένει πολὺν
χρόνον ὑπὸ τραχύτητος, οὕτως ὁ πόνος ἄγκιστρα
καὶ ῥίζας διασπείρων καὶ συμπλεκόμενος τῇ σαρκί,
καὶ παραμένων οὐχ ἡμέρας, οὐδὲ νυκτὸς μόνον, ἀλλὰ
καὶ ὥρας ἐτῶν ἐνίοις καὶ περιόδους ὀλυμπιακῶν,
μόλις ὑπ' ἄλλων πόνων, ὥσπερ ἥλων σφοδροτέρων,
ἐκκρουόμενος, ἀπαλλάττεται. Τίς γὰρ ἔπιε χρόνον
τοσοῦτον, ἢ ἔφαγεν, ὅσον διψῶσιν οἱ πυρέττοντες,
καὶ πεινῶσιν οἱ πολιορκούμενοι; Ποῦ δέ ἐστιν ἄνεσις

1. Διάττοντες suppl. ἀστέρις, étoiles tombantes, feux
follets, météores ignés.

2. Ὀλισθείη ἀλγηδών !.... ἀλλ' ὥσπερ.... Ah ! si la douleur
ne faisait que glisser.... mais, telle que....

3. Μηδικῆς σπέρμα, medicago, la luzerne. Cette plante,
selon Pline, une fois semée, dure plus de 30 ans. Les Grecs
lui ont donné le nom de médique, parce qu'elle leur fut im-
portée de Médie au temps où Darius, roi des Perses, leur fit
la guerre.

καὶ συνουσία μετὰ φίλων, ἐφ' ὅσον κολάζουσι καὶ
στρεβλοῦσι τύραννοι; Καὶ γὰρ τοῦτο τῆς τοῦ σώ-
ματος φαυλότητος καὶ ἀφυΐας πρὸς τὸ ἡδέως ζῆν
ἐστιν, ὅτι τοὺς πόνους ὑπομένει μᾶλλον ἢ τὰς ἡδο-
νάς, καὶ πρὸς ἐκείνους ἔχει ῥώμην καὶ δύναμιν, ἐν
δὲ ταύταις ἀσθενές τι καὶ ἀψίκορον.

(Contre Epicure.)

85. *L'étude nous procure des plaisirs infiniment
plus vifs que ceux des sens.*

Εὔδοξος ηὔχετο, παραστὰς τῷ ἡλίῳ, καὶ κατα-
μαθὼν τὸ σχῆμα τοῦ ἄστρου καὶ τὸ μέγεθος καὶ τὸ
εἶδος, ὥςπερ ὁ Φαέθων καταφλεγῆναι · καὶ Πυθαγό-
ρας ἐπὶ τῷ διαγράμματι βοῦν ἔθυσεν, εἴτε περὶ τῆς
ὑποτεινούσης, ὡς ἴσον δύναται ταῖς περιεχούσαις τὴν
ὀρθήν, εἴτε πρόβλημα περὶ τοῦ χωρίου τῆς παραβο-
λῆς. Ἀρχιμήδην δὲ βίᾳ τῶν διαγραμμάτων ἀπο-
σπῶντες συνήλειφον οἱ θεράποντες · ὁ δ' ἐπὶ τῆς
κοιλίας ἔγραφε τὰ σχήματα τῇ στλεγγίδι · καὶ
λουόμενος, ὥς φασιν, ἐκ τῆς ὑπερχύσεως ἐννοήσας
τὴν τοῦ στεφάνου μέτρησιν, οἷον ἔκ τινος κατοχῆς ἢ
ἐπιπνοίας ἐξήλατο βοῶν · Εὔρηκα ! · καὶ τοῦτο πολ-

1. Voici comment s'y prit Archimède, au rapport de Vitruve, pour résoudre le problème de la couronne : — « Il prit deux lingots, l'un d'or pur (*Pes. spécif.* : 19, 25), et l'autre d'argent (*Pes. spécif.* : 10, 47), chacun du poids de la couronne. Il plongea d'abord le lingot d'argent dans un vaisseau plein d'eau, laquelle s'écoula par-dessus les bords, à proportion du volume du lingot d'argent qu'on venait d'y plonger. Archimède, ayant mesuré l'eau qui était sortie du vaisseau, connut d'abord quelle quantité d'eau répond à une masse d'argent d'un certain poids : après cette expérience, il remplit d'eau le même vaisseau jusqu'aux bords, et, y ayant plongé le lingot d'or, mesura encore l'eau qui venait de s'écouler ; et il trouva

λάκις φθεγγόμενος ἐβάδιζεν. Οὐδενὸς δ' ἀκηκόαμεν
οὔτε γαστριμάργου περιπαθῶς οὕτω, Βέβρωκα, βοῶν-
τος, οὔτ' ἐρωτικοῦ, Πεφίληκα · καὶ ταῦτα μυρίων μυ-
ριάκις ἀκολάστων γεγονότων καὶ ὄντων · ἀλλὰ καὶ
βδελυττόμεθα τοὺς μεμνημένους δείπνων ἐμπαθέστε-
ρον, ὡς ἐφ' ἡδοναῖς μικραῖς καὶ μηδενὸς ἀξίαις ὑπερ-
ασμενίζοντας · Πυθαγόρᾳ δέ, καὶ Εὐδόξῳ, καὶ Ἀρχιμή-
δει συνενθουσιῶμεν · καὶ Πλάτωνι πειθόμεθα περὶ
τῶν μαθημάτων, ὡς ἀμελούμενα δι' ἄγνοιαν καὶ ἀπει-
ρίαν, ὅμως βίᾳ ὑπὸ χάριτος αὐξάνεται.

(Contre Epicure.)

86. De l'athéisme et de la superstition.

Οὐχ ἧττόν ἐστι κακὸν ἀθεότης ὠμότητος καὶ
δοξοκοπίας, εἰς ἣν ἄγουσιν ἡμᾶς οἱ τὴν χαρὰν ἐκ
τοῦ Θεοῦ μετὰ τῆς ὀργῆς ἀναιροῦντες. Βέλτιον γάρ,
ἐνυπάρχειν τι καὶ συγκεκρᾶσθαι τῇ περὶ θεῶν δόξῃ
κοινὸν αἰδοῦς καὶ φόβου πάθος, ἤ που τοῦτο φεύγον-
τας, μήτ' ἐλπίδα, μήτε χάριν ἑαυτοῖς, μήτε θάρ-
σος ἀγαθῶν παρόντων, μήτε τινὰ δυστυχοῦσιν ἀπο-

que le lingot d'or n'en avait pas tant fait sortir que le lingot
d'argent, et que cette quantité était d'autant moindre, que
l'or a moins de volume que l'argent qui est de même poids;
c'est-à-dire, qu'il y avait une proportion entre les quantités
d'eau écoulées dans ces expériences, et les volumes des deux
lingots de différents métaux et de même poids. Enfin, Archi-
mède remplit une troisième fois le vase, et y plongea la cou-
ronne, qui fit sortir plus d'eau que le lingot d'or du même
poids n'en avait fait sortir; et, raisonnant sur la quantité
d'eau que la couronne avait fait sortir, et qui était plus grande
que celle que le lingot d'or avait fait sortir, il connut combien
il y avait d'argent mêlé parmi l'or, et fit voir clairement com-
bien l'ouvrier en avait dérobé. »

(Mém. de l'Acad. des Inscr. XIV, 138.)

στροφὴν πρὸς τὸ Θεῖον ἀπολείπεσθαι. Δεῖ μὲν γὰρ
ἀμέλει τῆς περὶ Θεῶν δόξης, ὥσπερ ὄψεως λήμην,
ἀφαιρεῖν τὴν δεισιδαιμονίαν· εἰ δὲ τοῦτο ἀδύνατον,
μὴ συνεκκόπτειν, μηδὲ τυφλοῦν τὴν πίστιν, ἣν οἱ
πλεῖστοι περὶ Θεῶν ἔχουσι. Αὕτη δέ ἐστιν οὐ φοβερά
τις, οὐδὲ σκυθρωπή, καθάπερ οὗτοι πλάττουσι, δια-
βάλλοντες τὴν Πρόνοιαν, ὥσπερ παισὶν ἐμπίπτουσαν,
ἢ ποινὴν ἀλιτηριώδη καὶ τραγικὴν ἐπιγεγραμμένην.
Ἀλλ' ὀλίγοι μὲν τῶν ἀνθρώπων δεδίασι τὸν Θεόν,
οἷς οὐκ ἄμεινον μὴ δεδιέναι. Δεδιότες δὲ ὥσπερ ἄρ-
χοντα χρηστοῖς ἤπιον, ἐπαχθῆ δὲ φαύλοις, ἑνὶ φόβῳ,
δι' ὃν οὐ δέουσι πολλῶν, ἐλευθεροῦνται ἀπὸ τοῦ ἀδι-
κεῖν, καὶ παρ' αὑτοῖς ἀτρέμα τὴν κακίαν ἔχοντες οἷον
ἀπομαραινομένην, ἧττον ταράττονται τῶν χρωμένων
αὐτῇ καὶ τολμώντων, εἶτ' εὐθὺς δεδιότων καὶ μετα-
μελομένων. Ἡ δὲ τῶν πολλῶν καὶ ἀμαθῶν, οὐ πάνυ
δὲ μοχθηρῶν, διάθεσις πρὸς τὸν Θεὸν ἔχει μὲν ἀμέλει
τῷ σεβομένῳ καὶ τιμῶντι μεμιγμένον τινὰ σφυγμὸν
καὶ φόβον, ἢ καὶ δεισιδαιμονία κέκληται· μυριάκις
δὲ μεῖζόν ἐστι καὶ πλέον αὐτῇ τὸ εὔελπι καὶ περι-
χαρές ¹, καὶ πᾶσαν εὐπραξίας ὄνησιν, ὡς ἐκ Θεῶν
οὖσαν, εὐχόμενον καὶ δεχόμενον. Δῆλον δὲ τεκμηρίοις
τοῖς μεγίστοις· οὔτε γὰρ διατριβαὶ τῶν ἐν ἱεροῖς,
οὔτε καιροὶ τῶν ἑορτασμῶν, οὔτε πράξεις οὔτ' ὄψεις
εὐφραίνουσιν ἕτεραι μᾶλλον, ὧν ὁρῶμεν ἢ δρῶμεν
αὐτοὶ περὶ Θεῶν, ὀργιάζοντες, ἢ χορεύοντες, ἢ θυ-
σίαις παρόντες, ἢ τελεταῖς. Οὐ γὰρ ὡς τυράννοις

---

1. Pour combattre la doctrine d'Epicure, Plutarque tombe
ici en contradiction avec lui-même, défaut qu'il avait repro-
ché fort longuement à Chrysippe. Pour s'en convaincre, il
suffit de comparer avec le morceau qui nous occupe celui
du § 18.

τισὶν ἢ δεινοῖς κολασταῖς ὁμιλοῦσα τηνικαῦτα ἡ
ψυχὴ περίλυπός ἐστι καὶ ταπεινὴ καὶ δύσθυμος, ὅπερ
εἰκὸς ἦν· ἀλλ' ὅπου μάλιστα δοξάζει καὶ διανοεῖται
παρεῖναι τὸν Θεόν, ἐκεῖ μάλιστα λύπας καὶ φόβους
καὶ τὸ φροντίζειν ἀπωσαμένη, τῷ ἡδομένῳ μέχρι
μέθης καὶ παιδιᾶς καὶ γέλωτος ἀφίησιν ἑαυτήν.

(Contre Epicure.)

87. S'il est bon de mener une vie ignorée.

Ἀλλὰ τοῦτο μὲν αὐτὸ τὸ πρᾶγμα πῶς οὐ πονηρόν·
« Λάθε βιώσας, » ὡς τυμβωρυχήσας ; Ἀλλ' αἰ-
σχρόν ἐστι τὸ ζῆν, ἵνα ἀγνοῶμεν πάντες ; Ἐγὼ δ' ἂν
εἴποιμι· « Μηδὲ κακῶς βιώσας λάθε· ἀλλὰ γνώ-
σθητι, σωφρονίσθητι, μετανόησον. Εἴτ' ἀρετὴν ἔχεις,
μὴ γένῃ ἄχρηστος· εἴτε κακίαν, μὴ μείνῃς ἀθερά-
πευτος. » Μᾶλλον δὲ διελοῦ καὶ διόρισον, τίνι τοῦτο
προστάττεις. Εἰ μὲν ἀμαθεῖ καὶ πονηρῷ καὶ ἀνοήτῳ,
οὐδὲν διαφέρεις τοῦ λέγοντος· « Λάθε καὶ πυρέττων,
λάθε φρενητίζων, μὴ γνῶ σε ὁ ἰατρός· ἴθι ῥίψας ποι
κατὰ σκότου σεαυτόν, ἀγνοούμενός που τοῖς πάθεσι. »
Καὶ σύ· « Ἴθι τῇ κακίᾳ νόσον ἀνήκεστον νοσῶν καὶ
ὀλέθριον, ἀποκρύπτων τοὺς φθόνους, τὰς δεισιδαι-
μονίας, ὥσπερ τινὰς σφυγμούς, δεδιὼς παρασχεῖν
τοῖς νουθετεῖν καὶ ἰᾶσθαι δυναμένοις. » Οἱ δὲ σφό-
δρα παλαιοὶ καὶ τοὺς νοσοῦντας φανερῶς προσεῖχον[1]·
τούτων δὲ ἕκαστος εἴ τι πρόσφορον ἔχοι, παθὼν αὐ-
τός, ἢ παθόντα θεραπεύσας, ἔφραζε τῷ δεομένῳ·
καὶ τέχνην οὕτω φασὶν ἐκ πείρας συνεργαζομέ-
νην, μεγάλην γενέσθαι. Ἔδει δὲ καὶ τοὺς νοσώδεις
βίους καὶ τὰ τῆς ψυχῆς παθήματα πᾶσιν ἀπογυ-
μνοῦν, καὶ ἅπτεσθαι, καὶ λέγειν ἑκάστων ἐπισκο-

1. Sur cet usage des Babyloniens, voyez Hérodote, I, 107.

ποῦντα τὰς διαθέσεις · « Ὀργίζῃ; τοῦτο φύλαξαι.
Ζηλοτυπεῖς; ἐκεῖνο ποίησον. Ἐρᾷς; κἀγώ ποτ' ἠρά-
σθην, ἀλλὰ μετενόησα. « Νῦν δ' ἀρνούμενοι, ἀπο-
κρυπτόμενοι, περιστέλλοντες, ἐμβαθύνουσι τὴν κα-
κίαν ἑαυτοῖς. Καὶ μὴν εἴ γε τοῖς χρηστοῖς λανθάνειν
καὶ ἀγνοεῖσθαι παραινεῖς, Ἐπαμινώνδᾳ λέγεις, « Μὴ
στρατήγει · » καὶ Λυκούργῳ, « Μὴ νομοθέτει · » καὶ
Θρασυβούλῳ, « Μὴ τυραννοκτόνει · » καὶ Πυθαγόρᾳ,
« Μὴ παίδευε · » καὶ Σωκράτει, « Μὴ διαλέγου · »
καὶ σεαυτῷ πρῶτον, Ἐπίκουρε, « Μὴ γράφε τοῖς ἐν
Ἀσίᾳ φίλοις, μηδὲ τοὺς ἀπ' Αἰγύπτου ξενολόγει,
μηδὲ τοὺς Λαμψακηνῶν ἐφήβους δορυφόρει · μηδὲ
διάπεμπε βίβλους, πᾶσι καὶ πάσαις ἐπιδεικνύμενος
τὴν σοφίαν · μηδὲ διατάσσου περὶ ταφῆς.»

(Examen de l'axiome : Λάθε βιώσας [1].)

88. *Il est utile que les talents soient connus.*

Ἐάν τις ἐν μὲν φυσικοῖς Θεὸν ὑμνῇ, καὶ δίκην,
καὶ πρόνοιαν · ἐν δ' ἠθικοῖς νόμον καὶ κοινωνίαν καὶ
πολιτείαν · ἐν δὲ πολιτείᾳ τὸ καλόν, ἀλλὰ μὴ τὴν
χρείαν, διὰ τί λάθῃ βιώσας; ἵνα μηδένα παιδεύσῃ,
μηδενὶ ζῆλος ἀρετῆς μηδὲ παράδειγμα καλὸν γένη-
ται; Εἰ Θεμιστοκλῆς Ἀθηναίους ἐλάνθανεν, οὐκ ἂν
ἡ Ἑλλὰς ἀπεώσατο Ξέρξην · εἰ Ῥωμαίους Κάμιλλος,
οὐκ ἂν ἡ Ῥώμη πόλις ἔμεινεν · εἰ Δίωνα Πλάτων, οὐκ
ἂν ἠλευθερώθη ἡ Σικελία. Ὥσπερ δέ, οἶμαι, τὸ φῶς,
οὐ μόνον φανερούς, ἀλλὰ καὶ χρησίμους καθίστησιν
ἡμᾶς ἀλλήλοις, οὕτως ἡ γνῶσις οὐ μόνον δόξαν,
ἀλλὰ καὶ πρᾶξιν, ταῖς ἀρεταῖς δίδωσιν. Ἐπαμινών-
δας γοῦν [2], εἰς τεσσαρακοστὸν ἔτος ἀγνοηθείς, οὐδὲν

1. *Non vixit male qui natus moriensque fefellit.*
2. Avant Epaminondas, Thèbes n'était rien ; sous lui, elle

ὤνησε Θηβαίους · ὕστερον δὲ πιστευθείς, καὶ ἄρξας,
τὴν μὲν πόλιν ἀπολλυμένην ἔσωσε, τὴν δὲ Ἑλλάδα
δουλεύουσαν ἠλευθέρωσε, καθάπερ ἐν φωτὶ τῇ δόξῃ
τὴν ἀρετὴν ἐνεργὸν ἐπὶ καιροῦ παρασχόμενος.

Λάμπει γὰρ ἐν χρείαισιν ὥσπερ εὐγενὴς
Χαλκός · χρόνῳ δ᾽ ἀργῆσαν ἤμυσεν

οὐ μόνον στέγος, ὥς φησι Σοφοκλῆς, ἀλλὰ καὶ ἦθος
ἀνδρός, οἷον εὐρῶτα καὶ γῆρας ἐν ἀπραξίᾳ δι᾽
ἀγνοίας ἐφελκόμενον. Ἡσυχία δὲ κωφὴ, καὶ βίος
ἑδραῖος ἐπὶ σχολῆς ἀποκείμενος, οὐ μόνον σώματα,
ἀλλὰ καὶ ψυχὰς μαραίνει· καὶ καθάπερ τὰ λανθά-
νοντα τῶν ὑδάτων, τῷ περισκιάζεσθαι καὶ καθῆσθαι
μὴ ἀπορρέοντα σήπεται, οὕτω τῶν ἀκινήτων βίων,
ὡς ἔοικεν, ἄν τι χρήσιμον ἔχωσι (μὴ ἀπορρεόντων
μηδὲ πινομένων), φθείρονται καὶ ἀπογηράσκουσιν αἱ
σύμφυται δυνάμεις. Οὐχ ὁρᾷς ὅτι, νυκτὸς μὲν ἐπι-
ούσης, τά τε σώματα δυσεργεῖς βαρύτητες ἴσχουσι,
καὶ τὰς ψυχὰς ὄκνοι καταλαμβάνουσιν ἀδρανεῖς;
καὶ συσταλεὶς ὁ λογισμὸς εἰς αὑτόν, ὥσπερ πῦρ
ἀμαυρόν, ὑπ᾽ ἀργίας καὶ κατηφείας μικρὰ διεσπα-
σμέναις πάλλεται φαντασίαις, ὅσον αὐτὸ τὸ ζῆν τὸν
ἄνθρωπον ὑποσημαίνων;

Ἦμος δ᾽ ἠπεροπῆας ἀπεπτοίησεν ὀνείρους

ὁ ἥλιος ἀνασχών, καὶ καθάπερ εἰς ταὐτὸ συμμίξας
ἐπέστρεψε καὶ συνώρμησε τῷ φωτὶ τὰς πράξεις καὶ

fut élevée au plus haut période de gloire ; après lui, elle
retomba dans l'obscurité : c'est le plus bel éloge que l'on
puisse faire de ce grand capitaine. Plutarque a recueilli un as-
sez bon nombre de ses apophthegmes, que l'on trouvera réunis
dans ce volume, au § 19.

τὰς νοήσεις τὰς ἁπάντων· νέα ἐφ' ἡμέρη (ὥς φησι Δημόκριτος) φρονέοντες ἄνθρωποι, τῇ πρὸς ἀλλήλους ὁρμῇ καθάπερ ἀρτήματι συντόνῳ σπασθέντες, ἄλλος ἀλλαχόθεν ἐπὶ τὰς πράξεις ἀνίστανται.

(Λάθε βιώσας.)

89. *Les lettres l'emportent sur les armes* [1].

Ἡ μὲν Φωκίωνος [2] τοῦ χρηστοῦ γυνὴ κόσμον αὑτῆς ἔλεγεν εἶναι τὰ Φωκίωνος στρατηγήματα· ἐγὼ δὲ κόσμον ἐμὸν οὐ μόνον ἴδιον, ἀλλὰ γὰρ καὶ κοινὸν τῶν οἰκείων πάντων, ἡγοῦμαι τὴν τοῦ ἐμοῦ διδασκάλου [3] περὶ λόγους σπουδήν. Τῶν μὲν γὰρ στρατηγῶν τὰ ἐπιφανέστατα κατορθώματα, σωτηρίας μόνον οἴδαμεν τῆς ἐκ τῶν παραχρῆμα κινδύνων αἴτια γιγνόμενα στρατιώταις ὀλίγοις, ἢ πόλει μιᾷ, ἢ κἂν ἑνί τινι ἔθνει, βελτίους δ' οὐδαμῶς ποιοῦντα οὔτε τοὺς στρατιώτας οὔτε τοὺς πολίτας, ἀλλ' οὐδὲ τοὺς ὁμοεθνεῖς· τὴν δὲ παιδείαν, οὐσίαν εὐδαιμονίας οὖσαν, αἰτίαν τ' εὐβουλίας, οὐ μόνον ἔστιν εὑρεῖν ἢ οἴκῳ, ἢ πόλει, ἢ ἔθνει χρησίμην, ἀλλὰ παντὶ τῷ τῶν ἀνθρώπων γένει. Ὅσῳ οὖν ἡ ἐκ παιδείας ὠφέλεια μείζων πάντων στρατηγημάτων, τοσούτῳ καὶ ἡ περὶ αὐτῆς μνήμη ἀξία σπουδῆς.

(De la musique.)

1. *Cedant arma togæ; concedat laurea linguæ.* (Cic.)
2. Phocion, Athénien, fut élu quarante-cinq fois capitaine général, et toujours absent. Il commandait encore à l'âge de 80 ans.
3. Le précepteur dont il est ici question, était probablement Onésicrate, que Plutarque appelle un peu plus bas *mon cher maître,* ἀγαθὲ διδάσκαλε.

90. *Utilité de la musique, prouvée par l'exemple d'Achille.*

Χρῆσιν δὲ μουσικῆς προσήκουσαν ἀνδρὶ ὁ καλὸς Ὅμηρος ἐδίδαξε · δηλῶν γὰρ ὅτι ἡ μουσικὴ πολλαχοῦ χρησίμη, τὸν Ἀχιλλέα πεποίηκε τὴν ὀργὴν πέττοντα τὴν πρὸς τὸν Ἀγαμέμνονα, διὰ μουσικῆς, ἧς ἔμαθε παρὰ τοῦ σοφωτάτου Χείρωνος. Φησὶ γάρ ·

Τόνδ' εὗρον φρένα τερπόμενον φόρμιγγι λιγείῃ,
Καλῇ, δαιδαλέῃ · περὶ δ' ἀργύρεον ζυγὸν ἦεν ·
Τὴν ἄρετ' ἐξ ἐνάρων πόλιν Ἠετίωνος ὀλέσσας.
Τῇ ὅ γε θυμὸν ἔτερπεν, ἄειδε δ' ἄρα κλέα ἀνδρῶν¹.

Μάθε, φησὶν Ὅμηρος, πῶς δεῖ μουσικῇ χρῆσθαι · κλέα γὰρ ἀνδρῶν ᾄδειν καὶ πράξεις ἡμιθέων ἔπρεπεν Ἀχιλλεῖ, τῷ Πηλέως τοῦ δικαιοτάτου. Ἔτι δὲ καὶ τὸν καιρὸν τῆς χρήσεως τὸν ἁρμόττοντα διδάσκων Ὅμηρος ἀργοῦντι γυμνάσιον ἐξεῦρεν ὠφέλιμον καὶ ἡδύ · πολεμικὸς γὰρ ὢν καὶ πρακτικὸς ὁ Ἀχιλλεύς, διὰ τὴν γενομένην αὐτῷ πρὸς τὸν Ἀγαμέμνονα μῆνιν, οὐ μετεῖχε τῶν κατὰ τὸν πόλεμον κινδύνων. ᾠήθη οὖν Ὅμηρος, πρέπον εἶναι τὴν ψυχὴν τοῖς καλλίστοις τῶν μελῶν παραθήγειν τὸν ἥρωα, ἵν' ἐπὶ τὴν μετὰ μικρὸν αὐτῷ γενησομένην ἔξοδον παρεσκευασμένος ᾖ · τοῦτο δ' ἐποίει δηλονότι μνημονεύων τῶν πάλαι πράξεων. Τοιαύτη ἦν ἡ ἀρχαία μουσική, καὶ εἰς τοῦτο χρησίμη. Καθόλου δὲ ὅ γε νοῦν ἔχων, οὐ τῶν ἐπιστημῶν ἔγκλημα δήπου θείη, εἴ τις αὐταῖς μὴ κατὰ τρόπον χρῷτο, ἀλλὰ τῆς τῶν χρωμένων κακίας ἴδιον εἶναι τοῦτο νομίσειεν. Εἴτ' οὖν τις τὸν παιδευτικὸν τῆς μουσικῆς τρόπον ἐκπονή-

___
1. Iliad. IX, 186-189.

σας, τύχοι ἐπιμελείας τῆς προσηκούσης ἐν τῇ τοῦ παιδὸς ἡλικίᾳ, τὸ μὲν καλὸν ἐπαινέσει τε καὶ ἀποδέξεται, ψέξει δὲ τὸ ἐναντίον ἔν τε τοῖς ἄλλοις καὶ ἐν τοῖς κατὰ μουσικήν, καὶ ἔσται ὁ τοιοῦτος καθαρὸς πάσης ἀγεννοῦς πράξεως· διὰ μουσικῆς τε τὴν μεγίστην ὠφέλειαν καρπωσάμενος, ὄφελος ἂν μέγα γένοιτο αὑτῷ τε καὶ πόλει, μηθενὶ μήτ' ἔργῳ μήτε λόγῳ χρώμενος ἀναρμόστῳ, σώζων αἰεὶ καὶ πανταχοῦ τὸ πρέπον καὶ σῶφρον καὶ κόσμιον. Ὅτι δὲ καὶ ταῖς εὐνομωτάταις τῶν πόλεων ἐπιμελὲς γεγένηται φροντίδα ποιεῖσθαι τῆς γενναίας μουσικῆς, πολλὰ μὲν καὶ ἄλλα μαρτύρια παραθέσθαι ἐστί. Τέρπανδρον [1] δ' ἄν τις παραλάβοι, τὸν τὴν γενομένην ποτὲ παρὰ Λακεδαιμονίοις στάσιν καταλύσαντα. (De la musique.)

1. Orphée, Linus, Musée, Amphion, Terpandre, etc., ont porté chez les Grecs l'art de la musique à un point d'élévation que nous avons peine à concevoir. Ils variaient les trois genres *diatonique* (ut re mi), *chromatique* (ut ut *dièse* re mi *bémol* mi), et *enharmonique* (ut ut *dièse* re *bémol* re re *dièse* mi *bémol* mi) par un heureux mélange des modes *lydien*, *dorien*, *phrygien*, *ionien*, etc. Ce dernier, remarquable par sa douceur et sa noblesse, était propre à calmer la fureur. C'est à ce mode qu'Horace fait allusion, quand il dit :

> *Motus doceri gaudet Ionico*
> *Matura virgo.*

ΤΕΛΟΣ.

TABLE.

FIN DE LA TABLE.

www.ingramcontent.com/pod-product-compliance
Lightning Source LLC
Chambersburg PA
CBHW050009100426
42739CB00011B/2572